알고 있으면 척하기 좋은 지식의 파편들

세계 척학전집

WORLD KNOWLEDGE SERIES 01

알고 있으면 **척하기 좋은** 지식의 파편들

세계 척학선집

훔친 철학 편

이클립스 지음

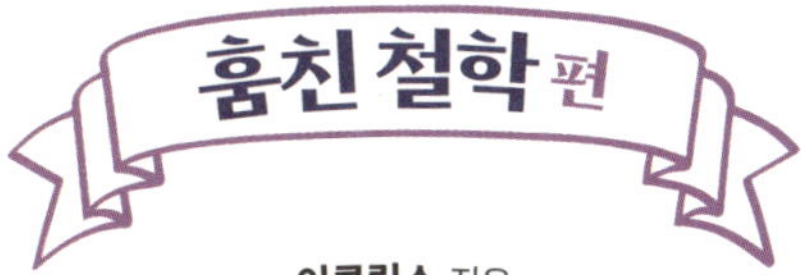

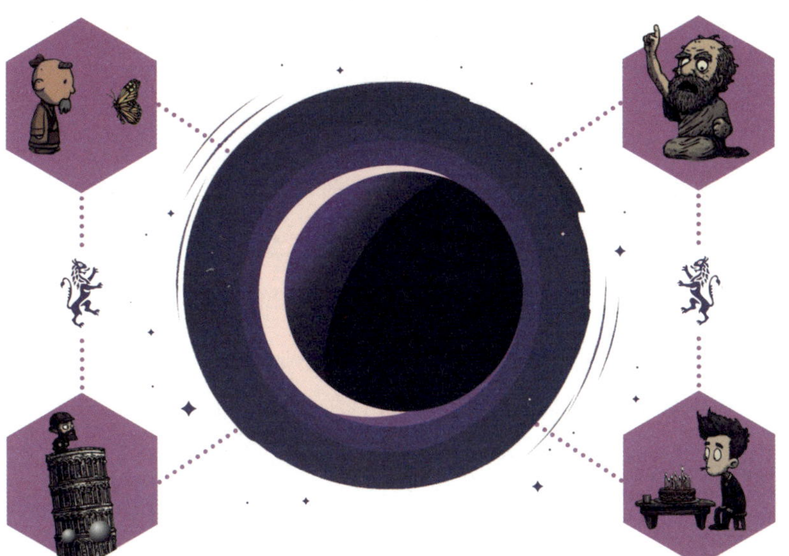

모티브

죽음을 잊은 시대

행복한 돼지가 되겠는가, 불만족스러운 소크라테스가 되겠는가. 19세기 철학자 존 스튜어트 밀이 던진 질문이다. 돼지는 행복하다. 먹고, 자고, 만족한다. 내일에 대한 불안 따위는 없다. 소크라테스는 고뇌한다. 질문하고, 의심하고, 결국 독배를 마셔야 했다. 솔직히 인정하자. 돼지의 삶이 더 평화로워 보인다. 그런데 밀은 말한다.

"만족한 돼지보다 불만족한 인간이 되는 편이 낫고, 만족한 바보보다 불만족한 소크라테스가 되는 편이 낫다."

밀은 돼지가 느끼는 쾌락과 소크라테스가 느끼는 쾌락 사이에는 질적 차이가 있다고 봤다. 그리고 덧붙인다. 고급 쾌락과 저급 쾌락을 둘 다 경험해본 사람이라면, 누구도 돼지의 삶으로 돌아가려 하지 않는다고. 문제가 있다. 우리는 이미 돼지가 아니다. 증거? 당신은 지금 이 책을 읽고 있다. 행복한 돼지는 철학책을 집어 들지 않는다. 이 책에 끌려온 당신은 이미 뭔가를 찾고 있는 것이다. 더 알고 싶거나, 더 잘 살고 싶거나, 아니면 지금 삶에 뭔가 빠진 것 같거나. 돼지는 그런 거 모른다. 오늘이 어제와 똑같아도 아무 문제가 없다. "이 책을 읽어볼까?" 그 질문을 던진 순간, 당신은 이미 질문하는 쪽을 선택한 것이다.

축하한다. 돌아갈 수 없다. 당신은 하루에 스마트폰을 몇 번 확인하는가? 릴스를 100개 봤는데 하나도 기억나지 않는다면, 당신은 뭘 본 것인가? 플라톤은 2,400년 전 경고했다. 그림자를 진실로 착각하는 사람들을. 당신의 스마트폰이 바로 그 동굴이다. 좋아요 100개와 진짜 친구 1명, 어느 쪽을 선택하고 있는가? 우리는 가장 연결된 시대를 살지만 점점 더 고립된다. 그리고 가장 중요한 질문. 당신이 내일 죽는다면, 오늘 하고 있는 일을 계속할 것인가?

하이데거는 말했다. 죽음을 잊을 때 삶도 잊는다고. 바로 여기에 철학이 필요하다. 철학은 요즘 '돈 안 되는 학문'이라고 조롱받는다. 하지만 역설이 있다. 철학이 가장 외면받는 이 시대에, 철학은 어느 때보다 절실하게 필요하다.

철학이란 무엇인가. "인간과 세계의 근본 원리를 탐구하는 학문." 사전의 정의다. 틀린 말은 아니다. 하지만 불완전하다. 철학은 학문이기 전에 태도다. 당연하다고 여기는 것에 "왜?"라고 묻는 태도. 모두가 고개를 끄덕일 때 "정말?"이라고 되묻는 태도. 내가 확신하는 것조차 한 번 의심해보는 태도. 이는 2,400년 전 소크라테스가 아테네 시장에서 했던 일이기도 하다.

"당신은 그것을 정말 아는 것인가, 아니면 그냥 믿고 있는 것인가?"

사람들은 화를 냈다. 결국 그는 독배를 마셔야 했다. 질문은 위험하다. 하지만 바로 그 질문들이 세상을 바꿔왔다. 이 책이 필요 없는 사람이 있다. 알고리즘이 추천하는 콘텐츠에 아무런 의문 없이 반응하는 사람. 끊임없이 도파민을 주입받으면서 그것이 행복이라고 믿는 사람. "이게 전부인가?"라는 질문이 평생 단 한 번도 떠오르지 않은 사람. 그렇다면 진심으로 이 책을 권하지 않는다. 평화로운 돼지의 잠을 깨울 필요는 없다. 하지만 무언가 어긋났다는 감각이 있다면. 새벽에 문득 "나는 지금 뭘 하고 있는 건가?"라는 질문이 찾아온 적이 있다면. 많은 것을 가졌는데 왜 공허한지 설명이 안 된다면. 이 책이 필요하다.

"훔친 철학"은 무엇을 의미하는가? 저자는 2,500년간 인류 최고의 천재들이 평생을 바쳐 도달한 결론을 훔쳐왔다. 데카르트가 난로 앞에서 모든 것을 의심하며 찾아낸 확실성의 기준. 니체가 정신병원에 쓰러지기 직전까지 붙들고 있던 삶의 해석법. 칸트가 60년간 쾨니히스베르크를 한 발자국도 벗어나지 않으며 완성한 판단의 체계.

그들은 평생을 걸었다. 우리는 15분이면 그 핵심을 가져올 수 있다. 이것이 훔치는 것이다. 천재들의 뇌를 빌려오는 것이다. 그들이 수십 년 고뇌해서 도달한 생각의 방식을, 우리의 일상에 장착하는 것이다. 철학은 너무 오랫동안 대학 도서관에 갇혀 있었다. 난해한 용어, 읽다 포기하게 만드는 문장, 현실과 동떨어진 추상. 하지만 철학은 원래 그렇지 않았다. 소크라테스는 시장에서 상인들과 대화했다. 공자는 제자들의 일상적 고민에 답했다. 삶 한가운데 있었다.

이 책은 그 지혜를 다시 꺼내왔다. 도서관 서가에서 훔쳐 출퇴근 길로, 점심시간으로, 잠들기 전 침대로 가져왔다. "아, 그래서 이게 이렇구나"라고 무릎을 치는 순간. 그것을 만들기 위해 썼다. 철학은 장식이 아니다. 생존 도구다. 정보의 홍수 속에서 진실을 찾는 도구, 도파민 중독의 시대에 진짜 기쁨을 찾는 도구, 고립의 시대에 타인을 이해하는 도구. 이 책을 읽으며, 하나씩 도구상자에 담아라. 철학은 축적이다. 오늘 하나, 내일 하나 담다 보면 1년 후 당신은 완전히 다른 사람이 되어 있을 것이다. 이 책은 세 개의 질문으로 구성된다.

Part 1. "우리는 무엇을 알 수 있는가?" — 진리와 인식

Part 2. "어떻게 살아야 하는가?" — 윤리와 정의

Part 3. "나는 누구인가?" — 자유와 실존

Part 3가 클라이맥스다. Part 1에서 당신은 진리를 의심하는 법

을 배웠다. Part 2에서 옳고 그름을 판단하는 기준을 얻었다. 하지만 그 모든 질문은 결국 한 곳으로 수렴한다. "그것을 묻는 나는 누구인가?"

사르트르는 말한다. "나는 어쩔 수 없었어"라는 변명을 멈춰라. 당신은 매 순간 선택했다.

하이데거는 묻는다. 당신은 죽음을 잊고 '사람들'처럼 살고 있는가?

카뮈는 던진다. 의미 없는 세상에서 당신은 어떤 의미를 만들 것인가?

Part 3는 가장 불편하다. 진리 논쟁이나 윤리적 딜레마는 머리로 이해하면 된다. 하지만 "나는 누구인가?"는 피할 수 없는 질문이다. 이 질문 앞에서 모든 변명이 멈춘다. 무겁게 들릴 수 있다. 하지만 읽어보면 전부 당신의 일상에 관한 이야기다. 단 하나, 부탁이 있다. 읽으면서 멈춰라. 철학은 읽는 것이 아니라 생각하는 것이다. 소크라테스는 책을 쓰지 않았다. 그는 질문했고, 사람들은 생각했다. 한 챕터를 읽고 책을 덮어라. 창밖을 보라. "음..."하고 생각하는 그 시간, 거기서 진짜 철학이 시작된다. 15분 읽고 한 달을 생각해도 좋다. 그것이 이 책을 제대로 읽는 방법이다. 지금부터 2,500년 지성의 역사가 당신의 것이 된다. 척하려고 시작해도 좋다. 어차피 끝은 다르다.

이 책은 유튜브 채널 '이클립스'를 운영하며 13만 구독자와 함께 "어떻게 하면 정말 필요한 지식을 재미있고 쉽게 전달할 수 있을까?"를 고민해온 저자가 철학을 현대의 언어로 재해석한 결과물이다.

이 책을 읽는 법

효과 극대화를 위한 실전 가이드

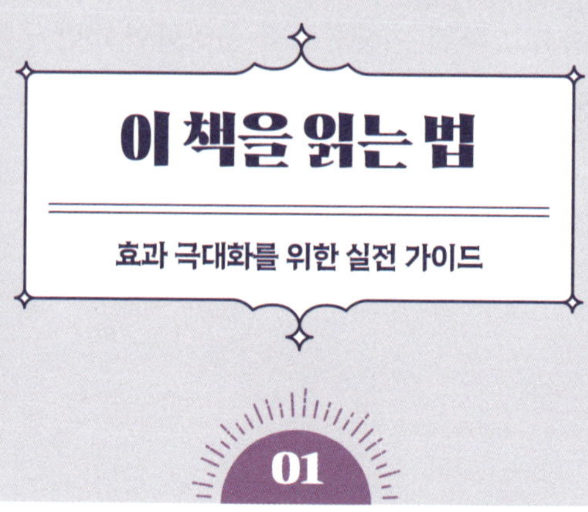

01

당신의 읽기 스타일을 선택하라

이 책은 두 가지 방식으로 읽을 수 있다.

순차적 독서

Part 1 → Part 2 → Part 3 순서로 읽어라. 각 파트는 이전 파트의 토대 위에 선다. "무엇을 알 수 있는가"를 먼저 해결해야, "어떻게 살 것인가"를 제대로 고민할 수 있다. 데카르트가 의심하는 법을 가르치면, 니체가 그 의심을 다르게 보는 법을 알려준다. 처음부터 끝까지 읽으면, 당신의 사고는 단계적으로 진화한다.

문제중심 독서 `추천`

지금 당신을 괴롭히는 질문부터 시작하라. 목차를 천천히 읽어라. "불안은 자유의 증거다"; "죽음을 잊을 때 삶도 잊는다." 어떤 문장이 가슴을 찌르는가? 거기서 시작하라. 각 챕터는 완결성을 갖춘다. 데카르트를 안 읽고 키르케고르를 읽어도 된다.

어떤 방식을 선택하든 상관없다. 중요한 것은 읽는 것이 아니라 생각하는 것이다.

긴 여정의 첫 발

이 책은 세계척학전집 시리즈의 첫 번째 문이다.

철학 다음에는 사회학이, 그다음에는 게임이론이, 동기부여의 심리학이 기다린다. 인간과 세상을 이해하는 모든 학문을, 당신의 언어로 재구성하는 긴 여정. 각 책은 독립적이면서도 하나의 거대한 지도를 그린다.

각 시리즈는 독립적이면서도 연결된다. 철학이 질문을 던지면, 사회학이 구조를 보여주고, 게임이론이 선택을 분석하고, 동기부여가 행동을 이끈다.

철학으로 시작하는 이유는 명확하다. 모든 앎의 시작은 질문하는 법을 배우는 것이기 때문이다. 데카르트가 모든 것을 의심했듯, 당신도 모든 것을 의심하는 법부터 배워야 한다. 그래야 다음 책들에서 만날 지식들의 메커니즘을 제대로 이해할 수 있다.

첫 번째 장을 펼쳤다면, 이미 여정은 시작된 것이다

효과 극대화를 위한 실전 가이드

"밤이 깊을수록 별이 선명해진다"

― 이클립스 ―

CONTENTS

PART 1

진리와 인식

우리는 무엇을 알 수 있는가?

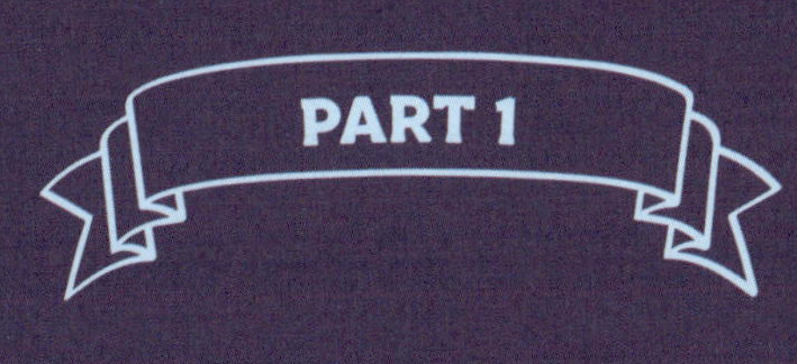

진리와 인식

우리는 무엇을 알 수 있는가?

데카르트의 회의론

의심할 수 없는 단 하나를 찾아라

01

René Descartes

철학자처럼 생각한다는 것은 답을 외우는 것이 아니라,
질문하는 방법을 체득하는 것이다.

꿈에서 깬 순간

....

새벽 3시, 당신은 깬다. 침대에 누워 있다. 방금 생생한 꿈을 꿨다. 꿈 속에서 당신은 회사에 지각했고, 중요한 발표를 망쳤고, 상사가 소리쳤다. 너무 생생해서 식은땀이 났다. 이제 깼다. 안도한다. "꿈이었구나." 하지만 잠깐, 정말 깼을까? 데카르트는 『성찰』에서 이렇게 묻는다.

"내가 지금 여기 벽난로 앞에 앉아 겨울 가운을 입고 손에 종이를 들고 있다는 것이 확실해 보인다. 하지만 내가 잠옷을 입고 침대에 누워 있으면서 이 모든 것을 꿈꾸고 있다고 말할 수 없는 근거가 무엇인가?"

이것이 데카르트의 "꿈의 논변Dream Argument"이다. 지금 이 순간도 꿈일 수 있지 않을까? 손을 본다. 진짜처럼 보인다. 시계를 본다. 3시 14분. 숫자가 명확하다. 하지만 꿈속에서도 시계를 봤다. 그것도 명확했다. 어떻게 확신할 수 있는가? 지금이 현실이고 방금 전이 꿈이라는 것을? 꼬집어본다. 아프다. 하지만 꿈속에서도 아팠다. 기억을 떠올린다. 어제 저녁을 먹었고, 드라마를 봤고, 잠들었다. 하지만 그 기억도 꿈의 일부일 수 있다. 점점 불안해진다. 무엇이 진짜인지 알 수 없다. 아니, 무엇이 진짜인지 확인할 방법 자체가 없다. 꿈인지 현실인지 구분하는 결정적 증거가 없다.

감각은 우리를 속인다

. . . .

데카르트는 급진적인 실험을 시작했다. 모든 것을 의심해보기로 한 것이다. 단 하나, 의심할 수 없는 것을 찾을 때까지. 그는 이를 "방법적 회의Methodical Doubt"라고 불렀다. 파괴를 위한 의심이 아니라, 확실한 토대를 찾기 위한 도구로서의 의심이다.

"그러나 나는 때때로 이 감각들이 나를 속인다는 것을 경험했으며, 우리를 단 한 번이라도 속인 것을 결코 전적으로 신뢰하지 않는 것이 현명하다."

—『성찰』 제1성찰

아침이 되어 출근한다. 멀리 건물이 보인다. 네모난 것 같다. 가까이 가니 둥글다. 당신의 눈은 거짓말을 했다. 물속에 막대기를 넣는다. 꺾여 보인다. 꺼내면 곧다. 당신의 눈은 또 거짓말을 했다. 데카르트는 생각했다. "감각은 믿을 수 없다. 한 번이라도 나를 속인 것은 영원히 의심해야 한다." 눈이 한 번 잘못 본 적이 있다면, 지금도 잘못 보고 있을 수 있다. 귀가 한 번 잘못 들은 적이 있다면, 지금도 잘못 듣고 있을 수 있다. "하지만 지금 내 앞에 있는 컵은 확실하잖아?" 정말 그런가? 술을 많이 마신 사람은 없는 것을 본다. 환각제를 먹은 사람은 벽이 움직이는 것을 본다. 열이 나면 주변이 춥게 느껴진다.

당신은 지금 정상 상태인가? 어떻게 확신하는가?

오늘 하루 당신이 "확실히 봤다"고 말한 것을 떠올려라. 정말 확실한가? 차를 운전하다가 사고가 나면, 목격자들은 각자 다른 것을 "확실히 봤다"고 말한다. 같은 사건, 다른 기억. 감각은 생각보다 훨씬 불확실하다.

꿈인가 현실인가

....

"그래도 지금 내가 앉아있다는 건 확실하지 않나?" 데카르트는 고개를 젓는다. "꿈속에서도 앉아 있었다." 생각해보라. 지난밤 꿈을 꿨을 때, 꿈속의 당신은 그것이 꿈인 줄 몰랐다. 완전히 현실이라고 확신했다. 날아다녔어도, 죽은 사람을 만났어도, 그 순간에는 이상하게 느껴지지 않았다. 꿈의 논리가 지배했다. 깨어나고 나서야 "아, 꿈이었구나"라고 안다. 하지만 깨어 있을 때도 마찬가지 아닐까? 지금 이 순간도 매우 생생한 꿈이고, 진짜 깰 때는 "아, 그것도 꿈이었구나"라고 하는 것 아닐까? 현대 철학자들은 이에 대해 "수조 속의 뇌Brain in a Vat" 사고실험을 제시한다. 당신의 뇌가 수조 안에 있고, 슈퍼컴퓨터가 전기 신호를 보내서 당신에게 세상을 경험하게 만든다면? 당신은 그것을 알아챌 방법이 있을까?

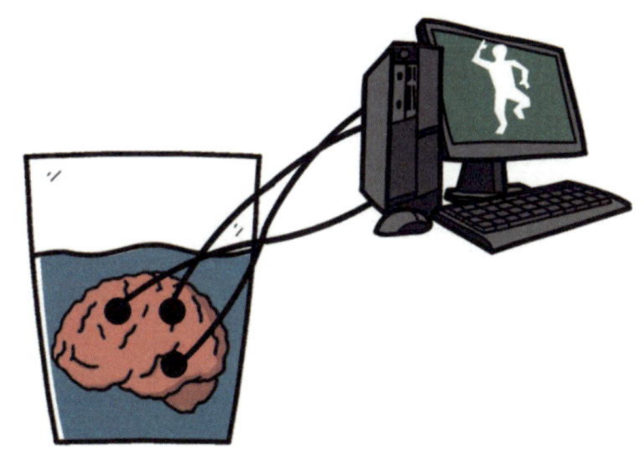

없다. 진짜 세상을 보는 것이나 컴퓨터가 만든 시뮬레이션이나 당신의 뇌에 도달하는 신호는 똑같다.

수학적 진리의 의심

....

데카르트는 한 걸음 더 나아간다. 감각이 의심스럽고 현실이 꿈일 수 있다 해도, 적어도 수학은 확실하지 않을까? 2+2=4는 깨어 있든 꿈속이든 참 아닌가? 하지만 데카르트는 이것마저 의심한다. 만약 신이 나를 창조할 때 실수를 한다면? 2+2를 계산할 때마다 틀리도록 만들었다면? 아니, 더 나아가 신이 전능하다면, 내가 "명석판명하게" 파악하는 순간에도 나를 속일 수 있지 않을까?

악마의 가설

. . . .

"나는 최고로 선한 진리의 원천인 신이 아니라, 어떤 악한 영, 동시에 매우 강력하고 교활한 영이 나를 기만하기 위해 그의 모든 기술을 동원했다고 가정할 것이다."

—『성찰』 제1성찰

데카르트는 극단적 가설을 제시한다. "악마^{Malin Génie}"를 상정하는 것이다. 이 악마는 무한히 강력하고 교활하다. 그는 나를 속이는 데 모든 힘을 쏟는다. 내가 보고 듣는 모든 것, 심지어 2+2=4라고 생각하는 것조차 이 악마가 만든 환상이라면? 미친 소리처럼 들린다. 하지만 논리적으로 반박할 수 있는가? 당신이 "이건 확실해"라고 말하는 모든 것이 사실은 속임수라면? 그리고 그것을 확인할 방법이 전

혀 없다면? 이것이 데카르트 회의의 정점이다. 감각도, 현실도, 추론도, 심지어 수학적 직관도 의심의 대상이 되었다. 모든 것이 불확실하다. 이제 어디서부터 시작할 것인가?

아르키메데스의 점

....

모든 것을 의심했다. 감각도, 추론도, 현실도. 데카르트는 절망했을까? 아니다. 그는 마침내 하나를 찾았다.

"나는 있다, 나는 존재한다Ego sum, ego existo는 것, 이것만큼은 확실하다. 그러나 얼마 동안? 물론 내가 생각하는 동안이다."

—『성찰』제2성찰

"잠깐, 내가 지금 모든 것을 의심하고 있잖아?" 의심하는 행위가 일어나고 있다. 그렇다면 의심하는 나는 존재해야 한다. 의심하는 주체가 없으면 의심이라는 행위가 불가능하기 때문이다. 설령 내가 존재하지 않는다고 가정해보자. 하지만 그 가정을 하는 순간에도, 가정을 하는 나는 존재해야 한다. 내가 속고 있다고 가정해보자. 하지만 속고 있는 나는 존재해야 한다. 악마가 나를 속인다고 가정해보자. 하지만 속임을 당하는 나는 존재해야 한다. 그 순간 데카르트는 외쳤다. "Cogito, ergo sum." 나는 생각한다, 고로 존재한다.

코기토의 논리적 구조

....

이것은 단순한 삼단논법이 아니다. "모든 생각하는 것은 존재한다 / 나는 생각한다 / 고로 나는 존재한다"가 아니다. 그것은 연역이고, 연역의 전제도 의심될 수 있다. 코기토는 더 근본적이다. 이것은 수행적 모순performative contradiction의 불가능성을 보여준다. "나는 존재하지 않는다"라고 생각하는 순간, 그 생각을 하는 내가 존재한다. 의심하는 행위 자체가 의심하는 자의 존재를 전제한다. 책상이 진짜인지는 확실하지 않다. 당신의 몸이 진짜인지도 확실하지 않다. 심지어 외부 세계가 존재하는지도 확실하지 않다. 하지만 생각하는 당신, 의심하는 당신, 이 모든 것을 경험하고 있는 의식 그 자체만큼은 확실하다.

INSIGHT

지금 이 순간, 눈을 감아보라. 모든 것이 환상일 수 있다. 하지만 당신이 "이것이 환상일까?"라고 묻고 있다는 사실만큼은 확실하다. 그 질문을 하는 존재, 그것이 당신이다. 이것이 유일하게 확실한 출발점이다.

일상의 모든 것을 의심하기

데카르트의 회의론은 철학적 유희가 아니다. 우리 일상의 모든 믿음을 흔든다. 뉴스를 본다. "오늘 이런 사건이 있었습니다." 정말? 당신은 현장에 있었나? 영상을 봤다고? 그 영상이 진짜인지 어떻게 아는가? 딥페이크 기술로 만든 가짜 영상은 진짜와 구분이 안 된다. 당신이 "확실히 봤다"는 것이 누군가의 조작일 수 있다. 친구가 말한다. "나 너 생각해서 이러는 거야." 정말? 어떻게 확신하는가? 그 사람의 마음을 직접 들여다볼 수 없다. 당신이 아는 건 그 사람의 말과 행동뿐이다. 그 뒤의 진짜 의도는 알 수 없다. 어쩌면 당신을 이용하려는 걸 수도 있다. 기억을 떠올린다. "10년 전 그때 분명히 이랬어." 정말? 연구에 따르면 인간의 기억은 놀라울 정도로 부정확하다. 우리는 기억을 떠올릴 때마다 그것을 수정하고 재구성한다. 당신이 확신하는 어린 시절 기억이 실제로는 나중에 들은 이야기를 바탕으로 만들어진 거짓 기억일 수 있다.

INSIGHT

오늘 당신이 "확실하다"고 말한 것 세 가지를 적어보라. 각각에 대해 "어떻게 확실한가?"라고 물어라. 직접 경험했는가? 누군가에게 들었는가? 추론했는가? 믿고 싶어서 믿는 건가? 대부분의 "확실함"은 생각보다 불확실하다.

회의론의 역설

여기서 아이러니가 발생한다. 만약 정말로 아무것도 확신할 수 없다면, 우리는 어떻게 살아야 하는가? 극단적 회의론자는 말한다. "아무것도 확실하지 않으니, 아무것도 믿지 않겠다." 하지만 이 태도로는 단 하루도 살 수 없다. 아침에 일어나 "이 바닥이 진짜일까?"를 의심하며 침대에서 못 내려온다. "이 물이 진짜 물일까?"를 의심하며 물을 못 마신다. 곧 죽는다. 심지어 회의론 자체도 역설에 빠진다. "아무것도 확실하지 않다"는 주장은 확실한가? 만약 그렇다면 모순이다. 적어도 그 주장만큼은 확실하다는 뜻이니까. 만약 그것조차 확실하지 않다면, 왜 그 주장을 믿어야 하는가? 철학자 데이비드 흄은 솔직하게 인정했다. "서재에서는 극단적 회의론자지만, 서재를 나와 당구를 칠 때는 당구공이 진짜라고 믿는다. 본성이 철학보다 강하다."

데카르트도 이것을 알았다. 그래서 그는 "방법적 회의"를 제안했다. 일상생활을 마비시키기 위한 회의가 아니라, 확실한 토대를 찾기 위한 도구로서의 회의. 단계는 이렇다.

- 1단계: 모든 것을 의심한다.

- 2단계: 의심할 수 없는 것을 찾는다.

- 3단계: 그 토대 위에서 조심스럽게 지식을 재건축한다.

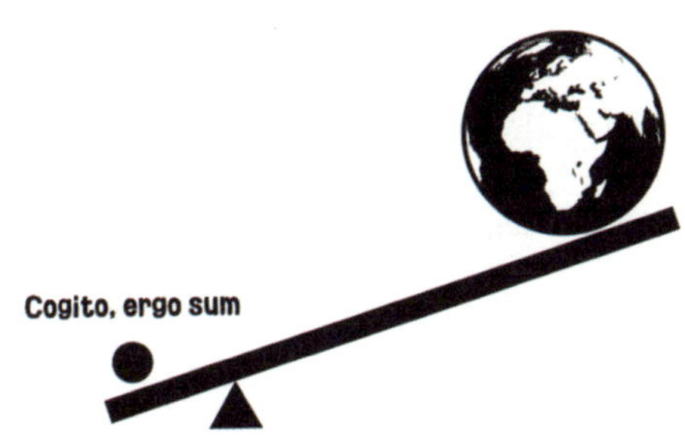

중요한 결정을 내리기 전에 데카르트의 방법을 써보라. "내가 지금 확신하는 것은 무엇인가? 그것이 정말 확실한가?" 하지만 일상의 모든 순간에 이렇게 하면 정신이 나간다. 의심할 만한 이유가 있을 때만 의심하라. 그리고 충분히 의심했다면, 행동하라.

의심하는 용기 – 권위에 대한 질문

....

데카르트가 가르친 가장 중요한 것은 의심하는 용기다. 그의 시대에는 아리스토텔레스가 절대적 권위였다. "아리스토텔레스가 이렇게 말했다"는 것이 논증의 끝이었다. 교회는 신학의 권위를 가졌고, 성경은 논쟁의 여지가 없는 진리였다. 하지만 데카르트는 『방법서설』에서 선언한다.

"나는 옛 사람들이 이룩한 것을 경멸하는 것이 아니라, 그것을 토대로 삼되, 내 이성으로 판단하는 것을 가치 있게 여긴다."

당신의 상사가 지시한다. 당신의 부모가 조언한다. 당신의 선생님이 가르친다. 데카르트는 그들을 존중하라고 말하지만, 맹목적으로 따르지는 말라고 한다. 질문하라. 검증하라. 스스로 생각하라. 이것이 계몽주의의 출발점이다. 칸트는 후에 이렇게 말한다. "감히 알려고 하라Sapere aude! 자신의 이성을 사용할 용기를 가져라!"

의심의 독과 약

....

하지만 조심하라. 의심은 무기지만 독이 될 수도 있다. 모든 것을 의심하면 아무것도 할 수 없다. 아무도 믿을 수 없다. 자기 자신조차 믿을 수 없다. 그것은 지혜가 아니라 병이다. 현대 심리학에서는 이를 "병적 의심"이라고 부르고, 강박장애의 한 형태로 본다. 데카르트의 진짜 메시지는 균형을 찾으라는 것이다. 의심할 만한 이유가 있을 때 의심하고, 확실한 토대를 찾았으면 그 위에서 건설하라. 영원히 의심만 하는 사람은 아무것도 짓지 못한다.

데카르트처럼 생각한다는 것

....

데카르트가 준 선물은 "코기토"라는 명제가 아니다. 그가 보여준 사고의 과정, 체계적으로 의심하고 확실한 토대를 찾는 그 방법론이다. 철학자처럼 생각한다는 것은 철학자의 결론을 외우는 것이 아니다. 철학자가 질문을 던진 방식, 문제를 분해한 방식, 증명을 구축한 방식을 내 것으로 만드는 것이다.

일상으로 돌아가면

....

내일 아침, 알람이 울린다. 당신은 깨어날 것이다. 꿈인지 현실인지 완벽하게 확신할 수는 없다. 하지만 당신은 일어날 것이다. 왜? 일어나는 당신이 존재한다는 것만큼은 확실하니까. 그것이 데카르트가 찾은, 그리고 당신이 매일 재발견하는 확실성의 유일한 토대다.

데카르트 더 읽기

- 『**방법서설**』 데카르트 철학의 입문서 　　　　　　　　난이도 ★★☆☆☆
- 『**제1철학에 관한 성찰**』 방법적 회의의 정점 　　　　　난이도 ★★★☆☆
- 『**철학의 원리**』 체계적 형이상학과 자연철학 　　　　　난이도 ★★★★☆

René
Descartes

니체의 관점주의

진리가 아니라 해석을 선택하라

02

Friedrich Nietzsche

데카르트는 의심할 수 없는 하나를 찾았다. "나는 생각한다, 고로 존재한다." 하지만 그 이후 200년이 지나고, 프리드리히 니체는 그 확실성마저 의심한다. 생각하는 '나'는 정말 하나인가? 언어가 그렇게 말할 뿐, 실제로는 수많은 충동과 힘들의 집합 아닌가? 니체처럼 생각한다는 것은 주어진 진리를 받아들이는 대신, 자신만의 관점에서 세상을 다시 해석하는 것이다.

붕괴하는 가치들

....

프리드리히 니체Friedrich Nietzsche, 1844-1900는 격변의 시대를 살았다. 19세기 유럽은 겉으로는 찬란했지만, 내부에서는 모든 것이 무너지고 있었다. 산업혁명은 전통적 삶의 방식을 파괴했고, 다윈의 진화론은 인간의 특별함을 부정했으며, 과학의 발전은 종교적 세계관을 낡은 미신으로 만들었다. 중세 이후 천 년 동안 유럽을 지배했던 기독교적 가치 체계가 힘을 잃었다. 더 이상 신이 선과 악을 정의하지 않았다. 성경이 진리의 원천이 아니었다. 사람들은 여전히 교회에 갔지만, 많은 지식인들은 이미 신을 믿지 않았다. 니체는 이 위선을 견딜 수 없었다.

"신은 죽었다! 신은 죽은 채로 있다! 그리고 우리가 그를 죽였다!
살인자들 중의 살인자인 우리는 어떻게 위안을 얻을 것인가?"

—『즐거운 학문』 섹션 125

이것은 단순한 무신론 선언이 아니다. 니체 자신도 신을 믿지 않았지만, 그가 경고한 것은 그 이후였다. 신이 사라진 자리에 무엇이 올 것인가? 절대적 기준이 사라진 세상에서 무엇이 선하고 옳은가? 대부분의 사람들은 이 질문을 회피한 채 다른 답을 찾았다. "진리는 과학에 있다" "도덕은 이성에서 나온다" "진보가 우리를 구원한다." 그리고 현재는 "돈이 진리다."라고. 하지만 니체는 이 모든 것을 의심했다. 과학도, 이성도, 진보도 또 다른 형태의 믿음일 뿐 아닌가?

산 정상에서 본 풍경

....

등산을 한다. 3시간을 올라 정상에 도착한다. 숨이 차다. 하지만 풍경이 펼쳐진다. 산맥이 구불구불 이어지고, 구름이 발 아래로 흐른다. 장엄하다. 당신은 사진을 찍는다. "아름답다." 옆 사람이 말한다. "무섭네요. 이렇게 높은 곳에서 떨어지면..." 같은 풍경이다. 한 사람은 아름다움을 보고, 다른 사람은 위험을 본다. 산 아래 마을 사람에게 물어본다. "저 산이 어때요?" "귀찮죠. 해가 일찍 지고, 겨울엔 눈이 너무 많이 와요." 그에게 산은 불편함이다.

- 등산가: "도전이죠. 저 봉우리를 정복하는 게 목표예요."

- 화가: "영감이죠. 저 능선의 곡선, 저 빛의 변화, 그걸 캔버스에 담고 싶어요."

- 목수: "나무죠. 좋은 목재가 많이 나와요."

같은 산이다. 하지만 여섯 사람에게 여섯 개의 다른 산이 있다. 누가 맞는가? 니체는 답한다. "모두 맞고, 모두 틀렸다." 왜냐하면 "산 그 자체"는 존재하지 않기 때문이다. 아니, 더 정확히는 우리가 그것을 알 수 없기 때문이다. 우리는 항상 어떤 관점perspective에서, 어떤 목적을 가지고, 어떤 맥락에서 사물을 본다. 순수한 객관적 인식 같은 건 환상이다.

사실은 없다, 오직 해석만

·········

"사실이란 없다. 오직 해석만이 있을 뿐이다."

— 니체, 『유고』

이것이 니체의 관점주의Perspectivism를 가장 압축적으로 보여주는 문장이다. 하지만 주의하라. 니체는 "아무것도 진실이 아니다"라고 말하는 게 아니다. 그는 더 정교하다. 당신 앞에 한 그루의 나무가 있다. 이것은 '사실'이다. 하지만 이 나무가 '무엇인지'는 누가 보느냐에 따라 다르다.

- 식물학자: "광합성을 하는 생명체"

- 목수는: "가구의 재료"

- 시인: "자연의 아름다움"

- 벌목업자: "수익의 원천"

- 다람쥐에게는 "집"

누가 옳은가? 니체는 말한다. "모두 옳다. 그리고 모두 틀렸다." 왜냐하면 '나무 그 자체Ding an sich'를 보는 것은 불가능하기 때문이다. 철학자들은 수천 년 동안 "사물의 본질"을 찾으려 했다. 플라톤은 이데아를 말했고, 칸트는 물자체를 말했다. 칸트는 현상과 물자체를 구분했다. 우리는 현상만 알 수 있고, 물자체는 영원히 알 수 없다고 했다. 니체는 한 걸음 더 나아간다. 물자체라는 개념 자체가 무의미하다고 본다.

"우리가 사물을 그 자체로 안다는 것은 무엇을 의미하는가? 그것은 관점 없이, 이해관계 없이, 해석 없이 인식한다는 것인데, 이것은 아무것도 인식하지 않는 것과 같다."

—『도덕의 계보』

인식이란 항상 어디선가의 관점이다. 관점 없는 인식은 모순이다. "어디에서도 보지 않는 시선" 같은 건 없다.

오늘 뉴스를 볼 때 실험해보라. 같은 사건을 다른 채널에서 어떻게 다루는지 비교하라. 보수 언론과 진보 언론, 국내 언론과 외국 언론. 같은 '사실'인데 완전히 다른 이야기가 된다. 사실이 아니라 해석을 보고 있는 것이다.

관점이라는 감옥

....

문제는 우리가 자신의 관점을 인식하지 못한다는 것이다. 물고기가 물을 느끼지 못하듯이 우리는 우리 눈의 모퉁이를 볼 수 없다. 당신의 생각은 당신의 것처럼 느껴진다. 하지만 정말 그런가? 니체는 묻는다. 당신의 생각을 결정하는 것은 무엇인가? 당신이 태어난 시대, 자란 문화, 속한 계급, 받은 교육, 경험한 사건들. 모든 것이 당신의 관점을 만든다. 더 나아가, 당신의 몸도 관점을 만든다. 배고플 때와 배부를 때 같은 음식을 봐도 다르게 보인다. 젊을 때와 늙었을 때 같은 조언을 들어도 다르게 들린다. 건강할 때와 아플 때 같은 인생을 살아도 다르게 느껴진다. 니체는 이렇게 말한다.

"철학자들이 말하는 '이성'은 사실 그들의 무의식적 생리적 요구를 정당화한 것이다."

— 『선악의 저편』

조금 공격적으로 해석해보면, 플라톤이 육체를 멸시하고 이데아의 세계를 찬양한 것은? 그가 병약했기 때문이다. 건강한 몸을 가진 사람은 육체를 긍정한다. 쇼펜하우어가 염세주의를 설파한 것은? 그가 평생 우울증을 앓았기 때문이다.

이번 주에 누군가와 의견이 충돌했을 때를 떠올려라. "내가 옳고 상대가 틀렸다"고 생각했는가? 잠깐 멈춰라. 상대방은 어떤 관점에서 보고 있는가? 그 사람의 배경, 경험, 이해관계를 생각하라. 그 관점에서는 그가 옳을 수 있다. 진리 싸움이 아니라 관점 차이일 뿐이다.

진리는 권력이다

·········

그렇다면 왜 특정한 것들이 '진리'로 인정받는가? 니체의 대답은 불편하다. "권력 때문이다." 역사를 보면 무엇이 '진리'였는가? 대부분 권력자의 진리였다. 중세에는 교회가 권력을 가졌다. 그래서 신학이 진리였다. "신이 세상을 창조했다"는 의심의 여지가 없었다. 의심하면? 화형당했다. 근대에는 과학자들이 권력을 얻었다. 그래서 과학이 진리가 되었다. "실험으로 증명된 것만 믿는다." 과학적 방법론이 유일한 진리 탐구 방법이 되었다. 다른 앎의 방식(직관, 체험, 예술)은 "주관적"이라는 이유로 평가절하되었다. 현대에는 자본이 권력을 가진다. 그래서 경제학이 진리다. "시장이 가장 효율적이다" "성장이 선이다" "경쟁이 발전을 낳는다." 이것들이 의심 없는 공리가 되었다. 이에 반하는 생각은 "비현실적"이라고 무시된다.

니체는 이것을 "권력을 향한 의지Will to Power"라고 불렀다. 이것은 단순한 지배욕이 아니며 생명의 근본 동력이다. 모든 생명체는 자신의 힘을 확장하고, 자신의 해석을 세상에 각인시키려 한다. 철학자들도 예외가 아니다. 그들은 순수하게 진리를 추구한다고 말한다. 하지만 니체는 그 밑바닥에 권력 의지가 있다고 봤다. 니체의 시선에서는 플라톤이 '이데아의 세계'를 강조한 것은? 철학자가 지배해야 한다는 정당화였다. "우리는 이데아를 볼 수 있으니 통치할 자격이 있다." 기독교의 '내세 천국'은? 지금의 고통을 참게 만드는 도구였다. "지금 힘들어도 천국에서 보상받는다." 노예들과 가난한 자들이 반란을 일으키지 않도록 만드는 효과적 메커니즘이었다.

> **INSIGHT**
>
> 다음에 "전문가들이 말하길..."이라는 문장을 들으면 질문하라. "그 전문가는 누구인가? 누가 그를 전문가로 만들었나? 그는 어떤 이해관계가 있나?" 진리는 종종 권력의 다른 이름이다.

진리는 유용한 거짓말이다

....

니체는 더 급진적으로 나아간다.

"진리란 우리가 그것 없이는 살 수 없다는 것을 잊어버린 오류들의 집합이다."

— 니체, 『유고』

생각해보자. 우리는 '인과관계'를 믿는다. A가 일어나면 B가 일어난다. 하지만 실제로 경험하는 건 "A 다음에 B가 왔다"는 것뿐이다. A가 B를 '일으켰다'는 건 우리의 해석이다. 직접 관찰한 적 없다. 우리는 '자아'가 있다고 믿는다. "나는 나다." 하지만 실제로는? 수많은 충동, 욕망, 기억, 감정의 집합일 뿐이다. 단일한 '나'는 편리한 허구다. 우리는 '자유의지'가 있다고 믿는다. "내가 선택했다." 하지만 신경과학은 우리의 '선택'이 의식적 결정보다 0.5초 먼저 뇌에서 결정된다고 보여준다. 니체는 이런 개념들이 거짓이라고 말한다. 하지만 유용한 거짓이라고 덧붙인다. 인과관계라는 개념 없이는 과학을 할 수 없다. 자아라는 개념 없이는 정체성을 유지할 수 없다. 자유의지라는 개념 없이는 도덕을 세울 수 없다. 진리란 우리의 생존과 번영에 유용한 믿음이다. 그 이상도, 그 이하도 아니다.

생존에 유리한 오류

당신이 믿고 있는 '진리' 중 하나를 선택하라. "노력하면 성공한다" "정직이 최선이다" "사랑이 전부다". 그리고 질문하라. "이것이 정말 진리인가, 아니면 유용한 믿음인가?" 대부분은 후자다. 그리고 그것으로 충분하다.

모든 해석이 동등한가

....

여기서 위험한 질문이 생긴다. 만약 절대적 진리가 없고 모든 것이 해석이라면, 모든 해석이 똑같이 가치 있는가? 나치의 해석, 민주주의의 해석, 과학의 해석, 미신의 해석이 모두 동등한가? 니체는 단호하게 "아니다"라고 말한다. 해석에는 위계가 있다. 니체의 기준은 무엇일까? 생명을 긍정하는가, 부정하는가. 어떤 해석은 당신을 강하게 만든다. 창조적으로 만든다. 살아있게 만든다. 이것은 좋은 해석이다. 니체는 이를 "생명 긍정적lebensbejahend" 해석이라 부른다. 어떤 해석은 당신을 약하게 만든다. 수동적으로 만든다. 죽어가게 만든다. 이것은 나쁜 해석이다. "생명 부정적lebensverneinend" 해석이라 부른다. 실직했다. 두 가지 해석이 가능하다.

- 해석 1: "나는 무능해. 세상이 나를 버렸어. 이제 끝이야." 이 해석은 당신을 절망에 빠뜨린다. 생명을 부정한다.
- 해석 2: "이제 새로운 기회야. 하기 싫던 일에서 벗어났어. 진짜 하고 싶은 걸 찾아볼 수 있어." 이 해석은 당신을 행동하게 만든다. 생명을 긍

정한다.

어느 쪽이 '진리'인가? 둘 다 해석일 뿐이다. 하지만 결과는 완전히 다르다. 기독교의 '원죄' 개념을 보자. "너는 태어날 때부터 죄인이다." 이것은 사람들을 무력하게 만든다. 교회에 의존하게 만든다. 니체는 이것을 '생명 부정적 해석'이라고 비난한다. 반대로 "너는 무한한 잠재력을 가졌다"는 해석은? 사람들을 능동적으로 만든다. 스스로 성장하게 한다. 이것은 '생명 긍정적 해석'이다.

최근에 당신에게 일어난 안 좋은 일 하나를 떠올려라. 그것을 어떻게 해석했는가? 생명을 부정하는 방식으로? 그렇다면 다시 해석하라. 같은 사건을 생명을 긍정하는 방식으로 볼 수 있는가? 사건은 바꿀 수 없지만 해석은 선택할 수 있다.

당신은 어떤 렌즈를 끼고 있는가

·········

니체의 관점주의는 단순한 상대주의가 아니다. "모든 게 다 똑같아"가 아니라 "당신은 선택할 수 있다"는 메시지다. 직장 상사를 보자. 어떻게 해석하는가?

- "나를 괴롭히는 악당." 이 렌즈로 보면 출근이 지옥이다.

- "나를 성장시키려는 멘토." 이 렌즈로 보면 피드백이 선물이다.

같은 상사지만 렌즈가 다르면 경험이 완전히 다르다.
나이 듦을 보자. 어떻게 해석하는가?

- "늙어가는 것." 이 렌즈로 보면 생일이 슬프다.
- "성숙해지는 것." 이 렌즈로 보면 생일이 축복이다.

같은 시간의 흐름이다. 하지만 해석이 다르면 의미가 완전히 다르다.

이번 주에 당신의 "렌즈"를 의식적으로 바꿔보는 실험을 하라. 평소 싫어하던 사람을 "배울 점이 있는 사람"으로 보라. 짜증나던 일을 "수련의 기회"로 보라. 일주일만 다른 렌즈를 끼고 살아보라. 세상이 달라진다.

영원회귀:최고의 긍정 레스트

10년 전, 당신은 연인과 헤어졌다. 그때는 세상이 끝난 것 같았다. 하지만 지금 돌아보면? "그때 헤어지길 잘했어. 지금의 나를 만든 경험이야." 같은 사건이다. 하지만 10년 후의 관점에서 보면 완전히 다른 의미가 된다. 해석을 바꾸는 것은 과거를 바꾸는 것이다. 니체는 이것을 "영원회귀Eternal Recurrence" 사상과 연결하며 말한다. 악마가 "네 삶은 무한히 반복된다"고 말한다면, 너는 그것을 저주할 것인가, 아니면 그 말을 신성하다고 받아들일 것인가? 이것은 사고실험이다. 당신의 삶이 똑같이 무한히 반복된다면, 당신은 그것을 견딜 수 있는가? 끔찍하게 들린다. 같은 고통을 무한히 반복한다니. 하지만 니체는 다르게 본다. 만약 당신이 지금의 삶을 사랑한다면? 고통까지 포함해서 모든 것을 긍정한다면? 그렇다면 영원히 반복되어도 좋다. "그래, 다시 한번!Ja, noch einmal!"

"인간의 위대함에 대한 나의공식: 운명애, 즉 다르기를 바라지 않는 것. 앞으로도, 뒤로도, 영원 속에서도 그렇지 않기를."

— 니체, 『이 사람을 보라』 "내가 왜 이렇게 영리한가" 10절 (의역)

이것이 "운명애Amor Fati"다. 운명을 사랑하라. 일어난 일을 저주하지 말고 긍정하라. 왜냐하면 그 모든 것이 지금의 당신을 만들었으니까.

INSIGHT

과거의 당신을 괴롭히는 기억 하나를 떠올려라. 그것을 다르게 해석할 수 있는가? "그때 그 일이 없었다면 지금의 나는 없었을 것이다"라고 말할 수 있는가? 해석을 바꾸는 순간, 과거가 짐에서 자산으로 바뀐다.

초인: 가치를 창조하는 자

·········

니체는 "신은 죽었다"고 선언한 후 "초인^{Übermensch}"을 제시했다.

"나는 너희에게 초인을 가르친다. 인간은 극복되어야 할 무엇
이다."

—『차라투스트라는 이렇게 말했다』

초인이란 무엇인가? 슈퍼맨처럼 초능력을 가진 존재가 아니다.
주어진 가치를 따르는 사람이 아니라 스스로 가치를 창조하는 사람
이다. 대부분의 사람들^{무리 인간, Herdentier}은 주어진 규칙을 따른다. 사회
가 "이게 좋다"고 하면 그걸 추구한다. 문화가 "이게 의미 있다"고 하

면 그걸 믿는다. 하지만 초인은 다르다. 세상이 "이게 의미 있다"고 말하는 게 아니라, 당신이 "이게 나에게 의미 있다"고 선언하는 것이다. 세상이 "이게 진리다"라고 주입하는 게 아니라, 당신이 "이게 내 진리다"라고 선택하는 것이다. 이것은 단순한 이기주의나 허무주의가 아니다. 오히려 극도로 무거운 책임이다. 신이 가치를 정해주지 않는다면, 당신이 정해야 한다. 절대적 진리가 없다면, 당신이 창조해야 한다.

니체처럼 생각한다는 것: 해석을 창조하는 용기

....

내일 아침, 또 회사에 간다. 상사가 뭐라고 할 것이다. 동료가 짜증날 것이다. 일이 안 풀릴 것이다. 하지만 이제 당신은 선택할 수 있다. 어떤 렌즈로 그것을 볼 것인가? 니체는 말했다. 진리를 찾지 마라. 진리를 창조하라. 세상이 당신에게 의미를 주길 기다리지 마라. 당신이 세상에 의미를 부여하라. 절대적 진리는 없다. 보편적 도덕도 사라졌다. 이것은 비극인가? 니체는 아니라고 말한다. 이것은 해방이다. 이제 당신은 자유롭다. 정해진 답이 없으니, 당신이 답을 만든다. 정해진 의미가 없으니, 당신이 의미를 선택한다. 정해진 가치가 없으니, 당신이 가치를 창조한다. 절대적 진리는 환상이다. 하지만 그렇기 때문에 우리는 비로소 자유롭다. 정해진 길이 없기 때문에, 우리는 스스로 길을 만들 수 있다.

니체 더 읽기

- 『**차라투스트라는 이렇게 말했다**』 니체 사상의 시적 정점   난이도 ★★★★☆
- 『**선악의 저편**』 도덕의 계보학적 비판   난이도 ★★★☆☆
- 『**즐거운 학문**』 "신은 죽었다" 선언과 영원회귀   난이도 ★★★☆☆
- 『**도덕의 계보**』 노예 도덕의 기원 분석   난이도 ★★★☆☆

Friedrich
Nietzsche

비트겐슈타인의 언어게임

같은 말, 다른 게임을 하고 있다

03

Ludwig
Wittgenstein

데카르트는 확실성을 찾았다. 니체는 모든 진리는 해석일 뿐이라고 했다. 하지만 그 해석을 표현하는 도구, 바로 언어 자체는 어떻게 작동하는가? 비트겐슈타인처럼 생각한다는 것은 언어의 작동 메커니즘을 이해하고, 무의미한 질문과 의미 있는 질문을 구분하는 것이다.

논리와 언어의 세기

....

루트비히 비트겐슈타인(1889-1951)은 20세기가 시작되는 빈에서 태어났다. 당시 빈은 유럽 지성의 중심지였다. 그리고 철학에서는 논리학이 혁명을 일으키고 있었다. 19세기 말, 프레게와 러셀은 수학을 논리학으로 환원하려 했다. 언어의 모호함이 철학적 혼란의 원인이라고 보았다. 만약 언어를 수학처럼 정밀하게 만들 수 있다면, 모든 철학적 문제를 해결할 수 있지 않을까? 비트겐슈타인은 이 꿈에 매료되었다. 그는 케임브리지에서 러셀 밑에서 공부했고, 제1차 세계대전 참전 중에도 철학 노트를 썼다. 포탄이 터지는 와중에도.

첫 번째 비트겐슈타인의 착각

....

1921년, 『논리철학논고』가 출판되었다.

"1. 세계는 일어나는 모든 것이다.

2. 일어나는 것, 즉 사실은 사태들의 존립이다.

...

7. 말할 수 없는 것에 대해서는 침묵해야 한다."

책 전체가 번호가 매겨진 명제들로 구성되어 있었다. 비트겐슈타인의 핵심 아이디어는 그림 이론Picture Theory이었다. 언어는 세계의 그림이다. "고양이가 매트 위에 있다"는 문장이 의미를 가지려면, 실제 세계에 고양이가 있고, 매트가 있고, 그 둘 사이에 '위에 있음'이라는 관계가 성립해야 한다. 언어의 논리적 구조는 세계의 구조를 반영한다. 즉, 언어의 구조는 마치 지도가 실제 지형과 대응하듯이 세계의 구조와 대응한다. 그렇다면 "신은 존재한다" "선은 악보다 우월하다" 같은 문장은? 이런 문장들은 세계의 어떤 사실과 대응하는가? 젊은 비트겐슈타인은 단호했다. "이런 것들은 말할 수 없다. 다만 보여질 수만 있다." 윤리, 미학, 형이상학에 관한 명제들은 어떤 사실도 그려내지 않는다. 따라서 "신은 존재한다" "선은 악보다 우월하다" 같은 문장들은 엄밀히 말해 무의미sinnlos하다.

"언어로 말해질 수 없는 것들이 있다. 그것들은 스스로를 드러낸다. 그것이 신비적인 것이다."

그는 책을 이렇게 끝맺었다.

"말할 수 없는 것에 대해서는 침묵해야 한다."

하지만 비트겐슈타인은 이것을 경멸적으로 말한 게 아니다. 오히려 역설적으로, 가장 중요한 것들은 말할 수 없다고 본 것이다. 일몰을 본다. 장엄하다. 누군가 묻는다. "뭐가 그렇게 아름다워?" 설명하려 한다. "음... 색깔이... 구름이... 빛이..." 말하면 말할수록 그 아름다움에서 멀어진다. 차라리 침묵하고 함께 보는 게 낫다. 비트겐슈타인은 모든 철학 문제를 해결했다고 확신했다. 그래서 철학을 떠나 오스트리아 시골에서 초등학교 교사가 되었다.

두번째 비트겐슈타인

....

하지만 아이들을 가르치면서 그는 깨달았다. 언어는 자신이 생각했던 것보다 훨씬 복잡하다. 언어는 세계의 그림이 아니다. 언어는 도구다. 그리고 하나의 도구가 아니라 무수히 많은 도구들의 집합이다. 1930년대, 비트겐슈타인은 케임브리지로 돌아왔다. 완전히 새로운 철학을 들고. 그가 죽은 후 출판된 『철학적 탐구Philosophische Untersuchungen』는 첫 번째 책과 정반대였다. 번호 매긴 명제들 대신, 대화와 예시들로 가득 차있었다. 체계적 이론 대신, 구체적 사례들을 통한 치료적 접근이었다. 그리고 핵심 개념이 등장한다. 언어게임Sprachspiel.

"언어와 그것이 짜여 있는 활동들을 언어게임이라고 부르겠다."

—『철학적 탐구』

비트겐슈타인의 전환은 우리에게 교훈을 준다. 가장 확신에 찬 순간이 틀렸을 가능성이 가장 높을 때다. 자신의 이론을 완전히 뒤집을 용기를 가진 사람이 진정한 사상가다.

카페에서의 오해

·········

카페에 들어간다. 카운터에 선다. 바리스타가 묻는다. "뭘 드릴까요?" 당신이 답한다. "사랑 주세요." 바리스타가 멈칫한다. 당신도 당황한다. 뭔가 이상하다. 왜? '사랑'이라는 단어는 분명히 한국어다. 바리스타도 한국어를 안다. 하지만 이 상황에서 그 단어는 작동하지 않는다. 다시 말한다. "아메리카노 주세요." 이제 대화가 흐른다. 주문이 되고, 커피가 나온다. 무엇이 달라졌는가? 당신은 같은 언어를 썼다. 하지만 첫 번째는 실패하고 두 번째는 성공했다. 왜? 당신은 첫 번째에는 잘못된 게임을 했다. 카페에서는 '주문하기 게임'을 해야 한다. 그 게임에서는 음료 이름을 말해야 한다. '사랑'은 다른 게임(연애, 시, 철학)에 속한 단어다.

> 오늘 누군가와 대화하면서 오해가 생긴 적이 있는가? "내 말은 그게 아니었는데…" 같은 말인데 다르게 이해한다. 왜? 같은 단어, 다른 게임을 했기 때문이다.

의미 사용이다

....

"대부분의 경우 — 전부는 아니더라도 — '의미'라는 단어의 사용은 다음과 같이 설명될 수 있다: 어떤 단어의 의미는 언어 안에서 그것의 사용이다."

—『철학적 탐구』

이것은 2000년 철학의 전통을 뒤집는다. 플라톤 이래로 철학자들은 믿었다. "단어의 의미는 그것이 가리키는 대상이다. '고양이'의 의미는 실제 고양이다. '선'의 의미는 선의 이데아다." 하지만 비트겐슈타인은 말한다. 아니다. 의미는 어떻게 사용되는가에 달려 있다. "물 좀 주세요"라는 문장을 보자.

- 게임 1-식당: 손님이 웨이터에게. 물을 가져다달라는 요청이다. 웨이터는 물잔을 가져온다.
- 게임 2-사막: 탈수 상태의 사람이 구조대원에게. 생존의 절박한 호소다. 구조대원은 급히 물통을 건넨다.
- 게임 3-수업: 학생이 선생님에게. 목마름을 알리는 신호다.
- 게임 4-연극 무대: 배우가 무대 위에서. 연기의 일부다. 관객은 박수친다.
- 게임 5-한국어 수업: 외국인 학생이 연습 중. 발음 교정의 대상이다. 선생님은 "물은 '물'이라고 해요"라고 고쳐준다.

문장은 같다. 하지만 하는 일이 완전히 다르다.

문자를 읽을 때 조심하라. 맥락이 없으면 의미를 오해한다. "ㅋㅋㅋ"가 진짜 웃음인지 냉소인지 어떻게 아는가? 전체 대화의 흐름을 봐야 한다. 한 문장만으로는 알 수 없다.

언어게임의 무한한 다양성

....

비트겐슈타인은 언어게임의 예시들을 나열한다:

"명령하기, 그리고 명령에 따라 행동하기 —

대상의 외관을 기술하거나 치수를 측정하여 보고하기 —

보고에 따라 대상을 구성하기 (도면 그리기) —

사건을 보고하기 —

사건에 관해 추측하기 —

가설을 세우고 검증하기 —

…

농담하기; 농담을 번역하기 —"

—『철학적 탐구』제 23절

진리와 인식 - 우리는 무엇을 알 수 있는가?

이 목록은 끝이 없다. 언어게임은 무한히 많다. 그리고 새로운 게임이 계속 생겨난다. 비트겐슈타인이 죽은 후, 우리는 '이메일 쓰기 게임', 'SNS 게시하기 게임', '이모티콘 사용하기 게임'을 발명했다. 중요한 것은, 게임마다 규칙이 다르다. 법정에서 쓰는 언어와 친구와의 수다에서 쓰는 언어는 같은 단어를 써도 규칙이 다르다.

- 법정: "피고인은 살인의 고의가 없었습니다."
  ⇒ '고의'는 형법 제13조에 따라 정밀하게 정의됨. 구성요건의 인식, 인과관계의 예견.
- 친구와 카페: "그 사람, 고의로 그런 거 아니야?"
  ⇒ '고의'는 "일부러", "나쁜 마음을 먹고" 정도의 느슨한 의미.

언어의 휴가

....

비트겐슈타인은 급진적인 진단을 내린다. 대부분의 철학적 문제는 실제 문제가 아니다. 언어를 잘못 사용해서 생긴 혼란일 뿐이다.

"철학적 문제는 언어가 휴가를 떠났을 때 생긴다."

—『철학적 탐구』

무슨 뜻인가? 언어는 일상적 게임 안에서 작동한다. 하지만 철학자들은 언어를 일상적 맥락에서 뽑아내 추상적으로 사용한다. 그러면 언어는 공회전한다. 의미를 잃는다. "시간이란 무엇인가?"라는 문장을 예를 들어보자. 일상에서 우리는 '시간'을 완벽하게 사용한다. "몇 시야?" "시간 없어" "시간이 빨리 가네" 문제없다. 하지만 "시간 그 자체란 무엇인가?"라고 물으면? 우리는 '시간'을 일상적 게임에서 뽑아냈다. 이제 그 단어는 제대로 작동하지 않는다. 그래서 우리는 혼란스럽다.

해결책은 무엇일까? 단어를 원래 게임으로 돌려보내라.

INSIGHT

언어게임을 이해하면 답 없는 질문에 매달리지 않게 된다. 말할 수 없는 것 앞에서 침묵하는 법을 배우면 불필요한 설명을 멈춘다. 행복을 정의하려 애쓰지 않고 그냥 행복해진다. 사랑을 분석하려 하지 않고 그냥 사랑한다.

사자가 말할 수 있다면

문법적으로 완벽한 한국어를 구사하는 사자를 상상해보자. 그 사자가 "나는 배고프다"고 말한다. 우리는 이해할까? 표면적으로는 이해한다. 단어의 뜻을 우리도 안다. 하지만 깊이 생각해보면? 사자에게 배고픔이란 무엇인가? 사냥 본능의 발동이다. 초원의 가젤을 쫓는 행위다. 무리와 나눠 먹는 의식이다. 피비린내와 날고기의 질감이다. 인간에게 배고픔이란? 냉장고를 열거나 배달앱을 켜는 것이다. 돈을 지불하고 음식을 얻는 것이다. 포크와 나이프를 사용하는 것이다. 식사 예절을 지키는 것이다. 사자의 '삶의 형식 form of life'은 우리와 완전히 다르다. 같은 단어를 써도 그 단어가 작동하는 언어 게임이 다르기에 진정한 소통은 불가능하다. 회사에서 이것이 매일 일어난다. 상사가 말한다. "이 프로젝트는 중요해."

- 당신이 듣는다: "야근 각오해야겠구나."
- 상사의 의미: "우리 팀의 존재 이유가 달렸어."

상사의 삶의 형식(승진, 평가, 조직 정치)과 당신의 삶의 형식(퇴근 시간, 주말, 워라밸)이 다르다. 같은 단어, 다른 세계.

- 부모: "네 미래를 위해 이러는 거야."
- 당신: "또 잔소리 시작이네."

부모의 삶의 형식(자식의 안정, 세대 경험)과 당신의 삶의 형식(개인의 자유, 자아실현)이 다르다.

INSIGHT

다음에 누군가와 의견 충돌이 있을 때 질문하라. "우리가 같은 게임을 하고 있는 건가?" 상사는 '조직 생존 게임'을, 당신은 '개인 행복 게임'을 한다. 게임이 다르면 대화가 안 된다.

정의할 수 없지만 알 수 있다

....

"게임이 뭐예요?" 아이가 묻는다. 답하기 어렵다. 체스, 축구, 카드놀이, 숨바꼭질, 비디오게임을 모두 '게임'이라고 부른다. 공통점이 뭔가? 비트겐슈타인은 답한다. "정의 같은 건 없다. 대신 '가족유사성'이 있을 뿐이다." 가족 구성원들을 보라. 할아버지와 손자는 눈매가 비슷하다. 할머니와 딸은 입매가 비슷하다. 아버지와 아들은 코가 비슷하다. 완벽한 공통점은 없지만 우리는 "저 사람들 가족이네"라고 알아본다. 서로 얽혀 있는 유사성들 때문이다. 게임도 마찬가지다. 체스와 축구는 둘 다 경쟁적이고 규칙이 있다. 하지만 체스와 혼자 하는 퍼즐게임은? 퍼즐게임은 경쟁적이지 않다. 퍼즐게임과 술래잡기는? 지적 도전이라는 공통점은 없다. 모든 게임이 공유하는 단 하나의 본질적 특징은 없다. 대신 복잡하게 겹치고 교차하는 유사성들의 그물망이 있을 뿐이다.

'예술'이란 무엇인가? '사랑'이란? '정의'란? 이들을 하나의 공식으로 설명할 수 있는가? 불가능하다. 하지만 우리는 정의 없이도 개념을 완벽하게 사용한다. 연인들이 만난다. "사랑이 뭐예요?" 서로 묻는다. 답할 수 없다. 하지만 사랑한다. 사랑을 정의할 순 없어도 사랑을 할 수 있다. 작품을 만드는 예술가가 "예술이 뭐예요?"라는 질문에 답할 순 없어도 예술을 창조할 수는 있다. 즉, 우리는 언어를 작동시키고 규칙에 따라 말한다. 하지만 규칙을 말할 수는 없다. 이것은 철학의 전통적 프로젝트를 무너뜨린다. 본질을 찾는 대신, 사용을 보라. 정의를 내리는 대신, 예시들을 나열하라.

다음에 누군가 "그게 정확히 뭐예요?"라고 물으면 당황하지 마라. 대부분의 중요한 개념은 정의할 수 없다. 대신 예시들을 보여줘라. "이런 것도 있고, 저런 것도 있고..." 가족유사성을 보여주는 것으로 충분하다.

사적 언어는 불가능하다

당신에게만 느껴지는 특별한 감정이 있다. 이름을 'S'라고 부르기로 한다. 매일 일기에 "오늘 S를 느꼈다"고 기록한다. 이것이 의미 있는 언어인가? 비트겐슈타인은 단호하게 "아니다"라고 말한다. 이것이 유명한 사적 언어 논증Private Language Argument이다. 문제는 무엇인가? 언어가 되려면 '옳게 사용하는 것'과 '옳게 사용한다고 생각하는 것'을 구분할 수 있어야 한다. 하지만 S는? 당신만 느낀다. 당신만 판단한다. 외적 기준이 없다. 결국 '옳다'와 '옳다고 생각한다'를 구분할 방법이 없다. 구분할 방법이 없다면 규칙이 아니고, 규칙이 아니라면 언어가 아니다.

비트겐슈타인의 결론은 언어는 본질적으로 공적이라는 것이다. 언어는 공동체에 속한다. 내가 "아프다"고 말할 때, 그 의미는 나의 사적 감각에서 나오지 않는다. 그것은 우리 공동체가 "아프다"를 어떻게 사용하는가라는 공적 관습에서 나온다. 아이가 처음으로 "아파요"라고 말한다. 부모가 반응한다. 다음에 또 "아파요"라고 말했는데 부모가 "그건 아픈 게 아니야"라고 한다. 아이는 점차 배운다. 어떤 감각을 '아프다'고 불러야 하는지. 이것은 사회적 훈련이다. 데카르트는 "나는 생각한다, 고로 존재한다"에서 출발했다. 가장 확실한 것은 나의 내면적, 사적인 경험이라는 것이다. 하지만 비트겐슈타인은 정반대로 간다. 확실성은 사적 내면이 아니라 공적 규칙에서 나온다.

비트겐슈타인처럼 생각한다는 것

·········

내일 회의가 있다. 같은 테이블에 앉는다. 같은 언어를 쓴다. 하지만 각자 다른 게임을 한다.

CEO는 '생존 게임'을 한다. "우리 회사가 5년 후에도 있을까?"

CFO는 '숫자 게임'을 한다. "이 분기 매출이 목표를 달성할까?"

마케터는 '브랜드 게임'을 한다. "우리 이미지가 좋아질까?"

개발자는 '기술 게임'을 한다. "이 코드가 효율적일까?"

같은 프로젝트를 논의한다. 하지만 각자 다른 질문을 한다. 그래서 의견이 충돌한다. 문제는 누가 옳은지가 아니다. 다른 게임을 하고 있다는 것을 인식하지 못한다는 것이다.

비트겐슈타인처럼 생각한다는 것은,

1. 언어게임을 인식하라: "지금 우리는 어떤 게임을 하고 있는가?"

2. 맥락을 보라: 같은 단어도 맥락에 따라 다른 의미를 갖는다

3. 정의 대신 사용을 보라: "그게 무엇인지"보다 "어떻게 사용되는지"

4. 잘못된 질문을 버려라: 어떤 철학적 혼란은 언어의 오용에서 나온다

5. 침묵할 때를 알라: 말할 수 없는 것을 억지로 말하려 하지 마라

같은 말, 다른 게임

·········

오늘, 당신이 나눈 대화를 돌이켜보라. 혹시 상대방과 다른 언어게임을 하고 있지 않았는가? 당신이 '성공'이라고 할 때와 부모가 '성공'이라고 할 때, 같은 게임을 하는가? 당신이 '중요하다'고 할 때와 상사가 '중요하다'고 할 때, 같은 게임을 하는가? 비트겐슈타인의 철학은 치료다. 언어가 우리를 혼란에 빠뜨릴 때, 그 혼란을 풀어주는 치료.

"철학의 진정한 발견은 내가 원할 때 고뇌를 멈출 수 있게 하는 발견이다."

— 『철학적 탐구』

철학자처럼 생각한다는 것은 역설적으로, 철학적 혼란에 빠지지 않는 것이다. 언어의 작동을 이해하고, 게임의 규칙을 보고, 말할 수 없는 것 앞에서 침묵하는 것이다.

- 『논리철학논고』 초기 그림 이론　　　　　　　난이도 ★★★★★
- 『철학적 탐구』 후기 언어게임 이론　　　　　　난이도 ★★★★☆
- 『확실성에 관하여』 지식의 기초에 대한 마지막 성찰　　난이도 ★★★★☆

소크라테스의 무지의 지

아는 척하는 순간 배움이 멈춘다

04

Socrates

철학의 시작점

....

소크라테스Socrates, 470-399 BCE는 단 한 줄의 글도 남기지 않았다. 그의 철학은 아테네 시장의 대화였고, 그의 교실은 광장이었다. 그럼에도 그는 서양 철학의 아버지다. 왜? 그가 가장 중요한 것을 발견했기 때문이다. 바로 무지의 자각이다.

시대적 배경: 황금기 아테네의 그림자

....

기원전 5세기 아테네는 찬란했다. 파르테논 신전이 건설되고, 민주정치가 꽃피었으며, 철학과 예술이 번영했다. 하지만 내부적으로는 부패하고 있었다. 소피스트들이 돈을 받고 웅변술을 가르치며 "진리가 무엇인지는 중요하지 않다. 중요한 것은 사람들을 설득하는 것이다""강자의 이익이 정의다"라고 주장했다. 펠로폰네소스 전쟁(기원전 431-404) 패배 후, 아테네의 영광은 서서히 저물고 있었다. 이런 혼란 속에서 소크라테스는 아고라(시장)를 돌아다니며 사람들과 대화했다. 그는 특이했다. 돈을 받지 않았고, 제자를 모집하지 않았으며, 자신이 아무것도 모른다고 주장했다.

신탁의 충격

기원전 440년경, 친구 카이레폰이 델포이 신전을 방문했다. 그곳에는 예언을 하는 무녀가 있었다. "세상에서 가장 현명한 사람이 누구입니까?" 소식을 들은 소크라테스는 당황했다. 신이 거짓말을 할 리 없다. 하지만 소크라테스 자신은 자신이 현명하지 않다는 것을 알고 있었다. 그렇다면 신탁은 무엇을 의미하는가? 그는 신탁의 의미를 이해하기 위해 실험을 시작했다.

소크라테스의 세 가지 만남

소크라테스는 아테네에서 현명하다고 소문난 사람들을 찾아다녔다. 그는 "내가 그들보다 현명하지 않다는 것을 증명해서 신탁을 반박하겠다"고 생각했다.

첫 번째, 정치가

....

소크라테스는 저명한 정치가를 만났다. 그 사람은 아테네에서 현명하다고 평판이 높았고, 본인도 그렇게 믿었다. "정의란 무엇입니까?" 소크라테스가 물었다. "정의란 강자의 이익이지." 정치가는 자신 있게 답했다. 그러자 소크라테스는 계속 물었다. "그렇다면, 만약 강자가 실수로 자신에게 해로운 법을 만든다면, 그것도 정의입니까?" "음... 그건..." 정치가는 잠시 말을 멈췄다. "만약 정의가 강자의 이익이라면, 강자가 판단을 잘못해서 자신을 해치는 법을 만들 때, 우리는 그 법을 정의롭다고 따라야 합니까? 아니면 강자의 '진정한' 이익을 따라야 합니까? 그렇다면 누가 그 진정한 이익을 판단합니까?"

대화가 계속될수록 정치가는 당황했다. 자신이 평생 확신했던 정의에 대한 생각이 흔들렸다. 그는 화를 내며 자리를 떠났다. 소크라테스는 깨달았다. "이 사람은 자신이 안다고 생각하지만, 실제로는 모르고 있다."

두 번째, 시인

....

다음으로 소크라테스는 유명한 시인을 찾아갔다. 그의 시는 아름다웠고, 사람들의 마음을 울렸다. "당신의 시는 정말 훌륭합니다,"

소크라테스가 말했다. "그렇다면 아름다움이란 무엇입니까?" 시인은 아름다운 시구들을 낭송했다. 하지만 소크라테스가 "왜 그것이 아름다운가?" "아름다움의 본질은 무엇인가?"라고 묻자, 시인은 답할 수 없었다.

시인은 아름다운 것을 창작할 수 있었지만, 그것을 설명할 수 없었다. 그는 행할 줄은 알지만, 알지는 못했다 know-how without know-that.

"나는 시인들이 지혜로 시를 쓰는 것이 아니라, 일종의 재능과 영감으로 쓴다는 것을 알게 되었다... 그들은 많은 훌륭한 것들을 말하지만, 자신들이 말하는 것에 대해 아무것도 이해하지 못한다."

—『소크라테스의 변론』

세 번째, 장인

마지막으로 소크라테스는 숙련된 장인들을 만났다. 신발 만드는 사람, 집 짓는 사람, 배 만드는 사람. 여기서 흥미로운 발견이 있었다. 장인들은 자기 분야에서는 정말 많이 알았다. 그들의 지식은 진짜였다. 신발을 어떻게 만드는지, 집을 어떻게 짓는지 정확히 알았다. 하지만 문제가 있었다. 그들은 한 분야를 잘 안다는 이유로, 다른 모든

분야도 안다고 착각했다. 훌륭한 신발 장인이 정치를 논하고, 뛰어난 건축가가 교육을 논했다. 그들은 자기 분야의 전문성을 전체 지식으로 확대했다.

소크라테스의 결론

....

모든 탐구 끝에 소크라테스는 깨달았다:

"나는 그들보다 더 현명해 보인다. 왜냐하면 우리 둘 다 아무것도 훌륭하고 좋은 것을 알지 못하는 것 같지만, 그는 알지 못하면서 무언가를 안다고 생각하는 반면, 나는 알지 못하는 것을 알지 못한다고 생각하기 때문이다. 바로 이 작은 점에서 나는 그보다 더 현명해 보인다 — 내가 알지 못하는 것을 안다고 생각하지 않는다는 점에서."

—『소크라테스의 변론』

이것이 유명한 "무지의 지learned ignorance"다. 소크라테스의 지혜는 지식을 많이 가진 데 있지 않았다. 자신이 모른다는 것을 아는 데 있었다.

아는 척의 대가

....

회의실에 들어간다. 상사가 새로운 전략을 발표한다. "우리는 애자일 방법론과 린 스타트업을 결합한 하이브리드 접근법으로 디지털 트랜스포메이션을 가속화할 겁니다." 당신은 고개를 끄덕인다. 주변을 본다. 모두 고개를 끄덕인다. 상사가 묻는다. "질문 있나요?" 침묵이다. 회의가 끝나고, 복도에서 동료를 만난다. "무슨 소리였어?" "나도 모르겠어. 너도?" "응, 하나도 못 알아듣겠더라." 둘 다 이해하지 못했다. 하지만 회의실에서는 아무도 질문하지 않았다. 왜? 바보처럼 보일까 봐. 다들 아는 것 같은데 나만 모르는 것 같아서.

일주일 후, 당신은 그 전략을 실행해야 한다. 하지만 뭘 해야 하는지 모른다. 시간과 돈이 낭비된다. 상사가 묻는다. "왜 제대로 안 했어?" "회의 때 이해를 못 했는데 질문하기가..." 상사가 한숨을 쉰다. 5분간 바보처럼 보이는 게 두려워서, 일주일 동안 실제로 무능해졌다. 이것이 아는 척의 대가다. 소크라테스는 질문할 용기를 가르친다. "이 부분을 좀 더 설명해주실 수 있나요?" 이 한 문장이 회의실 전체를 구할 수 있다. 당신만 모르는 게 아니다. 다들 모르지만 말하지 못했을 뿐이다.

질문하는 용기

....

소크라테스의 방법은 간단했다. 질문하는 것이다. 그는 답을 주지 않았다. 끊임없이 질문만 했다.

"용기란 무엇인가?"

"위험을 무릅쓰고 앞으로 나가는 것입니다."

"그렇다면 무모하게 돌진하는 것도 용기인가?"

"아니요, 그건 어리석음이죠."

"그렇다면 용기와 어리석음의 차이는?"

"음... 용기는 올바른 판단과 함께하는 것이고..."

"그렇다면 용기의 핵심은 판단인가, 행동인가?"

질문이 계속된다. 답은 점점 불명확해진다. 처음에 확신했던 것들이 흔들린다. 이것을 '소크라테스적 문답법' 또는 '산파술'이라 한다. 소크라테스의 어머니는 산파(조산사)였다. 산파는 아기를 낳지 않는다. 산모가 아기를 낳도록 돕는다.

"내 기술은 산파술과 같은 종류의 것이다... 차이는 내가 여자가 아니라 남자를 돌본다는 것, 그리고 몸이 아니라 영혼의 산고를 돌본다는 것이다."

—『테아이테토스』

소크라테스는 답을 주지 않았다. 질문만 했다. 끊임없이 질문했다. 그 질문들은 상대방이 스스로 생각하게 만들었다. 산파술은 상대가 스스로 '진리를 낳도록 돕는' 질문 기술이었다.

전문가의 함정

....

소크라테스가 장인들에게서 발견한 문제는 오늘날 더욱 심각하다. 성공한 기업가가 교육 개혁을 논한다. "사업하듯이 학교를 운영하면 돼." 유명 배우가 백신에 대해 의견을 낸다. 노벨 물리학상 수상자가 경제 정책을 비판한다. 전문성은 이동 가능하지 않다. 물리학을 잘 안다고 경제학도 잘 아는 건 아니다. 돈을 잘 번다고 아이를 잘 키우는 것도 아니다. 하지만 인간의 뇌는 이렇게 착각한다. "나는 저기서 성공했으니 여기서도 잘할 거야." 더 위험한 것은 다른 사람들도 그렇게 생각한다는 것이다. "저 사람은 성공했으니 뭔가 알겠지."

하지만 한 분야의 성공이 다른 분야의 지식을 보장하지 않는다.

조언을 들을 때 물어라. "이 사람은 이 분야에서 어떤 경험이 있나?" 성공한 투자자의 투자 조언은 들을 만하다. 하지만 그의 결혼 조언은? 유명 의사의 의학 조언은 신뢰할 만하다. 하지만 그의 정치적 의견은? 전문성의 경계를 구분하라.

재판의 이유

....

기원전 399년, 70세의 소크라테스는 재판에 회부되었다. 공식 죄목은 두 가지였다:

1. 아테네가 인정하는 신들을 믿지 않고 새로운 신령을 도입했다
2. 젊은이들을 타락시켰다

하지만 실제 이유는 달랐다. 소크라테스는 권위 있는 사람들을 당황하게 만들었다. 그는 정치가, 시인, 장인들이 모른다는 것을 공개적으로 드러냈다. 그들은 소크라테스를 미워했다. "우리를 바보처럼 보이게 만들었다."

변론과 선택

재판에서 소크라테스는 자신을 변호할 수 있었다. 타협할 수도 있었다. "미안합니다. 앞으로 조용히 살겠습니다." 많은 사람들이 그렇게 하라고 권했다. 하지만 소크라테스는 그러지 않았다. 오히려 배심원들에게 도전했다.

"아테네 사람들이여, 나는 여러분을 존경하고 사랑합니다. 하지만 나는 신에게 복종하지 여러분에게 복종하지 않을 것입니다. 그리고 내게 숨이 있고 능력이 있는 한, 나는 철학하는 것을 멈추지 않을 것이며, 여러분을 훈계하는 것을 멈추지 않을 것입니다."

—『소크라테스의 변론』

더 나아가 소크라테스는 배심원들을 자극했다. 그들이 자신을 사형시킨다면 오히려 자신들이 손해라고 말했다. 왜냐하면 자신이야말로 아테네를 깨어있게 만드는 "등에"이기 때문이라고. 배심원 500명 중 280명이 유죄에 투표했다. 소크라테스는 사형 선고를 받았다.

독배를 마시며

·········

"죽음을 두려워하는 것은 모르면서 안다고 생각하는 것의 또 다른 형태일 뿐이다. 아무도 죽음이 인간에게 최대의 선이 아니라고 알지 못하면서도, 마치 그것이 최대의 악인 것을 아는 것처럼 두려워한다."

―『소크라테스의 변론』

그는 차분히 독배를 마셨다. 제자들이 울었지만, 그는 평온했다. 왜? 그는 모른다는 것을 알았기 때문이다. 죽음 너머에 무엇이 있는지 모른다. 그렇다면 왜 두려워하는가? 다리부터 점점 마비되어 올라왔다. 죽어가면서도 그는 침착했다. 마지막 말이었다.

"크리톤, 우리는 아스클레피오스에게 닭 한 마리를 빚졌네. 잊지 말고 갚아주게."

―『파이돈』

아스클레피오스는 치유의 신이다. 병이 나으면 닭을 바쳤다. 소크라테스의 마지막 말은 무엇을 의미했을까? 아마도 이것이다. "삶이라는 병에서 이제 치유되었다."

PART 1.

배움의 시작

....

내일 회의에 들어간다. 상사가 복잡한 전략을 설명한다. 이해가 안 되는 부분이 있다. 이번엔 손을 든다. "죄송하지만, 이 부분을 좀 더 설명해주실 수 있나요?" 처음엔 어색하다. 주변 눈치가 보인다. 하지만 상사는 설명한다. 그리고 놀랍게도 다른 사람들도 고개를 끄덕인다. 알고 보니 그들도 모르고 있었던 것이다. 알고 보니 그들도 모르고 있었던 것이다. 하지만 질문할 용기가 없었다. 당신의 질문 하나가 회의실 전체를 구했다.

너 자신을 알라

....

델포이 신전 입구에는 이렇게 새겨져 있었다. "너 자신을 알라 Gnothi Seauton" 소크라테스는 이 격언을 평생의 과제로 삼았다. 하지만 그것은 "너는 뭘 좋아하니?" "너의 강점은 뭐니?"가 아니었다. "너는 뭘 모르니?" 자신의 무지를 아는 것, 그것이 지혜의 시작이다. 아는 척을 멈추는 순간, 진짜 배움이 시작된다.

소크라테스 더 읽기

- 플라톤, 『**소크라테스의 변론**』 재판에서의 변론　　　　난이도 ★☆☆☆☆
- 플라톤, 『**크리톤**』 탈출을 거부하는 이유　　　　난이도 ★★☆☆☆
- 플라톤, 『**파이돈**』 죽음 직전의 대화　　　　난이도 ★★★☆☆
- 플라톤, 『**메논**』 산파술의 실제 예시　　　　난이도 ★★☆☆☆

Socrates

플라톤의
동굴 비유

당신이 상식이라 부르는 것은 그림자일 뿐이다

05

Plato

플라톤처럼 생각한다는 것은
모두가 진실이라 믿는 것 앞에서 "정말?"이라고 묻는 것이다.

완벽한 삶들의 퍼레이드

....

밤 11시, 침대에 누워 인스타그램을 스크롤한다. 친구가 올린 여행 사진이 보인다. 몰디브의 푸른 바다, 완벽한 석양, 행복한 미소. "부럽다." 다음 사진. 동료의 승진 소식. 멋진 사무실, 축하 케이크, 환하게 웃는 얼굴들. "나는 뭐하는 거지." 한 시간이 지난다. 수백 개의 이미지가 지나갔다. 완벽한 몸매, 완벽한 관계, 완벽한 삶들. 앱을 닫는다. 갑자기 천장이 보인다. 당신의 좁은 방, 낡은 침대, 내일 출근해야 하는 현실. 이상한 느낌이 든다. 방금까지 본 세상과 지금 누워있는 이 세상이 너무 다르다. 어느 쪽이 진짜일까? 친구는 정말 저렇게 행복할까? 동료는 정말 저렇게 성공했을까? 기원전 380년, 그리스 철학자 플라톤은 『국가』에서 한 우화를 들려준다. 사람들이 태어나서 죽을 때까지 동굴 속에 묶여 있다면 어떻게 될까? 그들은 벽에 비친 그림자만 보며 평생을 산다. 그림자를 진짜라고 믿으며 산다. 플라톤은 질문한다. 당신이 보는 것은 진짜인가, 그림자인가?

시대적 배경: 소크라테스의 죽음 이후

....

플라톤Plato, BC 428-348의 스승 소크라테스는 BC 399년, 아테네 시민들에게 사형당했다. 죄목은 "젊은이들을 타락시키고 신들을 믿지 않는다." 실제 이유는? 아테네 시민들의 확신을 흔들었기 때문이다. 소크라테스는 시장에서 사람들에게 물었다. "정의가 무엇인지 아는가?" "용기란 무엇인가?" 사람들은 당연히 안다고 생각했다. 하지만 소크라테스의 질문 앞에서 무너졌다. 그들이 "안다"고 확신한 것은 사실 애매한 의견에 불과했다. 플라톤은 스승의 죽음을 보며 깨달았다. 사람들은 진리를 두려워다. 특히 자신이 믿던 것이 환상이라는 진리를. 동굴의 비유는 바로 이 경험에서 탄생했다.

동굴 속 죄수들

....

"어둠 속에서 어려서부터 다리와 목이 묶여 있는 사람들을 상상해보게. 그들은 같은 자리에 머물러 있으면서 앞만 볼 수 있고, 묶여 있어서 고개를 돌릴 수 없다네."

—『국가』

플라톤이 그리는 장면이다. 어둠 속에 갇힌 사람들이 있다. 태어날 때부터 쇠사슬에 묶여 있다. 고개도 돌릴 수 없다. 오직 앞에 있는 벽만 바라볼 수 있다. 그들 뒤에서는 불이 타오르고, 그 불과 벽 사이로 사람들이 지나다닌다. 물건을 들고 지나가고, 동물을 끌고 지나간다. 죄수들은 무엇을 보는가? 그림자다. 벽에 비친 검은 형상들. 말의 그림자가 지나간다. 한 죄수가 말한다. "저게 말이야." 나무 그림자가 보인다. "저게 나무야." 그들은 그림자를 보며 세상을 이해한다. 그림자의 크기로 거리를 가늠하고, 그림자의 움직임으로 속도를 판단한다. 누가 그림자를 가장 빨리 알아맞히는지 경쟁한다. 상을 받고 칭찬받는다. "저 사람은 뛰어나. 그림자를 제일 잘 알아봐." 그들의 세계에서 이것이 지식이고, 이것이 진리다.

당신의 직장을 보라. 누가 칭찬받는가? "분위기 파악을 잘하는 사람", "상사의 의도를 빠르게 읽는 사람" 본질을 보는 게 아니라 그림자를 재빨리 읽는 능력이 보상받는다. 우리는 지금도 동굴에 있다.

해방된 자의 고통

·········

"그들 중 한 명이 풀려나서 갑자기 일어나 고개를 돌리고 걸어가며 불빛을 바라보게 된다면, 이 모든 것을 하면서 고통을 느낄

것이며, 빛의 섬광 때문에 전에 그림자를 보았던 것들을 바라볼
수 없을 걸세.”

—『국가』

어느 날, 한 사람이 풀려난다. 처음으로 고개를 돌린다. 눈이 부시다. 불빛이 아프다. 뒤를 보니 실제 물건들이 있다. 진짜 나무, 진짜 동물, 그리고 그것들을 나르는 진짜 사람들. “이게 뭐지?” 혼란스럽다. 평생 본 것은 그림자였는데, 지금 보는 것은 입체적이고 색깔이 있다. 누군가 그에게 말한다. “저것들이 진짜야. 네가 본 것은 그림자였어.”

그는 화가 난다. “말도 안 돼! 내가 본 것이 가짜라고?” 진실은 종종 모욕처럼 느껴진다. 당신의 세계관 전체를 부정하기 때문이다. 누군가 그를 동굴 밖으로 끌고 간다. 햇빛은 더욱 눈부시다. 처음에

는 아무것도 볼 수 없다. 땅바닥만 볼 수 있다. 천천히 눈이 적응한다. 나무가 보인다. 진짜 나무다. 그림자도, 불빛에 비친 형상도 아닌 진짜 나무. 하늘을 본다. 구름이 흐른다. 태양이 빛난다. 그는 깨닫는다. "내가 평생 본 것은 진짜가 아니었구나." 이것이 플라톤이 말하는 교육의 본질이다. 더 많이 아는 것이 아니라, 더 깊이 보는 것.

돌아온 자의 비극

....

진실을 본 사람은 다시 동굴로 내려간다. 왜? 아직 묶여 있는 사람들을 해방시키기 위해서. 그는 어둠 속으로 들어간다. 눈이 다시 적응해야 한다. 밝은 곳에 있다가 어두운 곳에 들어오니 잘 보이지 않는다. 다른 죄수들이 그를 본다. "저 사람 뭐 하다 왔길래 눈도 제대로 못 뜨지?" 그가 말한다. "여러분, 우리가 보는 건 그림자예요. 진짜는 밖에 있어요!"

죄수들의 반응은? "미쳤나봐." "햇빛 때문에 눈이 멀었어." "밖에 나갔다가 망가졌네." 그들은 그를 비웃는다. 심지어 화를 낸다. 왜? 그의 말이 그들의 전체 세계를 위협하기 때문이다. 평생 그림자를 연구해온 학자가 있다. 그림자의 패턴을 분석하고, 그림자의 법칙을 찾아냈다. 책도 썼고, 제자도 키웠다. 그런데 이제 누군가 와서 "그거 다 가짜예요"라고 한다면? 그의 평생 연구가 무의미해진다. 그는 받아들일 수 없다. 플라톤은 이렇게 경고한다. "진실을 말하는 자는 죽을 수도 있다." 실제로 플라톤의 스승 소크라테스가 그랬다. 그는 아테네 사람들에게 "당신들이 믿는 것이 정말 진리인가?"라고 물었다. 그들의 그림자를 의심하게 만들었다. 그래서 사형당했다.

당신이 최근에 누군가에게 불편한 진실을 말했을 때를 떠올려라. 어떤 반응을 받았는가? 그들이 화를 냈다면, 그것은 당신이 그들의 동굴을 흔들었기 때문이다. 진실은 종종 환영받지 못한다.

알고리즘이라는 쇠사슬

....

우리는 동굴 밖에 사는가? 플라톤이라면 고개를 젓는다. 우리도 각자의 동굴에 산다. 다만 그 동굴의 이름이 다를 뿐이다.

미디어라는 동굴

TV를 켠다. 뉴스가 나온다. 기자가 말한다. "오늘 이런 일이 있었습니다." 당신은 세상을 안다고 생각한다. 하지만 잠깐, 당신은 사건을 본 게 아니라 편집된 화면을 봤다. 누군가 그 장면을 선택했고, 누군가 그 각도를 정했고, 누군가 그 해설을 썼다. 당신은 세상을 보는 게 아니라 누군가의 세상 해석을 본다. 사용된 단어, 강조된 부분, 생략된 맥락이 완전히 다르다.

SNS라는 동굴

친구의 피드를 본다. 맛있는 음식, 멋진 장소, 행복한 순간들. "저 사람은 저렇게 잘 사는구나." 하지만 그것도 그림자다. 게시하지 않은 열 번의 재촬영, 필터와 보정, 그 웃음 뒤의 스트레스. 그 순간 외의 23시간은 보이지 않는다. 한 연구에 따르면 인스타그램을 많이 쓰는 사람일수록 우울증 비율이 높다. 왜? 그림자를 진짜로 착각하기 때문이다. 다른 사람의 하이라이트와 자신의 전체 삶을 비교한다. 플라톤은 이미 경고했다. 그림자를 진실로 착각하면 고통받는다고.

직장이라는 동굴

회사에서 "성과주의"라는 말을 듣는다. 당연한 것처럼 들린다. "열심히 일하면 보상받는다." 하지만 이것도 누군가 만든 그림자다.

정말 성과가 공정하게 측정되는가? 정치, 인맥, 운이 얼마나 작용하는가? "성과주의"라는 밝은 그림자 뒤에 보이지 않는 것들이 얼마나 많은가?

문화라는 동굴

한국에서 결혼, 직업, 나이에 대한 상식은 무엇인가? 이것들도 모두 동굴의 그림자다. 절대적 진리가 아니라 문화적 구성물이다. 다른 나라, 다른 시대에서는 전혀 다른 상식이 지배한다.

이번 주에 "당연하다"고 생각한 것 하나를 적어라. 그리고 질문하라. "정말 당연한가? 아니면 내가 속한 동굴의 그림자인가?" 다른 문화, 다른 시대, 다른 집단에서는 어떻게 생각할까?

이데아의 세계

....

플라톤은 한 걸음 더 나간다. 그림자 너머에 실물이 있고, 실물 너머에 이데아가 있다고 말한다. 이데아Idea는 완벽한 원형, 순수한 본질이다. 예를 들어보자. 길에서 삼각형을 그린다. 완벽한 삼각형인가?

아니다. 선이 삐뚤어졌고, 각도가 정확하지 않다. 컴퓨터로 그린 다. 더 정확하다. 하지만 확대하면 픽셀이 보인다. 여전히 불완전하 다. 그런데 당신은 "완벽한 삼각형"의 개념을 안다.

세 변과 세 각, 내각의 합이 180도. 현실에서는 완벽한 삼각형을 그릴 수 없지만, 개념은 완벽하다. 이것이 이데아다.

우리가 감각으로 지각하는 것들은 되어가는becoming 것이지 존재 하는being 것이 아니다. 반면 이성으로 파악하는 이데아는 항상 존재하는 것이지 되어가는 것이 아니다.

—『티마이오스(대화편)』,『국가』(요약)

정의도 마찬가지다. 당신은 "이건 정의롭지 못해"라고 말한다. 어 떻게 아는가? 완벽한 정의의 기준을 마음속에 가지고 있기 때문이다. 비록 현실에서 완벽한 정의를 본 적은 없지만. 플라톤에게 진짜 지식은 이데아를 파악하는 것이다. 눈으로 보는 게 아니라 이성으로 이해하는 것이다.

- 그림자 단계: 미디어가 보여주는 것, 타인의 의견
- 실물 단계: 직접 경험하는 현실
- 이데아 단계: 이성으로 파악한 순수한 본질

이 여정이 교육이다. 플라톤에게 교육은 정보를 주입하는 것이 아니다. 영혼을 돌려 더 높은 차원을 보게 하는 것이다.

> **INSIGHT**
>
> 당신이 추구하는 가치를 하나 떠올려라. "행복" "성공" "사랑". 그것의 이데아는 무엇인가? 순수한 형태는? 그리고 지금 당신이 추구하는 것은 진짜인가, 아니면 사회가 만든 그림자인가?

철학자의 역할

....

플라톤은 이상적 통치자로 "철인왕philosopher-king"을 제시한다. 왜 철학자여야 하는가? 동굴 밖을 본 사람이기 때문이다. 일반 정치인은 동굴 안에서 그림자 게임을 잘하는 사람이다. 여론을 읽고, 표를

계산하고, 정치적 수사를 구사한다. 하지만 그는 그림자를 보고 있을 뿐이다. 철학자는 다르다. 그는 동굴 밖의 진리를 봤다. 정의의 이데아, 선의 이데아를 이해한다. 그래서 그림자가 아니라 본질에 따라 통치할 수 있다. 하지만 역설이 있다. 진리를 본 사람은 동굴로 돌아가기 싫어한다. 왜 다시 어둠 속으로 내려가야 하는가? 플라톤은 말한다. 의무 때문이다. 진리를 본 자는 아직 어둠 속에 있는 이들을 해방시켜야 한다. 이것이 플라톤의 교육철학이자 정치철학이다. 개인의 계몽은 사회적 책임으로 이어져야 한다.

네 단계의 해방 전략

....

그렇다면 우리는 어떻게 동굴에서 벗어날 수 있을까? 플라톤의 답은 명확하다. 교육과 철학이다. 하지만 구체적으로 어떻게?

1단계는 자각이다. "나는 그림자를 보고 있을 수 있다"는 것을 인정하는 것이다. 당신이 "분명히 안다"고 확신하는 것들의 대부분은 다른 사람이 만든 이미지다. 뉴스가 만든 세계관, 광고가 만든 욕망, 문화가 만든 가치관. 한번 실험해보자. 일주일 동안 뉴스를 끊는다. SNS도 끊는다. 무슨 일이 일어나는가? 처음에는 불안하다. "세상 돌아가는 걸 모르면 어떡하지?" 하지만 며칠 지나면 깨닫는다. 아무 일도 일어나지 않는다. 당신의 실제 삶은 변하지 않는다. 당신이 놓친 것은 그림자들뿐이다.

2단계는 다른 관점 탐험이다. 다른 동굴을 엿보는 것이다. 평소 안 읽는 종류의 책을 읽고, 의견이 다른 사람과 대화하고, 다른 문화를 경험한다. 보수적이면 진보적 글을 읽고, 진보적이면 보수적 관점을 들어본다. 모두 다른 동굴에서 다른 그림자를 보고 있다.

3단계는 직접 경험이다. 그림자가 아니라 실체를 만나는 것이다. "빈곤층은 게으르다"는 그림자를 믿는 대신, 실제로 어려운 사람을 만나본다. "외국은 위험하다"는 그림자를 믿는 대신, 직접 여행을 가본다. 미디어를 통해서가 아니라 자신의 눈으로 본다.

4단계가 가장 어렵다. 전제를 의심하는 것이다. "왜 나는 이것을 믿는가?" "이 믿음은 어디서 왔는가?" "만약 이것이 틀렸다면?" 이런 질문은 불편하다. 당신의 세계관을 흔들기 때문이다. 하지만 플라톤이 말하는 철학자는 바로 이런 사람이다. 모두가 당연하다고 여기는 것 앞에서 "정말?"이라고 묻는 사람.

오늘부터 하루에 한 가지씩 "왜?"를 물어라. "왜 나는 이 브랜드를 선호하지?" "왜 나는 이 정당을 지지하지?" "왜 나는 성공을 이렇게 정의하지?" 세 번째 "왜?"쯤에서 진짜 이유가 보이기 시작한다. 그리고 그것이 당신 것인지, 아니면 주입된 것인지 알게 된다.

이성의 훈련

....

플라톤에게 철학은 이성의 훈련이다. 감각을 넘어서는 법, 의견을 넘어서는 법, 본질을 파악하는 법, 구체적 훈련법은 이렇다.

- 개념 분석: "정의란 무엇인가?" "사랑이란?" 완벽한 답을 찾는 게 목표가 아니다. 질문을 통해 사고를 정교화하는 것이다. 대화법dialectic: 혼자 생각하지 말고 대화하라. 소크라테스가 했듯이. 질문하고 답하는 과정에서 모순이 드러나고 사고가 깊어진다.

- 수학적 사고: 플라톤은 아카데미아 입구에 "기하학을 모르는 자 들어오지 말라"고 썼다. 왜? 수학이 감각을 벗어나 순수 이성으로 사고하는 훈련이기 때문이다.

햇빛의 고통을 견딜 수 있는가

....

내일 아침, 알람이 울린다. 당신은 스마트폰을 집어 든다. 인스타그램을 열까? 뉴스를 볼까? 그 순간, 플라톤의 질문이 떠오른다. "이것은 진짜인가, 그림자인가?" 선택할 수 있다. 하루를 그림자 속에서 시작할 수도 있고, 실제를 마주하며 시작할 수도 있다. 다른 사람의 큐레이션된 삶을 부러워할 수도 있고, 자신의 불완전한 삶을 살 수도 있다. 미디어가 만든 세계관을 받아들일 수도 있고, 스스로 생각할 수도 있다. 동굴에서 나오는 것은 쉽지 않다. 눈이 부시고, 익숙한 것을 버려야 하고, 혼자가 될 수도 있다. 동굴 안 사람들은 당신을 이해하지 못한다. 심지어 적대시할 수 있다. 하지만 플라톤은 말한다. 그것만이 진정한 삶이다. 동굴에 남아 그림자 게임의 챔피언이 되는 것과, 동굴 밖으로 나가 진짜 햇빛을 보는 것. 당신은 어느 쪽을 선택하겠는가? 동굴의 안전함을 버리고 햇빛의 고통을 선택할 용기가 있는가? 답은 당신의 선택에 있다.

플라톤 더 읽기

- 『**국가**』 동굴의 비유, 이상 국가와 정의에 대한 탐구 — 난이도 ★★★★☆
- 『**파이돈**』 소크라테스의 죽음과 영혼 불멸론, 이데아론의 핵심 — 난이도 ★★★☆☆
- 『**향연**』 사랑의 본질에 대한 대화, 이데아로 상승하는 과정 — 난이도 ★★☆☆☆
- 『**테아이테토스**』 "지식이란 무엇인가"에 대한 탐구 — 난이도 ★★☆☆☆

Plato

베이컨의 네 가지 우상

같은 말, 다른 게임을 하고 있다

06

Francis Bacon

쿤은 과학자들이 패러다임이라는 안경을 쓰고 세상을 본다고 했다. 그 안경이 바뀌면 같은 세계가 다르게 보인다. 그런데 한 가지 질문이 남는다: 왜 우리는 잘못된 안경을 벗기가 그렇게 어려울까? 베이컨처럼 생각한다는 것은 자신의 마음이 왜곡된 거울임을 인정하고, 그 왜곡을 보정하려 노력하는 것이다.

지식의 혁명

·········

1620년, 영국의 철학자이자 정치가 프랜시스 베이컨은 『신기관^{Novum} Organum』을 출판한다. 제목 자체가 선전포고였다. 아리스토텔레스의 논리학 저작이 『기관^{Organon}』이었기에, 『신기관』은 "낡은 것을 버리고 새로운 것을 시작하겠다"는 의미였다. 당시는 과학혁명의 여명기였다. 갈릴레오가 망원경으로 하늘을 관찰하고 있었고(1609), 케플러가 행성 운동의 법칙을 발견했으며(1609-1619), 데카르트가 새로운 철학을 구상하고 있었다(『방법서설』 1637). 하지만 대학에서는 여전히 아리스토텔레스를 가르쳤다. 연역논리와 삼단논법으로 진리를 발견할 수 있다고 믿었다. 실험보다는 책을, 관찰보다는 권위를 중시했다. 베이컨은 이 전통에 정면으로 도전했다. 그는 새로운 방법을 제안했다.

"진리를 탐구하는 진정한 방법은 감각과 개별 사례로부터 점진적으로 상승하여 일반 원리를 도출하는 것이다."

—『신기관』

이것이 바로 귀납법이다. 관찰 → 실험 → 일반화의 과정. 하지만

"

방법만 바꾸면 충분할까? 베이컨은 더 근본적인 문제를 발견했다. 인간의 마음 자체가 편향되어 있다는 것이다.

> "인간 지성은 평평하고 고른 거울과 같아서 사물의 광선을 있는 그대로 반사해야 마땅하지만, 실제로는 거짓된 거울과 같아서 자신 고유의 성질과 섞여 자연의 본성을 변질시키고 왜곡한다."
>
> —『신기관』

당신이 본 것은 진실인가

....

두 사람이 같은 사건을 목격한다. 한 남자가 편의점에서 나오다 여자와 부딪혔다. 여자가 넘어졌다. 목격자 A가 말한다. "남자가 여자를 밀쳤어요. 고의로요. 여자가 넘어지는 걸 보고도 그냥 갔어요." 목격자 B가 말한다. "남자가 급하게 나오다 실수로 부딪혔어요. 미안하다고 말하고 도와주려 했는데 여자가 괜찮다고 손사래 쳤어요." 같은 장면을 봤다. 누가 맞는가? 알고 보니 목격자 A는 최근 남편에게 배신당해 이혼 소송 중이었다. 목격자 B는 그날 아침 딸의 대학 합격 소식을 들었다. 우리는 세상을 있는 그대로 보지 않는다. 우리의 마음이라는 렌즈를 통해 본다. 그 렌즈는 왜곡되어 있다. 베이컨은 이 왜곡을 우상Idols이라 불렀다. 우상은 우리가 숭배하는 거짓 신이다. 우리는 그것을 진실이라 믿지만, 실은 환상이다. 베이컨은 네

가지 우상을 구분했다. 종족의 우상, 동굴의 우상, 시장의 우상, 극장의 우상.

"이 모든 우상들이 정신을 포위하고 있어서, 진리에 접근하는 것을 어렵게 만든다. 설사 진리에 접근하더라도, 다시 과학의 건설에서 우상들이 방해하고 골치 아프게 한다."

—『신기관』

Idola Tribus: 인간 본성의 한계

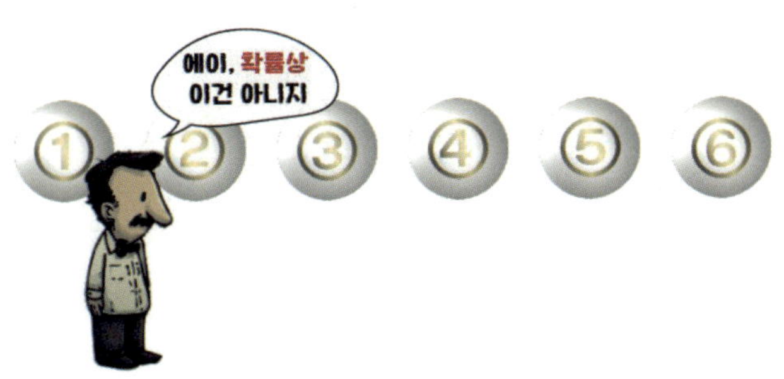

로또 번호를 고른다. 1, 2, 3, 4, 5, 6을 선택하겠는가? 아마 아닐 것이다. "그건 너무 규칙적이잖아. 안 나올 것 같아." 대신 7, 18, 23, 31, 39, 42 같은 걸 고른다. "이게 더 무작위 같아." 하지만 수학적으로 보면, 사실 두 조합의 당첨 확률은 정확히 같다. 둘 다 1/814만이다. 그런데 왜 우리 뇌는 첫 번째를 부자연스럽다고 느끼는가? 이것이 종족의 우상Idola Tribus이다. 인간이라는 종족 전체가 공유하는 편견이다. 인간의 뇌는 패턴을 찾도록 진화했다. 우연을 견디지 못한다. 무작위성을 받아들이지 못한다. 모든 것에 의미와 질서를 부여하려 한다.

> "인간 지성은 한 번 어떤 의견을 채택하면 (그것이 이미 받아들여진 의견이든, 자신이 좋아하는 의견이든) 다른 모든 것을 끌어당겨 그것을 지지하고 동의하게 만든다."
>
> —『신기관』

확증편향Confirmation Bias의 고전적 설명이다.

현대 심리학의 확인

·········

베이컨이 1620년에 관찰한 것을 현대 심리학이 실험으로 증명했다.

- **대표성 휴리스틱**Representativeness Heuristic: 사람들은 확률보다는 "전형성"으로 판단한다.
- **가용성 휴리스틱**Availability Heuristic: 쉽게 떠오르는 예시가 더 흔하다고 착각한다.

비행기 추락 뉴스를 보고는 "비행기 타기 무섭다"라고 생각한다. 그러면서도 차를 타고 공항에 간다. 통계를 보면? 자동차가 비행기보다 훨씬 위험하다. 비행기로 100명이 한 번에 죽으면 전 세계 뉴스가 되지만, 자동차로 매일 100명씩 죽어도 뉴스가 안 된다. 우리 뇌는 생생한 것, 극적인 것, 최근 것에 과도하게 반응한다.

중요한 결정을 내릴 때 직관을 의심하라. "이게 더 위험해 보여"가 아니라 "실제 통계는 어떤가?"를 물어라. 특히 확률과 위험에 관해서는 직관이 자주 틀린다.

Idola Specus: 개인 경험의 감옥

·········

IT 버블 시대에 주식투자를 시작한 사람이 있다. 인터넷 주식을 샀다가 몇 달 만에 90% 손실을 봤다. 20년이 지났다. 그는 여전히 IT 주식을 거부한다. "IT는 위험해. 내가 경험했어." 반대로 2009년 금

융위기 때 투자를 시작한 사람이 있다. 주식을 샀고 10년 동안 3배가 됐다. 그는 확신한다. "주식은 항상 오른다. 장기투자만 하면 돼." 같은 시장, 다른 경험, 완전히 다른 믿음. 이것이 동굴의 우상Idola Specus 이다. 각자가 자기만의 동굴에 갇혀 있다는 뜻이다. 망치를 가진 사람에게는 모든 것이 못으로 보인다. 의사는 약을 처방하고, 심리학자는 상담을 권하고, 변호사는 소송을 제안한다. 각자 자기 도구로 세상을 본다. 당신이 어린 시절 개에게 물렸다면? 평생 개를 두려워한다. 반대로 개와 행복한 추억이 있다면? 개를 사랑한다. 같은 동물, 다른 반응. 경험이 렌즈를 만든다.

성공의 함정

....

더 교묘한 것은 성공 경험의 함정이다. 당신이 한 번 성공한 방법이 있다. 그래서 같은 방법을 계속 쓴다. 하지만 세상은 변했다. 예전에 통하던 방법이 이제는 안 통한다. 그런데 당신은 계속 고집한다. "이게 통했었는데?" 통했었다. 과거에. 베이컨은 경고한다.

"인간의 정신은 자신의 고유한 본성에 의해, 그리고 교육과 타인과의 대화에 의해, 그리고 책을 읽고 권위자들을 숭배함에 의해 물들여지고 오염된다."

—『신기관』(요약)

노키아는 휴대폰 시장을 지배했다. 그들의 성공 방정식은 견고한 하드웨어와 긴 배터리 수명이었다. 아이폰이 나왔다. 터치스크린, 앱스토어, 생태계. 노키아는 비웃었다. "사람들은 물리 버튼을 원해. 배터리가 하루도 안 가잖아." 그들은 자신의 성공 경험에 갇혀 있었다. 자기 동굴에서 세상을 본 것이다. 5년 후, 노키아는 무너졌다.

결정을 내릴 때 "내 경험상"이라는 말을 조심하라. 대신 물어라. "내 경험이 대표성을 갖는가?" "다른 사람들의 경험은 어떤가?" 자기 동굴 밖의 데이터를 찾아라.

Idola Fori: 단어가 생각을 지배한다

슈퍼마켓에서 두 상품을 본다. 하나는 "100% 천연 재료"라고 쓰여 있다. 다른 하나는 그냥 재료 목록만 있다. 어느 것을 고르는가? 당연히 천연이 좋아 보인다. 하지만 잠깐. 비소도 천연이다. 독버섯도 천연이다. 뱀독도 천연이다. '천연'이라는 단어가 자동으로 '안전'을 의미하지는 않는다. 하지만 우리는 그렇게 느낀다. 이것이 시장의 우상Idola Fori이다. 베이컨 시대에 시장은 사람들이 모여 대화하는 공간이었다. 이 우상은 언어가 만드는 착각이다.

정치적 프레임의 힘

....

정치를 보자. "개혁"이라는 단어는 좋게 들린다. 진보적이고 긍정적이다. 하지만 한쪽의 개혁은 다른 쪽에게 파괴다. 누군가에게 "규제 완화"는 다른 누군가에게 안전망 제거다. 실체는 같다. 하지만 단어가 다르면 느낌이 완전히 다르다.

회사에서 "구조조정"이라고 하면 필요한 일처럼 들린다. "대량 해고"라고 하면 잔인하게 들린다. 실체는 같다. 사람들을 내보내는 것이다. 하지만 단어가 다르면 느낌이 다르다. "프리미엄 제품" - 뭔가 고급스럽다. 하지만 '프리미엄'의 정의는? 누가 정하는가? 제조사가 그냥 갖다 붙인 말일 수 있다.

누군가 멋진 단어를 쓸 때 멈춰라. "구체적으로 무슨 뜻이죠?"라고 물어라. "혁신적"이 구체적으로 뭔가? "효율적"이 무엇을 의미하나? "공정한"의 기준은? 단어 뒤의 실체를 보라.

Idola Theatri: 무대 위의 환상

....

"하버드 연구 결과에 따르면..." 우리는 믿는다. 연구 방법을 확인하지 않는다. 표본 크기가 30명이었을 수도 있다. 통계적으로 무의미할 수도 있다. 하지만 '하버드'라는 단어가 권위를 준다. 이것이 극장의 우상Idola Theatri다. 극장에서 공연을 보듯, 우리는 권위 있는 사람들이 만든 이론을 그대로 받아들인다.

베이컨 시대를 보자. 아리스토텔레스는 절대 권위였다. 그가 "무

거운 물체가 더 빨리 떨어진다"고 했다. 1500년 동안 모두가 믿었다. 실험은 안 해봤다. 권위자가 그렇게 말했으니까. 갈릴레이가 실험을 했다. 무거운 공과 가벼운 공을 동시에 떨어뜨렸다. 거의 동시에 땅에 닿았다. 아리스토텔레스가 틀렸다. 하지만 사람들은 갈릴레이를 비난했다. "네가 감히 아리스토텔레스를 의심해?"

전문가도 틀린다

....

2000년대 초반을 보자. 많은 경제학자들이 "부동산은 절대 안 떨어진다"고 했다. 전문가들이니까 믿었다. 2008년, 붕괴했다. 전문가도 틀린다. 더 교묘한 것은 다수의 권위다. "다들 이렇게 해" "모두가 이걸 산다" "요즘 트렌드는 이거야." 그래서? 다수가 옳다는 보장은 없다. 역사를 보면 다수가 틀린 경우가 수없이 많다.

INSIGHT

"누가 말했는가"가 아니라 "무엇을 말했는가"를 보라. 노벨상 수상자의 말도 검증하라. 당신 상사의 지시도 질문하라. 주변 모두가 하는 일도 의심하라. 권위는 편리한 지름길이지만, 종종 잘못된 길이다.

우상들의 합작

가장 위험한 순간은 네 우상이 동시에 작동할 때다. 점성술을 예로 들어보자. "오늘 행운의 날입니다"라는 운세를 읽는다.

- 종족의 우상: "오늘 좋은 일이 있었어. 우연이 아니야!"

  ⇒ 우리 뇌는 패턴을 과도하게 찾는다. 나쁜 일 열 개는 잊고 좋은 일 하나만 기억한다.

- 동굴의 우상: "지난번에도 맞았었어."

  ⇒ 개인 경험을 과도하게 일반화한다.

- 시장의 우상: "이건 '운명적 만남'이야."

  ⇒ 언어가 의미를 부풀린다.

- 극장의 우상: "유명한 점성술사도 그렇게 말했어."

  ⇒ 권위가 확신을 준다.

결과? 당신은 점성술을 믿게 된다. 네 우상이 합작해서 당신을 속였다. 투자 사기도 똑같다. "이 회사는 다음 애플이 될 거예요"(시장의 우상). "유명 투자자도 투자했어요"(극장의 우상). "내 친구도 이걸로 돈 벌었어요"(동굴의 우상). "이런 기회는 다시 안 와요"(종족의 우상 - 희소성에 대한 과민 반응). 네 우상이 협력하면 논리적 사고가 마비된다.

우상을 깨는 법

·········

내일 아침 뉴스를 본다. 멈춰라. 이 기사를 있는 그대로 받아들이기 전에 물어라:

- 종족의 우상: 이 기사가 내 감정적 반응을 자극하고 있나?

- 동굴의 우상: 내 경험과 맞아떨어져서 믿고 싶은 건 아닐까?

- 시장의 우상: 기사 제목의 단어가 내 생각을 조종하고 있나?

- 극장의 우상: 이 언론사의 권위를 무비판적으로 믿고 있나?

완벽한 진리에 도달하지는 못할 것이다. 하지만 적어도 덜 틀릴 것이다. 그리고 때로는 덜 틀리는 것이 살아남는 것과 죽는 것의 차이를 만든다. 400년이 지난 지금, 베이컨의 통찰은 여전히 유효하다. 아니, 더욱 긴급하다. 우리는 베이컨 시대보다 훨씬 더 많은 정보에 노출되어 있다. 뉴스, SNS, 광고, 알고리즘이 끊임없이 우리의 생각에 영향을 미친다. 인간이라서, 당신의 경험 때문에, 언어 때문에, 권위 때문에 생긴 것이다. 하지만 이제 당신은 안다. 아는 것이 깨는 것의 시작이다.

장자의
호접몽

확신할수록 현실에서 멀어진다

07

莊子

전국시대의 혼란 속에서

....

장자(莊子, BC 369?-286?)는 중국 전국시대를 살았다. 이것은 극도로 혼란한 시기였다. 일곱 개의 강국이 끊임없이 전쟁을 벌였고, 사상가들은 어떻게 하면 평화와 질서를 되찾을 수 있을지 고민했다. 공자는 예(禮)를, 묵자는 겸애(兼愛)를, 한비자는 법(法)을 제시했다. 장자는 달랐다. 그는 이 모든 해결책을 거부했다. 왜? 그것들이 모두 인간의 관점, 인간의 확신에서 나왔기 때문이다. "내가 옳다" "우리 방식이 정답이다" "이렇게 하면 세상이 나아진다." 장자는 이런 확신들이 오히려 문제를 만든다고 보았다. 그의 해결책은? 확신을 내려놓는 것. 인간중심적 관점을 벗어나는 것. 자연의 흐름을 따르는 것. 이것이 도가(道家) 사상의 핵심이다.

호접몽

....

장자가 낮잠을 잤다. 꿈속에서 그는 나비가 되었다. 꽃 사이를 날아다니는 나비. 바람을 타고 자유롭게 날갯짓하는 나비. 그는 완전히 나비였다. 장자라는 사람이었다는 기억조차 없었다. 그저 나비로 존재했다.

깨어났다. 그는 다시 장자였다. 이제 나비는 꿈이었다. 하지만 갑자기 의문이 들었다. "잠깐, 내가 나비 꿈을 꾼 걸까? 아니면 지금 나비가 장자가 된 꿈을 꾸고 있는 걸까?" 우스운 소리처럼 들린다. 당연히 당신이 나비 꿈을 꾼 것이다. 당신이 진짜고 꿈이 가짜다. 하지만 장자는 묻는다. 어떻게 확신하는가?

꿈과 현실의 구별: 정말 가능한가

....

우리는 꿈과 현실을 구별하는 기준이 있다고 생각한다. 현실은 일관성이 있다. 물리 법칙을 따른다. 기억이 연속된다. 반면 꿈은 비

논리적이고, 불연속적이고, 불가능한 일이 일어난다. 하지만 장자는 반박한다. 꿈속에서는 그것이 일관적이었다. 꿈속에서는 그것의 물리 법칙을 따랐다. 꿈속에서는 기억이 연속적이었다. 꿈속의 당신은 "이건 꿈이 아니야"라고 확신했다. 데카르트가 수천 년 후에 같은 질문을 던진다. "지금 이것이 꿈이 아니라고 어떻게 아는가?" 하지만 장자가 먼저였다. 그리고 장자의 버전이 더 날카롭다. 데카르트는 여전히 "생각하는 나"의 존재를 확신했다. 장자는 그 "나"조차 의심한다.

당신이 최근에 "이것은 확실해"라고 말한 것을 떠올려라. 정말 확실한가? 5년 전 당신이 확실하다고 믿었던 것들 중 지금도 확실한 것이 몇 개나 되는가? 확신은 종종 착각의 다른 이름이다.

물고기의 즐거움을 아는가

·········

장자가 혜자와 함께 호수 다리 위를 거닐었다. 장자가 말했다. '물고기들이 유유히 노니니 이것이 물고기의 즐거움이로다.' 혜자가 말했다. '그대는 물고기가 아닌데 어찌 물고기의 즐거움을 아는가?' 장자가 말했다. '그대는 내가 아닌데 어찌 내가 물고기의 즐거움을 모른다는 것을 아는가?'

—『장자』「추수」 편

이것은 말장난이 아니다. 인식론의 근본 문제다. 우리는 자기 관점의 감옥에 갇혀 있다. 당신은 당신의 눈으로만 세상을 본다. 당신의 경험으로만 판단한다. 당신의 기준으로만 평가한다. 상사가 부하 직원을 평가한다. "저 친구는 동기가 부족해." 정말 그런가? 아니면 당신이 보지 못하는 다른 동기가 있는 건 아닐까? 부하 직원은 승진에 관심 없고 일과 삶의 균형에 관심 있을 수 있다. 당신의 기준으로는 "동기 부족"이지만, 그의 기준으로는 "올바른 우선순위"다. 부모가 자녀를 걱정한다. "요즘 애들은 나약해." 정말 그런가? 아니면 세상이 바뀌어서 다른 종류의 강함이 필요한 건 아닐까? 당신 세대의 강함은 "참고 견디는 것"이었다. 이 세대의 강함은 "경계를 설정하는 것"일 수 있다. 한 친구는 시끄러운 음악을 좋아한다. 당신은 조용한 음악을 좋아한다. 어느 것이 "좋은" 음악인가? 둘 다다. 각자의 관점에서. 하지만 우리는 종종 자기 관점을 절대적 기준으로 착각한다.

제물론(齊物論): 모든 것은 동등하다

·········

『장자』의 제물론편은 "만물을 동등하게 본다"는 뜻이다. 이것은 "모든 것이 똑같다"는 의미가 아니다. "모든 관점이 그 관점 내에서는 타당하다"는 의미다. 장자는 예를 든다. 미인을 본다. 인간은 아름답다고 느낀다. 하지만 물고기는 무서워서 물속 깊이 숨는다. 새는 높이 날아가 피한다. 이 셋 중 누가 진짜 아름다움을 아는가?

정답은 없다. 각자의 관점에서 각자의 반응이 타당하다. 인간의 기준으로 물고기의 반응을 평가할 수 없다. 마찬가지로 당신의 기준으로 다른 사람의 선택을 평가할 수 없다.

INSIGHT

누군가를 판단하기 전에 물어라. "내가 저 사람의 입장이라면 어떻게 행동할까?" 더 나아가 "내가 저 사람의 배경, 가치관, 상황을 가졌다면?" 대부분의 갈등은 관점의 차이에서 온다. 한쪽이 틀려서가 아니라, 서로 다른 감옥에 갇혀 있어서.

정체성의 함정

....

당신은 누구인가? "나는 회사원이야." "나는 엄마야." "나는 학생이야." 이것은 당신의 역할이다. 당신 자신이 아니다. 하지만 우리는 자주 역할과 자신을 혼동한다. 회사가 망한다. 정리해고를 당한다. 사람들은 정체성의 위기를 겪는다. "나는 이제 누구지? 회사원이 아니라면?" 하지만 당신은 여전히 당신이다. 역할이 사라진 것뿐이다. 장자라면 이렇게 말했을 것이다. "당신은 회사원 역할을 하던 장자였고, 이제 다른 역할을 찾는 장자일 뿐이다." 부모들이 흔히 빠지는 함정이다. "나는 엄마야"를 넘어서 "나는 엄마일 뿐이야"가 된다. 모든 정체성이 자녀와 연결된다. 자녀가 성공하면 내가 성공한 것 같고, 자녀가 실패하면 내가 실패한 것 같다. 자녀가 독립하면 공허함이 온다. "이제 나는 누구지?"

물화(物化): 만물의 변화

....

장자가 말했다.

"생과 사는 운명이요, 밤과 낮의 끊임없는 순환은 하늘의 이치다. 인간이 어찌할 수 없는 것이니 만물의 본성일 따름이다."

— 『장자』「대종사」편 (요약)

장자는 물화(物化)를 말한다. 모든 것은 변한다. 고정된 것은 없다. 나비였던 당신이 지금 사람인 것처럼, 회사원이던 당신은 지금 다른 무언가다. 엄마였던 당신은 자녀가 떠난 후 다른 존재다. 역할은 바뀐다. 하지만 본질은 남는다. 문제는 우리가 역할을 본질로 착각한다는 것이다. 배우가 역할과 자신을 구별하듯, 우리도 삶의 역할과 본질을 구별해야 한다.

자기소개를 역할 없이 해보라. "저는 변호사입니다" 대신 "저는 복잡한 문제 해결하는 걸 좋아합니다." "저는 주부입니다" 대신 "저는 사람들을 돌보는 걸 중요하게 여깁니다." 역할은 언제든 바뀔 수 있다. 하지만 당신이 좋아하는 것, 중요하게 여기는 것은 남는다. 그것이 진짜 당신이다.

성공의 재정의

·········

한 사업가가 있다. 평생 부를 쌓았다. 큰 집, 좋은 차, 명성. 모두가 그를 성공했다고 말한다. 그는 행복한가? 아니다. 항상 더 많이, 더 빨리, 더 크게를 쫓는다. 쉬는 법을 모른다. 한 어부가 있다. 아침에 나가 물고기를 잡는다. 오후에는 나무 그늘에서 낮잠을 잔다. 저녁에는 친구들과 술을 마신다. 가난하지만 만족한다. 그는 실패했는가? 누가 성공했나? 장자라면 묻는다. "누구의 기준으로?" 사업가는 사회의 기준으로 성공했지만, 자기 내면의 기준으로는 실패했다. 어부는 사회의 기준으로 실패했지만, 자기 내면의 기준으로는 성공했다. 문제는 우리가 "성공"이라는 단어에 보편적 정의가 있다고 착각한다는 것이다. 없다. 성공은 관점이다. 나비에게 성공은 자유롭게 나는 것이다. 애벌레에게 성공은 잎을 많이 먹는 것이다. 누가 맞는가? 둘 다 맞다. 자기 관점에서.

한 달에 한 번, 자신만의 성공 지표를 점검하라. 돈, 직급 같은 외부 지표 말고 내부 지표를 만들어라. "나는 얼마나 평화로운가?" "나는 하루에 얼마나 웃었나?" "나는 내가 좋아하는 일을 얼마나 했나?" 외부 성공을 쫓다 보면 내부 실패를 놓친다. 장자는 말한다. 나비는 승진을 원하지 않는다. 자유를 원한다.

구별의 허상

....

"하늘과 땅이 나와 함께 태어났고, 만물이 나와 하나다"

— 『장자』 「제물론」편

무슨 소리인가? 당신과 나무는 다르다. 당신과 돌은 다르다. 명백하지 않은가? 장자는 말한다. "그 구별은 당신의 마음이 만든 것이다." 생각해보라. 7년이 지나면 당신의 몸 대부분은 새로운 세포로 바뀐다. 과거의 당신과 지금 당신은 문자 그대로 다른 물질로 만들어져 있다. 그렇다면 당신은 여전히 같은 사람인가? 마음은 "그렇다"고 말한다. 연속성이라는 환상을 만들어낸다. 당신이 먹는 사과는 어디서 왔나? 나무에서. 나무는? 흙에서. 흙은? 썩은 식물에서. 당신이 사과를 먹으면, 그것은 당신이 된다. 당신과 사과의 경계는 어디인가? 입? 위? 세포? 경계는 명확하지 않다. 우리가 편의상 만든 구별일 뿐이다. "이것은 좋고 저것은 나쁘다." "이것은 옳고 저것은 틀리다." 이런 구별들도 마찬가지다. 절대적이지 않다. 관점에 따라 바뀐다. 하지만 주의하라. 이것이 도덕적 상대주의는 아니다. 장자는 "무엇이든 해도 된다"고 말하지 않는다. "절대적 기준은 없으니 겸손하라"고 말한다. 당신이 "이게 절대적으로 옳다"고 확신할 때, 당신은 나비 꿈 속에 있는 것이다.

집착을 놓는 법: 물처럼 흐르라

·········

"도는 항상 이름이 없다"

— 노자, 『도덕경』 32장

장자는 노자의 제자다. 노자가 말했듯, 무엇인가에 이름을 붙이는 순간, 우리는 그것을 고정시킨다. 틀에 가둔다. 하지만 세상은 흐른다. 당신은 10년 전에 친구와 싸웠다. 아직도 화가 난다. 왜? 그 친구가 당신을 배신했으니까. 하지만 10년이 지났다. 그 친구는 이미 다른 사람이다. 세포도 바뀌었고, 경험도 쌓였고, 생각도 달라졌다.

하지만 당신은 여전히 "배신자"라는 꼬리표를 붙인다. 과거를 현재로 만든다. 당신은 자신을 "실패자"라고 생각한다. 한 번 사업이 망했으니까. 하지만 그것은 과거다. 지금 당신은 그때의 당신이 아니다. 더 많이 알고, 더 현명해졌다. 하지만 여전히 "실패자"라는 꼬리표를 자신에게 붙인다. 장자는 말한다. 꼬리표를 떼어라. 집착을 놓아라. 사람도, 상황도, 심지어 자신도 계속 변한다. 강물에 두 번 발을 담글 수 없다. 두 번째는 다른 물이니까. 어제의 당신과 오늘의 당신도 다르다.

누군가와 갈등이 있을 때 물어라. "이 사람을 마지막으로 만난 게 언제지? 그 사이 이 사람은 어떻게 변했을까?" 사람들은 변한다. 당신도 변했듯이. 과거의 이미지에 집착하면 현재의 관계를 망친다. 사과나무가 봄에는 꽃을 피우고 가을에는 열매를 맺듯, 사람도 계절이 있다.

소요유(逍遙遊): 자유롭게 노닐다

....

그렇다면 장자는 어떻게 살라고 말하는가? "나비처럼 살라." 나비는 "나는 나비여야 한다"고 생각하지 않는다. 그냥 나비다. 나비는 "꽃이 나를 좋아할까?"를 걱정하지 않는다. 그냥 꽃으로 간다. 나비는 "내일은 어떻게 될까?"를 걱정하지 않는다. 오늘을 날 뿐이다. 물론 우리는 나비가 아니다. 계획도 세워야 하고, 책임도 져야 한다. 하

지만 장자의 요점은 이것이다. 확신을 가볍게 들고(당신이 확실하다고 생각하는 것이 틀릴 수 있다.), 역할에 매이지 말고, 변화를 받아들이고, 지금 이 순간에 살라는 것이다.

나비처럼 살기

....

당신이 하는 일이 당신의 전부가 아니다. 당신이 가진 것이 당신의 가치가 아니다. 당신이 과거에 했던 실수가 당신의 미래가 아니다. 당신은 나비일 수도 있고 장자일 수도 있다. 둘 다 진짜다. 둘 다 당신이다.

장자가 낮잠에서 깨어났을 때, 그는 웃었다. "나는 나비였던 장자인가, 장자라고 꿈꾸는 나비인가?" 그는 답을 찾으려 하지 않았다. 그냥 웃었다. 그것으로 충분했다. 확신할수록 현실에서 멀어진다. 의심할수록 진실에 가까워진다. 당신이 "이게 진짜야"라고 가장 강하게 믿을 때, 그것이 꿈일 가능성이 가장 크다.

가볍게 살아라. 나비처럼. 내일 아침, 알람이 울릴 것이다. 일어나서 출근할 것이다. 일하고, 먹고, 자고, 다시 깨어날 것이다. 하지만 이제 당신은 안다. 이 모든 것이 꿈일 수도 있다는 것을. 그리고 그것이 괜찮다는 것을. 꿈이든 현실이든, 당신은 여전히 날 수 있다. 나비처럼.

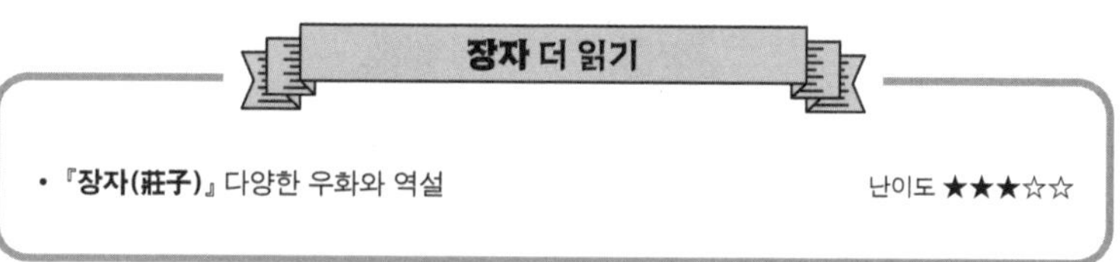

Zhuangzi

윤리와 정의

어떻게 살아야 하는가?

칸트의
정언명령

내 행동이 모두의 규칙이 된다면?

01

Immanuel Kant

니체가 "선악을 넘어서"라며 모든 도덕을 해체했다면, 임마누엘 칸트는 도덕의 절대적 기초를 찾고자 했다. 하지만 그 기초는 신도, 전통도, 감정도 아니었다. 순수한 이성이었다. 칸트처럼 생각한다는 것은 편리함보다 원칙을 선택하고, 예외 없는 기준으로 자신을 먼저 대하는 것이다.

거짓말쟁이의 딜레마

어느 추운 겨울밤, 당신의 집 문을 누군가 두드린다. 문을 열자 피투성이가 된 친구가 서 있다. "살려줘! 살인마가 나를 쫓아오고 있어!" 당신은 친구를 집 안으로 숨긴다. 5분 후, 칼을 든 남자가 문을 두드린다. "아까 이쪽으로 누가 도망치는 걸 봤는데, 여기 들어왔나요?" 당신은 어떻게 대답해야 할까?

"네, 안에 숨어 있어요"라고 정직하게 말하면 친구가 죽는다. "아니요, 못 봤어요"라고 거짓말하면 친구를 구할 수 있다. 대부분의 사람들은 당연히 거짓말을 선택할 것이다. 친구의 생명이 정직함보다 중요하니까. 하지만 18세기 독일 철학자 임마누엘 칸트는 놀랍게도 "그래도 거짓말하면 안 된다"고 말했다. 그의 동시대 사람들조차 "칸트, 당신 미쳤어?"라고 반응했다. 하지만 칸트에게는 이유가 있었다. 그리고 그 이유를 이해하려면, 그가 도덕을 어떻게 재정의했는지부터 알아야 한다.

계몽주의와 이성의 시대

....

칸트의 시대는 계몽주의의 절정이었다. 뉴턴이 만유인력의 법칙으로 우주의 질서를 밝혀냈고, 이성이 미신과 전통을 대체하고 있었다. 칸트는 질문했다. 만약 자연에 법칙이 있다면, 도덕에도 법칙이 있지 않을까? 중력처럼 보편적이고, 수학처럼 필연적인 도덕법칙이 존재하지 않을까? 당시 도덕철학은 두 진영으로 나뉘어 있었다. 한편에는 경험주의자들이 있었다. 흄과 같은 철학자들은 도덕이 감정에서 나온다고 보았다. 다른 한편에는 합리주의자들이 있었다. 그들은 신이나 자연법에서 도덕을 찾았다. 칸트는 둘 다 거부했다. 감정은 변덕스럽다. 신앙은 증명할 수 없다. 진정한 도덕은 순수 이성에서 나와야 한다. 이성적 존재라면 누구나 동의할 수밖에 없는 보편적 법칙. 이것이 칸트의 탐구였다.

가언명령: "~하고 싶다면, ~하라"

………

칸트는 두 종류의 명령을 구분했다. 하지만 가언명령(假言命令)은 조건부 명령이다. "만약 A를 원한다면, B를 하라." 예를 들어, "건강해지고 싶으면 운동해라" "부자가 되고 싶으면 저축해라" 같은 것들이다. 이것들은 전략적 조언이다. 유용하고 합리적이다. 하지만 도덕적이지는 않다. 왜? 목적에 따라 바뀌기 때문이다. 건강해지기를 원하지 않는다면? 운동할 필요가 없다. 부자가 되기를 원하지 않는다면? 저축할 이유가 없다. 가언명령은 "만약"에 의존한다. 조건이 바뀌면 명령도 바뀐다. 칸트는 말한다. 이런 명령들은 수단일 뿐이다. 도구적 합리성이다. 하지만 진정한 도덕은 수단이 아니다.

정언명령: "무조건 ~하라

………

반면 정언명령(定言命令)은 무조건적 명령이다. "B를 하라. 무슨 일이 있어도." 예를 들어, "거짓말하지 마라" "약속을 지켜라" "사람을 죽이지 마라" 같은 것들이다. "만약"이 없다. 조건이 없다. 결과와 무관하다. 이익이 되든 손해가 되든, 편리하든 불편하든, 따라야 한다. 왜? 그것이 옳기 때문이다.

"정언명령은 조건 없이, 객관적으로, 따라서 보편타당하게 필연
적인 명령이다."

—『도덕 형이상학 정초』제2절

진정한 도덕법칙은 정언명령이어야 한다. 그렇지 않으면 그건
도덕이 아니라 단지 전략이나 수단에 불과하다.

만약 모든 사람이 나처럼 한다면?

....

그렇다면 어떤 것이 정언명령인지 어떻게 알 수 있을까? 칸트는
간단한 테스트를 제시했다. 정언명령의 첫 번째 정식(보편적 기준을
담은 공식)이다.

"오직 네가 동시에 그것이 보편적 법칙이 되기를 의욕할 수 있는
그런 준칙에 따라서만 행위하라."

—『도덕 형이상학 정초』

더 쉽게 말하면, "내 행동의 규칙이 모든 사람의 규칙이 된다면
어떨까?"다. 이것이 보편화 가능성^{Verallgemeinerbarkeit}의 테스트다.

거짓말의 경우

구체적으로 보자. 당신은 돈을 빌리고 싶다. 하지만 갚을 능력이 없다. 거짓말로 빌려서 갚지 않을 계획이다. "나는 이익을 얻기 위해 거짓 약속을 할 수 있다"라는 준칙을 세운다. 이제 보편화 테스트를 적용하라. 만약 모든 사람이 이익을 위해 거짓 약속을 한다면 어떻게 될까? 아무도 약속을 믿지 않게 된다. "돈 갚을게"라고 말해도 아무도 빌려주지 않는다.

약속 시스템 붕괴

약속이라는 제도 자체가 붕괴한다. 왜냐하면 약속은 '사람들이 약속을 지킨다는 기대'가 있을 때만 작동하기 때문이다. 결과적으로 당신의 준칙은 스스로를 파괴한다. 그것이 보편화되면 더 이상 작동하지 않는다. 칸트의 표현으로 "모순을 포함한다." 따라서 거짓 약속은 도덕적으로 허용될 수 없다. 이것이 칸트가 "살인마에게도 거짓말하면 안 된다"고 말한 이유다. 예외를 허용하는 순간, 원칙이 무너진다.

당신은 프리라이더인가?

칸트가 발견한 것은 경제학에서 '공유지의 비극'이나 '프리라이더 문제'로 알려진 구조와 같다. 프리라이더는 시스템의 혜택은 받으면서 비용은 부담하지 않으려는 사람이다. 한두 명이면 시스템이 버틴다. 하지만 모두가 프리라이더가 되면? 시스템이 붕괴한다. 게임이론의 '죄수의 딜레마'도 같은 구조다. 개인적으로는 배신이 합리적이다. 하지만 모두가 배신하면 모두가 손해본다. 협력이 보편화될 때만 모두가 이익을 본다. 칸트는 약 250년 전에 이 구조를 이미 파악했다. 그리고 해결책을 제시했다. 도덕적 의무로서의 협력. "모두가 나처럼 한다면 어떨까?"라는 질문으로 개인의 이기심을 제한하는 것.

인간을 목적으로 대하라

·········

칸트의 정언명령에는 두 번째 정식이 있다. 이것이 어쩌면 더 중요할 수 있다.

"인간을 결코 수단으로만 대하지 말고, 항상 동시에 목적으로 대하라."

—『도덕 형이상학 정초』

이것은 인간성의 정식이다. 무슨 뜻일까? 당신이 카페 직원에게 커피를 주문할 때를 생각해보자. 당신에게 그 직원은 '커피를 만드는 수단'이다. 하지만 칸트는 그것만으로는 부족하다고 말한다. 그 직원도 자기 자신의 목적과 꿈과 존엄성을 가진 인간으로 대해야 한다는 것이다.

목적으로 대한다는 것

....

이것은 단순히 "친절하게 대하라"는 뜻이 아닌 더 근본적인 태도의 문제다. 상사가 직원을 '회사의 이익을 위한 도구'로만 본다면? 칸트는 이것이 부도덕하다고 말한다. 아무리 그 직원에게 높은 연봉을 주고 좋은 복지를 제공한다 해도 말이다. 부모가 자녀를 '노후 대비용'으로만 본다면? 부도덕하다. 자녀도 자신의 삶을 살 권리가 있다. 부모의 기대나 필요를 위한 수단이 아니라, 스스로 목적인 존재다. 연인이 상대방을 '외로움을 달래는 수단'으로만 본다면? 부도덕하다. 진정한 사랑은 상대방을 그 자체로 존중하는 것이다. 상대의 행복과 성장을 그 자체로 가치있게 여기는 것이다.

왜 인간은 목적인가?

....

"이성적 본성은 그 자체로 목적으로서 존재한다."

—『도덕 형이상학 정초』

인간은 도구가 아니다. 돌멩이, 나무, 동물은 도구적 가치만 있다. 그것들은 다른 무언가를 위해 사용된다. 하지만 이성적 존재인 인간은 다르다. 인간은 자율적autonom이다. 스스로 목적을 설정하고, 스스로 법칙을 만들고, 스스로 가치를 부여한다. 이 능력이 인간에게 존엄성Würde을 부여한다. 존엄성은 가격이 아니다. 물건에는 가격이 있다. 더 좋은 것으로 대체 가능하다. 하지만 인간은 대체 불가능하다. 절대적 가치를 가진다. 이것이 인간 존엄성의 의미다.

세 번째 정식 - 목적의 왕국

....

칸트는 세 번째 정식을 제시한다. 이것은 첫 번째와 두 번째를 통합한다.

"모든 이성적 존재는 자신의 준칙을 통해 보편적 입법을 하는 것처럼 행위해야 한다."

—『도덕 형이상학 정초』

이것이 목적의 왕국Reich der Zwecke 개념이다. 상상해보자. 모든 사람이 스스로 법을 만드는 세계. 하지만 각자가 만든 법이 서로 조화를 이루는 세계. 어떻게 가능한가? 각자가 보편화 가능한 준칙만을 따를 때 가능해진다. 당신은 단순히 법을 따르는 신민(수동적으로 복종하는 사람)이 아니다. 당신은 법을 만드는 입법자다. 하지만 당신이 만든 법은 모든 사람에게 적용되어야 한다. 당신도 그 법에 복종해야 한다. 이것이 칸트가 말하는 자율Autonomie의 핵심이다. 자신이 만든 법에 복종하는 것. 타인의 강요가 아니라 자신의 이성이 명령하는 것.

자율과 타율의 구분

....

칸트는 『실천이성비판』에서 자율과 타율을 구분한다:

- **타율**Heteronomie **– 외부의 힘이 당신의 행동을 결정한다**

  욕망이 시키는 대로: "배고프니까 먹는다"

  감정이 시키는 대로: "화가 나니까 소리 지른다"

  사회가 시키는 대로: "남들이 하니까 따라한다"

이것은 자유가 아니다. 당신은 외부 요인에 끌려다니고 있다. 동물처럼, 기계처럼.

- **자율**Autonomie **– 당신의 이성이 당신의 행동을 결정한다**

  욕망이 있지만 선택한다: "먹고 싶지만 건강을 위해 참는다"

  감정이 있지만 통제한다: "화나지만 침착하게 대응한다"

  사회 압력이 있지만 판단한다: "남들이 하지만 나는 옳지 않다고 본다"

이것이 진정한 자유다. 역설적이게도, 자신이 세운 법칙에 복종하는 것이 자유다.

자유의 역설

....

칸트의 자유 개념은 역설적이다. 대부분의 사람들은 "하고 싶은 대로 하는 게 자유"라고 생각한다. 하지만 칸트는 그것이 자유가 아니라 욕망의 노예 상태라고 본다. 어린아이를 보라. 과자를 보면 먹고 싶다. 그래서 먹는다. 이것이 자유인가? 아니다. 아이는 욕망에 지배당하고 있다. 성인은 다르다. 과자를 보고 먹고 싶다. 하지만 "건강에 나쁘다" "저녁 먹기 전이다" "다이어트 중이다"라고 생각하고 참는다. 이것이 자유다. 욕망이 있지만 그것을 넘어설 수 있는 능력. 진정한 자유는 스스로 만든 법칙에 복종하는 것이다. 외부의 명령이 아니라, 자신의 이성이 명령하는 것을 따르는 것.

다음번에 유혹을 느낄 때 물어보라. "지금 나는 자유로운가, 아니면 욕망의 노예인가?" 과자를 먹고 싶다. 먹는다면? 욕망의 노예다. 먹고 싶지만 건강을 선택한다면? 자유다. 역설적이지만 그렇다.

도덕적 가치는 동기에서 나온다

....

칸트의 윤리학에서 가장 논쟁적인 부분이다. 그는 행동의 결과가 아니라 동기를 중시했다. 여기 두 사람이 있다.

A: 익사하는 아이를 구한다. 왜냐하면 그것이 옳은 일이기 때문이다. 위험하고, 귀찮고, 옷이 젖지만, 의무이기에 구한다.

B: 익사하는 아이를 구한다. 왜냐하면 나중에 뉴스에 나와서 영웅 대접받고 싶어서다. 유튜브에 올려서 조회수를 얻고 싶어서다.

결과는 같다. 두 경우 모두 아이가 살았다. 사회적으로도 둘 다 칭찬받을 것이다. 하지만 칸트는 오직 A만이 진정으로 도덕적 행동을 했다고 본다. B는 도덕적으로 옳은 행동을 했다.. 하지만 의무에서 나온 행동은 아니다. 그의 동기가 의무가 아니라 개인적 이익이었기 때문이다.

"의무에 맞는 행위와 의무로부터의 행위를 구별해야 한다."

—『도덕 형이상학 정초』 제1절

당신은 병든 부모를 돌본다. 왜?

* 경우 1: 부모를 사랑하고, 함께 있는 게 즐겁고, 돌보는 게 기쁘기 때문이다.

  ⇒ 칭찬받을 일이다. 아름답다. 하지만 칸트는 말한다. 이것은 도덕적으로 위대한 것은 아니다.

* 경우 2: 부모가 까다롭고, 함께 있기 힘들고, 돌보는 게 고통스럽다. 하지만 그것이 자녀의 의무이기에 돌본다.

  ⇒ 이것이 진정한 도덕적 행위다.

충격적으로 들린다. 사랑으로 하는 것이 의무감으로 하는 것보다 못하다고? 칸트의 논리는 이렇다. 경향성^{Neigung, 감정, 욕구, 성향}은 변덕스럽다. 오늘은 부모를 돌보고 싶지만, 내일은? 감정이 바뀌면 행동도 바뀐다. 그것은 신뢰할 수 없다. 하지만 의무^{Pflicht}는 일관적이다. 감정과 무관하게 해야 할 일을 한다. 기분이 좋든 나쁘든, 편리하든 불편하든, 의무는 의무다. 진정한 도덕은 경향성이 아니라 의무에서 나온다. 당신이 친구를 돕는 게 즐겁고 기분 좋아서라면, 그건 칭찬받을 일이지만 도덕적으로 위대한 건 아니다. 하지만 돕고 싶지 않고, 귀찮고, 손해인데도 '그것이 옳은 일이니까'라는 이유만으로 돕는다면? 그것이 진정한 도덕적 행위다.

이번 주에 선행을 하나 계획하라. 하지만 아무에게도 말하지 마라. SNS에 올리지 마라. 칭찬받을 기대를 하지 마라. 순수하게 "그것이 옳으니까" 하라. 그 차이를 느껴보라.

비판과 반론

....

많은 사람들이 이것을 비판한다. "너무 차갑다" "인간미가 없다" "감정을 무시한다"고. 아리스토텔레스는 반대로 생각했다. 그는 "덕 있는 사람은 옳은 일을 하는 것을 즐긴다"고 말했다. 의무감으로 억지로 하는 게 아니라, 자연스럽게 좋아서 하는 것. 그것이 진정한 덕이라고. 현대 철학자들도 칸트를 비판한다. 마이클 샌델Michael Sandel은 이렇게 묻는다. "사랑으로 부모를 돌보는 자녀와 의무감으로 돌보는 자녀 중 누가 더 나은가?" 대부분의 사람들은 전자를 선택할 것이다. 하지만 칸트를 옹호할 수도 있다. 칸트의 요점은 "감정을 가지지 마라"가 아니다. "감정만으로는 충분하지 않다"는 것이다. 사랑하면서 동시에 의무감을 가질 수 있다. 그것이 이상적이다. 하지만 사랑이 식었을 때도 의무는 남아야 한다. 그것이 도덕의 기초다.

완벽한 의무는 없다

....

특히 살인마에게 거짓말하면 안 된다는 칸트의 주장은 대부분의 사람들이 받아들이기 힘들다. 한 명의 생명을 구하기 위해 거짓말하는 것이 정당해 보인다. 하지만 칸트를 옹호하는 사람들은 이렇게 말한다. 칸트의 요점은 "거짓말이 항상 나쁜 결과를 낳는다"가 아니라 "도덕법칙은 예외를 허용하는 순간 무너진다"는 것이라고. 일단 "좋은 목적을 위해서라면 거짓말해도 된다"를 허용하면, 경계가 모호해진다. 누가 '좋은 목적'을 판단하는가? 내가 생각하는 좋은 목적과 남이 생각하는 좋은 목적이 다르다면?

결국 모든 사람이 자기 합리화를 위해 예외를 만들게 된다. "나는 좋은 이유로 거짓말했어." 하지만 그 판단은 주관적이다. 칸트가 보기에, 도덕은 수학처럼 엄밀해야 한다. 2+2=4는 상황에 따라 바뀌지 않는다. 마찬가지로 "거짓말하지 마라"도 상황에 따라 바뀌어서는 안 된다.

이번 주에 당신이 "어쩔 수 없었어"라고 합리화한 행동을 하나 떠올려보라. 정말 어쩔 수 없었나? 아니면 원칙을 지키는 게 불편해서였나? 정직해지자. 우리는 완벽하지 않다. 하지만 적어도 자기기만은 하지 말자.

새벽 신호등 앞에서

....

내일 아침, 신호등 앞에 선다. 새벽 4시다. 차가 한 대도 없다. 빨간불이다. 당신은 어떻게 할 것인가? "차도 없는데 뭐"라며 건넌다면, 당신은 프리라이더다. "법은 모두를 위한 것"이라며 기다린다면, 당신은 칸트를 이해한 사람이다. 중요한 것은 결과가 아니다. 원칙이다. 모두가 "차가 없으면 건너도 돼"라고 생각한다면? 신호등이 의미를 잃는다. 교통 시스템이 무너진다. 당신도 피해를 본다. 칸트의 정언명령은 까다롭다. 불편하다. 때로는 손해를 보는 것 같다. 하지만 그것이 문명을 유지하는 방법이다. 오늘, 당신이 한 선택 중 하나를 생각해보라. "만약 모든 사람이 나처럼 한다면 어떻게 될까?" 세상이 더 나아지는가? 그렇다면 당신은 도덕적으로 행동한 것이다. 세상이 무너지는가? 그렇다면 당신은 프리라이더다. 칸트는 묻는다. 당신은 어느 쪽인가?

완벽하지 않아도 괜찮다

....

우리는 완벽하지 않다. 매번 칸트의 기준을 충족할 수는 없다. 때로는 예외를 만들고, 타협하고, 편리함을 선택한다. 하지만 중요한 것은 자기기만을 하지 않는 것이다. "나는 어쩔 수 없었어"라고 합리화하지 마라. "나는 편리함을 선택했어. 이것은 타협이야"라고 인정하라. 원칙을 이상으로 삼아라. 매번 달성하지 못해도, 그것을 향해 노력하라. 그 차이가 당신을 동물이 아닌 이성적 존재로 만든다.

자율성의 아름다움

....

칸트가 우리에게 준 것은 규칙 목록이 아니다. 자율성의 비전이다. 당신은 법을 만드는 입법자다. 당신의 준칙이 보편적 법칙이 된다. 당신은 그 법에 복종한다. 하지만 그것은 당신의 법이다. 당신의 이성이 만든 법이다. 이것이 진정한 자유다. 외부의 강요도, 욕망의 지배도 아닌, 스스로 세운 법칙에 따라 사는 것.

- 『**윤리형이상학 정초**』 정언명령의 핵심   난이도 ★★★★☆
- 『**실천이성비판**』 도덕법칙과 자유   난이도 ★★★★★
- 『**윤리형이상학**』 의무론의 체계적 전개   난이도 ★★★★★

Emmanuel
Kant

롤스의 정의론

당신이 최악의 위치에 있어도 견딜 수 있는가?

02

John Rawls

롤스처럼 생각한다는 것은 자신의 위치를 잠시 잊고,
모든 가능한 입장에서 세상을 보는 것이다.

엄마의 지혜

....

당신과 동생이 케이크를 나눠 먹기로 했다. 어떻게 나누는 게 공정할까? 엄마가 칼을 건넨다. "네가 잘라." 당신은 칼을 든다. 한쪽을 크게, 한쪽을 작게 자르고 싶다. 큰 걸 먹고 싶으니까. 하지만 엄마가 말을 덧붙인다. "동생이 먼저 고른다."

상황이 바뀐다. 동생이 먼저 고른다면? 당연히 큰 걸 고를 것이다. 그러면 당신은 작은 걸 먹어야 한다. 그래서 당신은 최대한 공평하게 자른다. 정확히 반으로. 이것이 공정한 분배의 비밀이다. 자르는 사람이 어느 조각을 받게 될지 모를 때, 가장 공평하게 자른다. 왜 이것이 작동하는가? 자기 이익을 추구하면서도 공정한 결과가 나온다. 당신은 이기적이다. 큰 조각을 원한다. 하지만 어느 것을 받을지 모르니까, 양쪽을 똑같이 만든다. 이기심이 공정함을 만든다. 1971년, 하버드대 철학자 존 롤스John Rawls, 1921-2002는 『정의론』에서 이 단순한 원리를 사회 전체에 적용했다. 만약 우리가 사회의 규칙을 처음부터 다시 만든다면, 어떤 기준으로 만들어야 공정할까? 그의 대답은 하나의 사고실험이었다. 무지의 베일Veil of Ignorance 뒤에서 설계하는 것이다.

냉전과 복지국가의 논쟁

⋯⋯⋯⋯

1971년은 냉전의 한가운데였다. 자본주의와 공산주의가 대립했다. 미국에서는 민권운동의 여파로 사회 정의에 대한 논쟁이 격렬했다. 베트남 전쟁은 국가의 정당성에 의문을 제기했다. 보수파는 말했다. "자유시장이 답이다. 정부는 최소한만 개입해야 한다." 좌파는 반박했다. "불평등이 심화되고 있다. 재분배가 필요하다." 롤스는 새로운 길을 제시했다. 자유주의와 평등을 조화시키는 길. 시장경제를 인정하면서도 불평등을 제한하는 원칙. 롤스 자신의 경험도 중요했다. 그는 2차 대전에 참전했고, 히로시마 원폭 투하 직후 일본에 있었다. 그는 전쟁의 참상을 목격했고, 정의로운 사회가 무엇인지 평생 고민했다.

태어날 위치를 모른다면

. . . .

상상해보자. 당신은 곧 태어날 예정이다. 하지만 아직 자신이 누구로 태어날지 모른다. 부잣집일 수도, 가난한 집일 수도 있다. 남자일 수도, 여자일 수도 있다. 건강할 수도, 장애를 가질 수도 있다. 한국 사람일 수도, 아프리카 사람일 수도 있다. 천재일 수도, 평범할 수도 있다. 이 상태를 롤스는 원초적 입장Original Position이라 불렀다. 모든 개인적 정보가 차단된 채, 오직 이성만으로 사회의 규칙을 설계해야 하는 상태다. 무지의 베일은 무엇을 차단하는가? 롤스는 구체적으로 열거한다.

- 차단되는 정보들:

    1. 당신의 사회적 지위 (부자인지, 가난한지)

    2. 당신의 자연적 능력 (재능, 지능, 체력)

3. 당신의 가치관 (종교, 철학적 신념)

4. 당신의 심리적 성향 (위험 선호도 등)

5. 당신이 속한 세대 (과거인지, 미래인지)

• 유지되는 정보들:

1. 일반적 사실 (경제학, 심리학, 사회학의 법칙)

2. 합리성 (자신의 이익을 추구하는 능력)

3. 정의감 (공정한 원칙을 따르려는 의지)

—『정의론』 섹션 24

이것은 완전한 무지는 아니다. 선택적 무지다. 당신은 여전히 이성적이다. 하지만 자기 이익을 계산할 수 없다.

원초적 입장에서의 딜레마

. . . .

이 상황에서 당신은 어떤 사회를 만들겠는가? 부자에게만 유리한 제도? 위험하다. 당신이 가난하게 태어날지 모른다. 남자에게만 유리한 사회? 위험하다. 당신이 여자로 태어날지 모른다. 건강한 사람만 이익을 보는 제도? 위험하다. 당신이 장애를 가지고 태어날지 모른다. 자기 이익을 계산할 수 없는 상태에서 내릴 수 있는 판단은 오직 공정함뿐이다. 어떤 위치에 태어나든 견딜 수 있는 사회를 만들 것이다. 롤스는 말한다. 진정으로 공정한 사회는 최악의 위치에 있는 사람도 받아들일 수 있는 사회다.

정의의 두 원칙

....

무지의 베일 뒤의 사람들은 어떤 원칙에 합의할까? 롤스는 두 가지 원칙을 제시한다.

첫째, 평등한 자유의 원칙

모든 사람은 타인의 자유와 양립이 가능하다면, 최대한의 기본적 자유를 평등하게 누려야 한다. 표현의 자유, 종교의 자유, 투표권, 재산권. 이런 기본적 자유는 협상의 대상이 아니다. 왜? 당신이 언제든 소수자가 될 수 있기 때문이다. 당신이 기독교인이라고 해서 다른 종교를 금지하는 사회를 만들겠는가? 안 된다. 다음 생에 당신이 무슬림으로 태어날지 모른다. 당신이 부자라고 해서 가난한 사람의 투표권을 박탈하는 사회를 만들겠는가? 안 된다. 다음 생에 당신이 가난하게 태어날지 모른다.

둘째, 차등의 원칙

사회적·경제적 불평등은 두 조건을 만족해야만 정당하다. (a) 그것이 최소 수혜자에게 최대의 이익을 줄 것 (b) 공정한 기회균등 하에서 모든 사람이 그 지위에 오를 수 있을 것 불평등 자체는 나쁘지 않다. 하지만 그 불평등이 사회의 가장 불리한 사람들에게도 실질적 이익을 줄 때만 정당하다.

차등의 원칙

·········

두 사회를 비교해보자.

사회 A: 완전한 평등 사회다. 모든 사람이 월 200만 원을 받는다. 의사도, 청소부도, CEO도 모두 같다.

사회 B: 불평등 사회다. 의사는 월 1000만 원, 엔지니어는 월 500만 원, 일반인은 월 300만 원을 받는다. 하지만 최하층도 사회 A보다 100만 원 더 받는다.

어느 사회가 더 정의로운가? 직관적으로 사회 A가 공정해 보인다. 모두가 평등하니까. 하지만 롤스는 사회 B가 더 정의롭다고 본다. 왜? 불평등이 모두에게, 특히 최하층에게 실질적 이익을 주기 때문이다. 의사가 높은 보수를 받는 것은 정당하다. 그 보수가 인센티브가 되어 더 많은 사람이 의사가 되고, 의료 서비스가 향상되고, 결국 가난한 사람도 더 나은 치료를 받는다. 이것이 차등의 원칙이다. 불평등은 그것이 최악의 처지에 있는 사람들the least advantaged에게 이익이 될 때만 정당하다. 하지만 사회 C는 어떤가?

사회 C: 재벌은 월 10억 원을 받고, 최하층은 150만 원을 받는다. 이 경우 부의 이익이 아래로 전달되지 않는다. 불평등이 사회 전체의 향상을 이끌지 못한다. 그래서, 정의롭지 않다. 핵심은 낙수효과trickle-down가 실제로 작동하는가다. 위의 부가 아래로 흘러내려 최하층의 삶을 개선하는가? 그렇다면 정당하다. 위에만 쌓이고 아래는 그대로인가? 부정의하다.

공정한 기회균등

....

차등의 원칙만으로는 충분하지 않다. 기회균등도 필요하다.

- 형식적 기회균등: 차별이 없다. 누구나 지원할 수 있다.
  ⇒ 부족하다. 똑같은 재능을 가진 두 사람이 있다. 하나는 부자 집, 하나는 가난한 집. 부자 집 아이는 학원, 과외, 좋은 환경. 가난한 집 아이는 생

계 때문에 공부할 시간도 없다. 형식적으로는 평등하지만 실질적으로는 불평등하다.

- 공정한 기회균등: 같은 재능과 동기를 가진 사람들은 사회적 배경과 무관하게 같은 성공 기회를 가져야 한다.

⇒ 이것이 롤스의 기준이다. 가난하게 태어났어도, 재능과 노력이 있다면 의사가 될 수 있어야 한다. 부모의 재산이 아니라 자신의 능력으로 평가받아야 한다.

정책을 평가할 때 물어라. "이것이 가장 어려운 사람에게 도움이 되는가?" 만약 상위 1%만 이익을 본다면, 그것은 정의롭지 않다.

최악의 경우를 최선으로

·········

롤스의 핵심 전략은 최소극대화^{Maximin} 원칙이다. Maximum + Minimum의 합성어다. 최악의 경우^{minimum}를 최대한 좋게^{maximize} 만드는 것이다. 게임이론의 예를 보자. 세 가지 선택지가 있다. 합리적 선택 이론에 따르면 C를 선택해야 한다. 기댓값이 가장 높으니까. 하지만 무지의 베일 뒤에서는? 선택 B를 고를 가능성이 높다. 왜? 당신이 최악의 경우에 처할 수 있기 때문이다. A의 최악은 0원, C의 최악은 10만 원이지만, B는 확실히 40만 원이다. B는 기댓값은 가장 낮지만, 최악의 경우가 가장 좋다. 최소극대화 전략이다. 이것은 극단적 위험 회피일까? 아니다. 롤스는 이렇게 설명한다.

원초적 입장에서의 선택은 최종적이며, 후손에게까지 영향을 미치므로, 최악의 경우를 고려하는 것이 합리적이다.

—『정의론』 섹션 26 내용 요약

비판: 너무 보수적인가?

....

경제학자들이 비판한다. "최소극대화는 너무 보수적이다. 대부분의 사람들은 어느 정도 위험을 감수한다." 존 하사니$^{John\ Harsanyi}$는 대안을 제시했다. 무지의 베일 뒤에서 사람들은 기댓값을 극대화하는 공리주의를 선택할 것이라고. 롤스는 반박한다.

1. 확률을 알 수 없다: 당신이 부자로 태어날 확률이 얼마인지 모른다

2. 재시도가 없다: 한 번의 선택으로 평생이 결정된다

3. 최악이 견딜 수 없으면 안 된다: 1% 확률로 노예가 되는 사회는 받아들일 수 없다

인생의 큰 결정을 내릴 때 최소극대화를 적용하라. "이 선택의 최악의 경우는 뭔가? 그것을 견딜 수 있는가?" 최악을 견딜 수 있다면, 그것은 안전한 선택이다.

당신이 똑똑한 것은 당신의 공로인가?

....

롤스의 가장 급진적이고 논쟁적인 주장이 있다. 재능조차도 도덕적으로 임의적morally arbitrary이라는 것. 당신은 똑똑하다. IQ 130. 좋은 대학을 나와 높은 연봉을 받는다. 그것은 당신의 노력의 결과인가? 부분적으로는 그렇다. 당신은 열심히 공부했다. 하지만 롤스는 묻는다. 똑똑하게 태어난 것은? 유전자 복권이다. 공부를 격려하는 가정에서 자란 것은? 환경의 우연이다. 노력할 수 있는 성실함조차? 유전과 양육의 결과다. 롤스는 『정의론』에서 이렇게 쓴다.

"자연적 재능의 분포도, 사회적 출발점도 정의롭지도 부정의하지도 않다. 이것들은 단지 자연적 사실일 뿐이다. 정의롭거나 부

정의한 것은 제도가 이러한 사실들을 다루는 방식이다."

—『정의론』 섹션 17

무슨 뜻인가? 당신이 재능을 가지고 태어난 것 자체는 도덕적으로 중립이다. 하지만 사회가 그 재능을 어떻게 다루느냐는 도덕적 문제다.

- 옵션 1: 재능 있는 자가 모든 것을 가진다. 나머지는 불운을 탓해라.
- ⇒ 롤스: 부정의하다. 재능은 우연의 산물인데, 왜 우연이 모든 것을 결정하는가?

- 옵션 2: 재능 있는 자가 더 많이 받을 수 있다. 하지만 그것이 재능 없는 자에게도 이익이 될 때만.
- ⇒ 롤스: 정의롭다. 재능을 "공동 자산common asset"으로 보고, 그 이익을 나눈다.

이것이 차등의 원칙의 철학적 기초다. 노력은 어떤가? "하지만 노력은 다르지 않은가? 나는 열심히 일했다!" 롤스는 여기서도 한 걸음 더 나간다. 노력할 수 있는 능력조차 운이라고. 노력하는 성향은 어디서 오는가? 성실한 부모 밑에서 자랐거나, "노력하면 된다"는 믿음을 배웠거나 포기하지 않는 끈기를 가지고 태어나거나. 이것들도 당신이 선택한 게 아니다. 당신에게 주어진 것이다. 마이클 샌델Michael Sandel은 이를 "도덕적 운moral luck"의 문제라고 불렀다. 우리는 자신이 통제할 수 없는 것들로 평가받는다.

반론: 그럼 아무도 칭찬받을 자격이 없는가?

·········

이것은 극단적으로 들린다. 롤스는 모든 성취를 부정하는가? 아니다. 롤스는 두 가지를 구분한다:

도덕적 가치moral worth: 개인은 여전히 칭찬받을 만하다. 노력한 사람은 존경받아야 한다.

배분적 정의distributive justice: 하지만 사회의 부를 배분할 때, 우리는 운과 재능의 임의성을 고려해야 한다.

롤스는 재능을 빼앗자는 게 아니다. 재능의 결과를 일부 공유하자는 것이다. 왜? 그 재능이 "공동 자산"이기 때문이다.

"자연적 재능의 분포는 공동의 자산으로 간주될 수 있으며, 이 사실이 가져오는 이익은 무엇이든 공유되어야 한다."

─『정의론』 섹션 17

무지의 베일 테스트

....

롤스의 사고실험을 오늘의 현실에 적용하면 많은 논쟁이 새롭게 보인다.

상속세 논쟁에서 부자는 말한다. "내가 번 돈인데 왜 세금을 많이 내야 하지?" 하지만 무지의 베일 뒤에서 다시 생각하면? 당신이 부자가 아니라 가난한 집에서 태어날 수도 있다. 상속세는 교육과 복지로 재투자되어 기회의 평등을 보장한다. 당신이 어느 집에 태어나든 대학에 갈 수 있고, 병원에 갈 수 있고, 꿈을 꿀 수 있다. 의료보험 논쟁에서 건강한 사람은 말한다. "나는 병이 없는데 왜 보험료를 내야 하지?" 하지만 무지의 베일 뒤에서 당신이 선천적 질병이나 사고를 안고 태어났다면? 보편적 의료보험은 생명을 지탱하는 안전망이다. 당신이 어떤 몸으로 태어나든 치료받을 권리가 있다.

교육 기회의 문제에서도 누군가는 말한다. "나는 노력해서 명문 대에 갔다." 하지만 노력조차 할 수 없는 환경에서 태어났다면? 공부할 시간도 없이 가족을 먹여 살려야 했다면? 학원은커녕 교과서도 살 돈이 없었다면? 공정한 교육 제도는 '노력의 결과'를 가능하게 하는 출발선의 평등을 만드는 최소한의 조건이다.

사회 정책에 대한 의견을 낼 때, 먼저 자신이 가장 불리한 위치에 있다고 상상하라. 그래도 그 정책을 지지하는가? 그것이 진정한 공정함의 테스트다.

우파 자유지상주의: 노직의 소유권 이론

....

로버트 노직Robert Nozick은 『무정부, 국가, 유토피아』(1974)에서 롤스의 재분배 과세를 부분적 노예제라고 정면 비판했다. 만약 다른 사람들이 당신의 노동 소득 일부에 권리를 가진다면, 그들은 당신을 부분적으로 소유하는 셈이기 때문이다. 노직의 대안은 최소 국가minimal state다. 국가는 치안, 국방, 계약 집행만 해야 한다. 재분배는 개인의 자유를 침해한다. 여기에 롤스는 다시 반론을 제시한다. 재능은 오롯이 당신의 소유가 아니다. 그것은 유전과 환경이라는 우연의 산물이다. 당신이 똑똑하게 태어난 것은 당신의 공로가 아니다. 사회가 그 우연의 일부를 나누는 것은 정의다. 둘 다 일리가 있다. 노직은 개인의 자유와 소유권을 강조했고 롤스는 사회적 공정함과 연대를 강조한 것이다. 어느 쪽이 옳은가? 당신의 가치관에 달려 있다.

좌파 평등주의: 아직도 불충분하다

·········

마르크스주의자들과 급진적 평등주의자들은 반대편에서 비판한다. "롤스는 여전히 너무 많은 불평등을 허용한다. 차등의 원칙으로는 부자와 빈자의 격차를 충분히 줄일 수 없다." 제럴드 코헨[G.A. Cohen]은 물었다. "차등의 원칙은 실제로 평등을 만드는가, 아니면 불평등을 정당화하는가?" 더 급진적인 이들은 말한다. "자본주의 체제 자체가 문제다. 롤스의 정의론은 체제 내부의 수리를 말할 뿐, 근본적 변혁은 아니다." 롤스는 다시 반론을 제시한다. 완전한 평등은 현실적으로 가능하지 않다. 그리고 바람직하지도 않다. 인센티브가 사라지면 사회 전체가 가난해진다. 차등의 원칙은 인센티브를 유지하면서도 가장 약자를 보호한다. 이것이 현실적으로 가능한 최선이다.

INSIGHT

정치적 논쟁에 휘말렸을 때, 롤스의 방법을 써보라. "만약 내가 반대편 입장이었다면?" 그 관점에서 세상을 보면, 이해가 시작된다.

당신의 선택

·········

당신은 내일 다시 태어난다. 하지만 어디로 태어날지 모른다. 한국일 수도, 방글라데시일 수도 있다. 서울 강남일 수도, 농촌 마을일 수도 있다. 건강한 몸일 수도, 불치병을 안고 있을 수도 있다. 이 무지 속에서 당신은 어떤 사회를 원하는가? 롤스는 우리에게 이 질문을 던진다. 그리고 이 질문 자체가 우리를 더 나은 사람으로 만든다. 무지의 베일 뒤에서는 이기심이 사라진다. 왜? 누가 이익을 볼지 모르니까. 남는 것은 오직 공정함뿐이다. 진정한 공정함은 "내가 저 사람의 입장이라면?"이라는 질문에서 시작된다. 그 질문이 정의의 시작이자, 더 나은 사회로 가는 첫 걸음이다.

롤스 더 읽기

- 『정의론』 20세기 정치철학의 기념비   난이도 ★★★★☆
- 『정치적 자유주의』 다원주의 사회의 정의   난이도 ★★★★☆
- 『공정으로서의 정의: 재서술』 롤스 자신의 정리   난이도 ★★★☆☆

John Rawls

벤담의 공리주의 vs 칸트의 의무론

좋은 결과가 나쁜 방법을 정당화하는가

03

1789년, 칸트가 『실천이성비판』을 출간한 직후, 벤담은 『도덕과 입법의 원리 서설』을 썼다. 두 철학자는 서로를 몰랐다. 하지만 그들의 사상은 정면충돌했다. 한쪽은 "절대 거짓말하지 마라"고 했고, 다른 쪽은 "더 많은 행복을 만든다면 거짓말해도 된다"고 했다. 누가 옳은가? 트롤리가 달린다. 브레이크가 고장 났다. 선로 위에 다섯 명이 있다. 레버를 당기면 한 명만 죽는다. 당신은 어떻게 할 것인가? 이것은 추상적 질문이 아니다. 우리는 매일 작은 트롤리 딜레마를 마주한다. 거짓말로 사람을 살릴 수 있다면? 소수를 희생시켜 다수를 구할 수 있다면? 원칙을 깨뜨려 더 나은 결과를 만들 수 있다면? 이 장에서 배울 것은 공리주의나 의무론의 교리가 아니다. 결과와 원칙 사이에서 균형을 잡는 법, 상황에 따라 어느 쪽을 우선할지 판단하는 법, 그리고 도덕적 선택의 무게를 감당하는 법이다. 벤담과 칸트 사이 어디쯤, 당신만의 윤리적 지점을 찾아야 한다.

트롤리 딜레마

시속 100km로 달리는 트롤리(노면 전차)의 브레이크가 고장 났다. 선로 위에 다섯 명의 인부가 작업 중이다. 이대로 가면 모두 치여 죽는다. 당신 옆에 레버가 있다. 당기면 트롤리가 다른 선로로 전환된다. 고개를 돌려 그쪽 선로를 본다. 한 명의 인부가 서 있다. 레버를 당기면 다섯 명 대신 한 명이 죽는다. 5초 안에 결정해야 한다. 레버를 당길 것인가, 당기지 않을 것인가? 대부분의 사람은 "당긴다"고 답한다. 다섯 명보다 한 명이 낫다. 간단한 계산이다. 5 > 1. 명확하다.

다리 위의 구

하지만 상황을 조금 바꿔보자. 이번에는 당신이 다리 위에 서 있

다. 아래로 브레이크 고장 난 트롤리가 돌진한다. 선로 위에 다섯 명의 인부가 있다. 당신 옆에 거구의 남자가 한 명 서 있다. 만약 그를 밀어 떨어뜨리면 트롤리가 멈춰 다섯 명이 산다. 다섯 명을 구하기 위해 한 명을 희생시킨다는 계산은 같다. 5 > 1. 하지만 이번에는 어떤가? 대부분의 사람은 "안 민다"고 답한다. 왜? 결과는 같은데 느낌이 다르다. 첫 번째는 레버를 당기는 것이고, 두 번째는 사람을 직접 밀어 죽이는 것이다. 이 차이 속에 18세기 두 철학자의 근본적인 대립이 숨어 있다.

고통과 쾌락의 배

....

1789년, 영국의 철학자 제러미 벤담은 『도덕과 입법의 원리 서설』첫 문장을 이렇게 시작한다.

"자연은 인류를 두 명의 지배자, 즉 고통pain과 쾌락pleasure 아래에 두었다. 우리가 무엇을 해야 하는지 지시하고, 우리가 무엇을 할 것인지 결정하는 것은 오직 이 둘뿐이다."

─『도덕과 입법의 원리 서설』

벤담의 논리는 명쾌하다.

1. 좋은 것 = 쾌락을 증가시키거나 고통을 감소시키는 것
2. 나쁜 것 = 쾌락을 감소시키거나 고통을 증가시키는 것
3. 옳은 행동 = 최대 행복을 만드는 행동
4. 그름 행동 = 행복을 감소시키는 행동

이것을 공리주의라고 부른다. "최대 다수의 최대 행복"이라는 유명한 표어로 요약된다.

쾌락 계산법Felicific Calculus

벤담은 행복을 과학적으로 측정하려 했다. 그는 쾌락의 7가지 차원을 제시했다:

1. 강도Intensity: 얼마나 강한 쾌락인가?

2. 지속^{Duration}: 얼마나 오래 가는가?

3. 확실성^{Certainty}: 발생할 확률은?

4. 근접성^{Propinquity}: 얼마나 빨리 오는가?

5. 다산성^{Fecundity}: 다른 쾌락을 낳는가?

6. 순수성^{Purity}: 고통이 섞이지 않는가?

7. 범위^{Extent}: 몇 명에게 영향을 주는가?

—『도덕과 입법의 원리 서설』

이 7가지를 계산하면 어떤 행동의 총 효용^{total utility}을 계산할 수 있다는 것이다.

지갑을 주웠다

·········

길에서 지갑을 주웠다. 10만 원이 들어있다. 두 가지 선택이 있다.

- 선택 A: 주인에게 돌려준다:

  주인은 돈을 찾아서 큰 기쁨 (+100점),

  당신은 좋은 일을 한 만족감 (+10점).

총 +110점.

- 선택 B: 가져간다:

  당신은 돈을 얻어 기쁘다 (+50점),

  하지만 주인은 돈을 잃어 슬프다 (-100점).

총 -50점.

공리주의의 기준으로는 A가 옳다. 더 많은 순 행복을 만들어내니까.

트롤리 딜레마의 공리주의적 해답

·········

다시 트롤리로 돌아가자.

- 레버를 당기지 않는다:

  다섯 명 죽음: -500점

총합: -500점

- 레버를 당긴다:

  한 명 죽음: -100점

다섯 명 생존: +500점

총합: +400점

명확하다. 레버를 당겨야 한다. 5 > 1. 거구의 남자를 미는 것도 마찬가지다. 계산은 같다. 따라서 밀어야 한다. 벤담에게 행위 자체의 성격은 중요하지 않다. 중요한 것은 오직 결과뿐이다.

시대적 배경: 산업혁명과 사회 개혁

....

벤담은 단순한 철학자가 아니었다. 그는 급진적 사회 개혁가였다. 18세기 영국은 혼란스러웠다. 산업혁명이 진행 중이었고, 도시는 팽창했으며, 빈부격차는 심화되었다. 낡은 법들은 비합리적이었고, 귀족들의 특권은 만연했다. 벤담은 물었다. "법의 목적은 무엇인가?" 그는 대답했다. "최대 행복." 그는 구체적 개혁을 제안했다.

- 형법 개혁: 고문과 가혹한 처벌 폐지. 왜? 더 많은 고통을 만들 뿐, 효과가 없으니까.
- 여성 투표권: 남성과 여성의 행복은 동등하다. 따라서 투표권도 동등해야 한다.
- 동성애 비범죄화: 합의된 사적 행위는 타인에게 해를 끼치지 않는다. 따라서 처벌할 이유가 없다.

- 동물 권리: 동물도 고통을 느낀다. 따라서 그들의 고통도 계산에 넣어야 한다.

당시 이것들은 매우 급진적인 주장이었지만 모두 공리주의 원칙에서 논리적으로 도출된다. 벤담은 『도덕과 입법의 원리 서설』에서 이렇게 말한다.

"문제는 그들이 이성을 가졌는가가 아니다. 그들이 말을 할 수 있는가도 아니다. 그들이 고통받을 수 있는가이다."

INSIGHT

오늘 당신이 내린 결정들을 떠올려보라. 각 결정이 만들어낸 행복과 고통을 계산해보라. 당신 혼자만이 아니라 영향받은 모든 사람의 것을. 공리주의자는 항상 이렇게 생각한다.

원칙이 결과를 압도한다

·········

칸트가 등장한다. 그가 세운 도덕의 기초는 벤담과 정반대 방향에서 출발했다. 결과는 중요하지 않다. 오직 원칙만이 중요하다. 트롤리 딜레마로 돌아가자. 공리주의자는 레버를 당긴다. 다섯을 살리기 위해 한 명을 희생시킨다. 하지만 칸트주의자는 당기지 않는다.

왜? 칸트의 정언명령 챕터에서 배웠던 정언명령의 두 번째 정식을 기억하는가?

> "인간을 결코 수단으로만 대하지 말고, 항상 동시에 목적으로 대하라."
>
> —『도덕 형이상학 정초』

레버를 당기는 순간, 당신은 그 한 명을 다섯 명을 구하기 위한 수단으로 취급하는 것이다. 그 사람도 자신의 목적과 존엄성을 가진 인간이다. 당신이 계산에 집어넣을 수 있는 숫자가 아니다. 거구의 남자를 미는 경우는 더 명백하다. 그를 트롤리를 멈추는 도구로 사용하는 것이다. 칸트는 단호하다. 절대 안 된다. 그 사람의 동의 없이 그를 수단으로 쓸 수 없다.

행위와 허용의 구분

....

"하지만 다섯 명이 죽는데요!" 공리주의자가 항변한다. 칸트는 답한다. "그것은 불행한 일이다. 하지만 당신이 한 명을 죽인 것과는 다르다." 칸트주의는 행위doing와 허용allowing을 구분한다.

- 행위: 당신이 직접 행동해서 나쁜 결과를 만든다

- 예: 한 명을 죽이기 위해 레버를 당긴다

- 도덕적 책임: 크다

- 허용: 당신이 행동하지 않아서 나쁜 결과가 일어나게 둔다

- 예: 다섯 명이 죽도록 내버려 둔다

- 도덕적 책임: 작거나 없다

이것은 직관적으로 이해된다. 당신이 누군가를 죽이는 것과 누군가가 죽는 것을 막지 못하는 것은 다르다. 하지만 공리주의자는 반박한다. "결과가 같으면 도덕적으로 같다. 다섯 명이 죽는 것은 다섯 명이 죽는 것이다. 당신이 행동했든 안 했든."

장기를 나눠주는 의사

병원에 다섯 명의 환자가 있다. 각각 심장, 폐, 간, 신장 두 개가 필요하다. 장기를 못 구하면 모두 죽는다. 그때 건강한 청년이 검진을 받으러 온다. 완벽하게 건강하다. 의사는 생각한다.

"이 사람을 죽여서 장기를 나눠주면 다섯 명을 살릴 수 있다."

공리주의적 계산으로는 명확하다. 1 < 5. 따라서 장기를 적출해야 한다. 하지만 당신은 "절대 안 된다"고 외친다. 왜? 직관적으로 이것은 끔찍한 일이다. 칸트는 설명한다. 그 청년은 자발적으로 동의하지 않았다. 그를 다섯 명을 구하는 수단으로 쓰는 것은 그의 존엄성을 짓밟는 것이다. 인간은 거래할 수 있는 상품이 아니다.

공리주의자의 변명

....

공리주의자는 이것을 어떻게 해결하는가?

- 전략 1: 간접 효과를 고려하라

  "만약 병원이 이런 일을 한다는 것이 알려지면? 아무도 병원에 안 갈 것이다. 의료 시스템이 붕괴한다. 장기적으로 더 큰 고통을 만든다."

하지만 반론이 제시된다. "만약 비밀로 할 수 있다면? 아무도 모르면 장기적 효과도 없다. 그럼 괜찮은가?"

- 전략 2: 규칙 공리주의

  "개별 행위가 아니라 규칙을 평가하라. '환자를 강제로 장기 적출한다'는
  규칙은 전체적으로 행복을 감소시킨다."

하지만 다시 반론이 제시된다. "그럼 당신은 더 이상 순수 공리
주의자가 아니다. 규칙을 따르는 것은 칸트적 요소다." 논쟁은 계속
된다.

돼지와 소크라테스

....

존 스튜어트 밀John Stuart Mill, 1806-1873은 벤담의 제자였지만 스승의
이론에 불만이 있었다. 벤담의 공리주의는 쾌락의 양만 계산한다.
하지만 밀은 물었다. "모든 쾌락이 같은가?" 밀은 『공리주의』에서 유
명한 구절을 썼다.

"만족한 돼지보다 불만족한 인간이 낫다. 만족한 바보보다 불만
족한 소크라테스가 낫다."

밀의 주장은 쾌락에도 질적 차이가 있다는 것이다.

- 하위 쾌락 lower pleasures: 신체적, 감각적 쾌락

  - 음식, 성관계, 편안함

  - 동물도 누릴 수 있다

  - 강도는 높지만 지속이 짧다

- 상위 쾌락 higher pleasures: 지적, 도덕적, 심미적 쾌락

  - 철학, 예술, 우정, 자선

  - 인간만 누릴 수 있다

  - 강도는 낮아 보이지만 지속적이고 깊다

밀의 테스트는 양쪽을 모두 경험한 사람에게 물어보는 것이다. 대부분은 상위 쾌락을 선호한다. 당신은 평생 쾌적한 방에서 좋은 음식을 먹고, 편안하게 잘 수 있다. 대신 책도 읽지 못하고, 친구도 없고, 아무 성취도 없다. 선택하겠는가? 대부분은 거부한다. 왜? 인간

은 단순한 쾌락 기계가 아니기 때문이다.

경험 기계 Experience Machine

....

철학자 로버트 노직Robert Nozick은 1974년에 사고실험을 제시했다. 당신을 가상현실에 연결하는 기계가 있다. 그 안에서 당신은 완벽한 삶을 산다. 모든 소원이 이뤄진다. 모든 경험이 최적화된다. 기계 속 세계라는 사실조차 잊고 최대의 쾌락을 느낀다. 단, 그것은 모두 환상이다. 연결하겠는가? 대부분은 거부한다. 왜? 우리는 단순히 쾌락을 원하는 게 아니라, 진짜 삶을 원한다. 진짜 성취, 진짜 관계, 진짜 의미를. 이것은 벤담식 공리주의의 문제를 보여준다. 행복의 양만으로는 충분하지 않다.

규칙 공리주의

....

밀은 이번엔 규칙 공리주의를 제안했다. 개별 행위가 아니라 규칙이 전체적으로 행복을 극대화해야 한다는 것이다. 예를 들어 "거짓말하지 마라"는 규칙이 장기적으로 사회 전체의 신뢰와 행복을 유지한다. 따라서 일시적으로 불편해도 이 규칙을 지키는 것이 결국 더 큰 행복을 낳는다. 이것은 칸트의 원칙과 벤담의 계산을 연결하려는 시도였다.

효과적 이타주의

피터 싱어^{Peter Singer}는 현대 공리주의의 가장 영향력 있는 옹호자다. 그의 유명한 사고실험이 있다. 당신이 출근길에 연못을 지나간다. 아이가 익사하고 있다. 뛰어들면 구할 수 있다. 하지만 비싼 옷이 망가진다. 당신은 뛰어들 것인가? 당연하다. 옷값보다 생명이 중요하다. 싱어는 묻는다: "그럼 아프리카의 굶주리는 아이는?" 당신이 스타벅스 커피 값 5천 원을 기부하면 말라리아 모기장을 살 수 있다. 그것으로 아이의 생명을 구할 수 있다. 도덕적으로 차이가 있는가? 없다. 둘 다 작은 비용으로 생명을 구하는 것이다. 효과적 이타주의 운동은 이렇게 주장한다. "기부할 돈이 있으면 최대 효과를 내는 곳에 써라", "개 보호소보다 말라리아 퇴치가 더 많은 생명을 구한다", "감정이 아니라 데이터로 결정하라" 비판자들은 이것이 너무 계산적이고 인간적 연결과 지역 공동체를 무시한다고 이야기 한다. 하지만 다시 반론한다. "그것은 특권의 사치다. 진짜 고통받는 사람들에게 당신의 '인간적 연결' 느낌은 중요하지 않다. "

타협의 길

현대 사회는 두 관점을 모두 사용한다. 법 체계는 대체로 칸트적이다. "살인하지 마라" "훔치지 마라"는 예외가 없다. 결과가 좋다고 해서 정당화되지 않는다. 하지만 정책 결정은 대체로 공리주의적이다. 비용편익분석을 하고, 최대 다수에게 이익이 되는 선택을 한다. 개인의 삶에서도 마찬가지다. 가까운 관계에서는 칸트가 옳다. 친구를 수단으로 쓰지 않는다. 거짓말하지 않는다. 약속을 지킨다. 이것이 신뢰를 만든다. 하지만 큰 그림의 결정에서는 공리주의가 필요하다. 한정된 자원을 어디에 쓸지, 누구를 도울지, 무엇을 우선할지. 결과를 계산해야 한다. 철학자 버나드 윌리엄스의 윤리학에 따르면, 도덕은 계산만도 아니고 규칙만도 아니다. 그것은 판단이다.

다음에 어려운 윤리적 결정을 내릴 때 두 질문을 모두 하라. "이것이 만들어낼 결과는 무엇인가?"(벤담) "이것이 사람을 수단으로 쓰는 것은 아닌가?"(칸트) 두 질문의 답이 같은 방향을 가리키면 선택하라. 다르면 더 깊이 생각하라.

트롤리는 여전히 달린다

·········

당신은 여전히 그 자리에 있다. 레버는 여전히 당신 손에 있다. 결정은 당신이 내려야 한다. 3초가 흘렀다. 이제 2초가 남았다. 당신은 레버를 당길 것인가? 정답은 없다. 벤담은 당기라고 한다. 칸트는 당기지 말라고 한다. 둘 다 설득력 있는 이유가 있다. 중요한 것은 당신이 어떤 이유로 선택하느냐다. 만약 당긴다면, 그 한 명의 죽음에 대해 책임을 져야 한다. "더 많은 사람을 구했으니까"라는 정당화가 있더라도, 당신은 누군가를 죽인 것이다. 만약 당기지 않는다면, 다섯 명의 죽음을 지켜봐야 한다. "나는 죽이지 않았으니까"라는 위안이 있더라도, 당신은 구할 수 있었던 사람들을 구하지 않은 것이다. 어느 쪽이든 무게가 있다. 어느 쪽이든 고통이 따른다. 그것이 도덕적 존재로 산다는 것의 무게다.

매일의 작은 트롤리 딜레마

·········

우리는 매일 작은 트롤리 딜레마를 마주한다. 결과를 택할 것인가, 원칙을 택할 것인가. 유연할 것인가, 엄격할 것인가. 벤담과 칸트 사이 어디쯤에 답이 있다. 당신의 일상에서, 당신의 선택에서, 당신만의 균형점을 찾아라. 그것이 당신의 윤리다. 완벽한 답은 없다. 하지만 신중한 고민은 있다. 그것이 철학이 주는 것이다.

아리스토텔레스의 중용

과함과 모자람 사이에 답이 있다

04

Aristoteles Stagirites

플라톤이 이상세계의 절대적 선을 말했다면, 그의 제자 아리스토텔레스는 땅으로 내려왔다. 그는 묻지 않았다. "완벽한 선이란 무엇인가?" 대신 이렇게 물었다. "이 구체적인 상황에서, 이 특정한 사람에게, 지금 적절한 행동은 무엇인가?" 추상적 이상이 아니라 실천적 지혜. 아리스토텔레스처럼 생각한다는 것은 "이게 정답이야"가 아니라 "이 상황에서는 이것이 적절해"라고 판단할 수 있는 안목을 기르는 것이다.

회식 자리의 두 사람

....

금요일 저녁 회식이다. 술자리가 무르익는다. 팀장이 말한다.

"자, 이제 한 명씩 돌아가면서 하고 싶은 말 해봐요."

김 대리가 일어선다. "저는... 정말 이 팀이 자랑스럽습니다. 팀장님의 리더십 아래서 일할 수 있어서 영광입니다. 여러분 모두 최고입니다!" 그는 눈물까지 글썽인다. 팀원들은 박수를 친다. 하지만 옆 사람이 속삭인다. "또 시작이네. 저번에도 똑같은 소리 했잖아." 박 대리 차례다. 그는 일어나서 말한다. "저는 별로 할 말이 없는데요. 그냥 일 열심히 하겠습니다." 앉는다. 팀장이 미간을 찌푸린다. "그게 다야? 좀 더 솔직하게 얘기해봐." 박 대리는 고개를 숙인다. "정말 할 말이 없는데요." 두 사람 모두 문제다. 김 대리는 과하다. 지나친 아첨, 과도한 감정 표현. 진심으로 들리지 않는다. 박 대리는 부족하다. 무뚝뚝함, 과도한 과묵. 관계를 쌓을 기회를 놓친다. 그렇다면 적절한 태도는 무엇일까? 기원전 4세기, 그리스의 철학자 아리스토텔레스Aristoteles, 기원전 384-322는 그 답을 알고 있었다.

전쟁터의 두 병사

고대 그리스 전장. 한 병사가 적진을 향해 미친 듯이 돌진한다.
그것도 혼자서 아무 계획 없이. 동료들이 소리친다. "돌아와! 죽어!"
하지만 그는 계속 달린다. 결국 적의 화살에 맞아 죽는다. 다른 전장,
한 병사가 진영 뒤에 숨어 있다.

전투가 벌어진다. 동료들이 싸운다. 그는 움직이지 않는다. 너무
무섭다. 결국 아군이 패배한다. 그도 죽는다. 아리스토텔레스는 묻
는다. "이 두 사람 중 누가 용감했는가?" 둘 다 아니다. 첫 번째는 무

모했다. 두 번째는 비겁했다. 진짜 용기는 그 사이 어딘가에 있다. 용감한 군인은 어떻게 하는가? 두려움을 느낀다. 하지만 그것에 압도되지 않는다. 상황을 판단한다. 동료들과 협력한다. 필요할 때 위험을 무릅쓴다. 필요하지 않을 때는 후퇴한다. 극단과 극단 사이의 균형점, 이것이 덕이다.

플라톤을 넘어서

....

아리스토텔레스는 기원전 4세기 그리스의 철학자였다. 그는 플라톤의 제자였지만 스승 플라톤과는 달랐다. 플라톤은 이상적 형상의 세계를 말했지만, 아리스토텔레스는 현실 세계를 관찰했다. 인간의 행동을 연구했다. 그가 아들 니코마코스에게 바친 『니코마코스 윤리학Ethika Nikomacheia』은 "어떻게 살아야 하는가?"에 대한 실천적 안내서다. 이 책은 추상적 이론이 아니다. 아테네의 귀족 청년들이 실제로 덕 있는 시민이 되도록 교육하기 위해 쓰였다.

아리스토텔레스는 이렇게 쓴다.

"모든 덕은 중간이다."

—『니코마코스 윤리학』

덕의 수학적 구조

....

아리스토텔레스는 덕을 수학처럼 분석했다. 모든 덕은 두 악덕 사이에 있다.

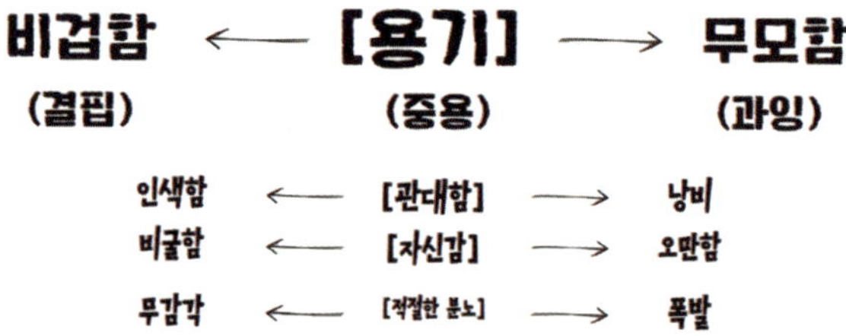

이것은 단순한 비유가 아니다. 아리스토텔레스는 인간의 성품을 정밀하게 측정 가능한 것으로 본 것이다. 활쏘기를 상상해보라. 과녁 중앙을 맞추는 것이 목표다. 너무 위로 쏘면(과잉) 빗나간다. 너무 아래로 쏘면(결핍) 역시 빗나간다. 정확히 중앙을 맞추는 것(중용), 이것이 가장 어렵다.

메소테스의 정확한 의미

....

여기서 중요한 구분이 있다. 중용^{mesotes}은 산술적 중간이 아니다. 2와 10의 중간은 누구에게나 6이다. 하지만 아리스토텔레스가 말한 중용은 상대적 중간이다.

"중간은 모든 것에, 모든 사람에게 같지 않다."

—『니코마코스 윤리학』

올림픽 선수 밀론^{Milon}의 식사량을 예로 든다. 체육 교사가 운동선수에게 음식을 준다면, 초보자에게 6마나(약 3kg), 밀론에게 6마나를 주는 것은 어리석다. 밀론은 더 많이 필요하다. 마찬가지로 회복 중인 환자에게 밀론만큼 먹이는 것도 어리석다. 상황에 따라, 사람에 따라, 시기에 따라 중용은 달라진다. 이것이 아리스토텔레스 윤리학의 핵심이다. 절대적 규칙이 아니라 실천적 판단. 스승 플라톤은 절대적 선(善)의 이데아를 말했다. 모든 곳에, 모든 시대에 통하는 완벽

한 선. 하지만 아리스토텔레스는 말한다. 그 자체로 선한 것은 없다. 구체적 상황에서의 적절함만 있다. 화를 예로 들어보자. 누군가 당신을 모욕했다. 세 가지 반응이 가능하다.

- 결핍: 아무 반응도 안 한다. "괜찮아요." 참는다. 삭인다. 이것은 덕이 아니다. 비굴함이다. 자신을 지키지 못하는 것이다.
- 과잉: 폭발한다. 소리를 지른다. 물건을 던진다. 상대방을 모욕한다. 이것도 덕이 아니다. 분노의 노예가 된 것이다.
- 중용: 단호하지만 침착하게 말한다. "당신의 그 말은 부적절합니다. 사과해 주시기 바랍니다." 자신을 지키되 통제력을 잃지 않는다. 이것이 적절한 분노다.

아리스토텔레스는 스토아 철학자들과 달리 감정 자체를 부정하지 않았다. 문제는 감정의 강도와 타이밍이다. 올바른 일에, 올바른 대상에게, 올바른 방식으로, 올바른 때에 화를 내는 것. 그것이 덕이다.

내면과 외면의 조화

....

더 깊이 들어가면, 아리스토텔레스는 각 덕마다 '올바른 감정'과 '올바른 행동'을 모두 요구한다. 진짜 관대한 사람은 주면서 기쁨을 느낀다. 억지로 주는 게 아니다. 진짜 용감한 사람은 올바른 것을 두려워하고 올바른 것을 무릅쓴다. 『니코마코스 윤리학』에서 그는 관대한 사람의 특징을 설명한다.

"기쁨으로 또는 고통 없이 주는 사람이 관대한 사람이다. 그러나 고통스럽게 주는 사람은 고귀한 행위보다 재물을 선호하는 것이니, 이것은 관대한 사람의 특징이 아니다."

자선 행사에서 거액을 기부한다. 주변 사람들이 박수친다. 하지만 그 사람은 속으로 이렇게 생각한다. "이 돈이 아깝다. 하지만 평판을 위해서는 어쩔 수 없지." 이것은 관대함이 아니다. 관대한 '척'이다. 진짜 관대한 사람은 어떤가? 돈을 주면서 기쁨을 느낀다. "이 돈으로 누군가 도움받겠구나" 하고 만족한다. 행동만이 아니라 감정까지 일치할 때 비로소 덕이다.

"올바르게 행동했는가"뿐 아니라 "올바른 감정을 느꼈는가"를 물어라. 억지로 친절하게 굴었는가, 아니면 진심으로 친절하고 싶었는가? 전자는 아직 덕이 아니다. 후자가 진정한 덕이다. 습관이 감정까지 바꿀 때 비로소 성품이 된다.

아레테는 타고나지 않는다

·········

아리스토텔레스의 가장 혁명적 주장이다. 덕arete, 탁월함은 타고나는 게 아니다. 만들어지는 것이다.

"윤리적 덕들은 먼저 활동함으로써 우리가 얻는 것이다."

—『니코마코스 윤리학』

아침에 일어나 양치한다. 이를 닦는 행위에 대해 생각하는가? 아니다. 그냥 한다. 처음 이를 닦을 때는? 서툴렀다. 부모가 가르쳐줬다. 수백 번, 수천 번 반복했다. 이제는? 생각 없이도 완벽하게 한다. 아리스토텔레스는 명확하게 말한다.

"우리는 정의로운 행동을 함으로써 정의로워지고, 절제하는 행동을 함으로써 절제력 있는 사람이 된다."

—『니코마코스 윤리학』

목수가 되려면 나무를 깎아야 한다. 피아니스트가 되려면 건반을 쳐야 한다. 좋은 사람이 되려면 좋은 행동을 해야 한다. 처음에는 억지다. "친절해야지" 하고 의식적으로 노력한다. 하지만 백 번, 천 번 반복하면? 자연스러워진다. 친절이 당신의 본성이 된다. 즉, 제2의 본성second nature을 스스로 만든 것이다. 역으로도 작동한다. 화를 한 번 낸다. 쉽게 풀린다. 뇌가 기억한다. 다음에 비슷한 상황이 오면? 화내기가 더 쉽다. 10번, 100번 반복하면 결국 "화를 잘 내는 사람"이 된다. 타고난 게 아니다. 만든 것이다.

66일 법칙을 활용하라. 연구에 따르면 평균적으로 새로운 습관이 자동화되는 데 66일이 걸린다. 원하는 사람이 되고 싶은가? 그 사람의 행동을 66일간 반복하라. 첫 3주가 가장 힘들다. 버텨라. 6주차부터 쉬워진다. 10주차에는 당신이 된다.

중용은 정점이다

....

활쏘기로 돌아가자. 과녁 중앙을 맞추는 것, 이것이 가장 어렵다. 아리스토텔레스는 이렇게 말한다:

"본질과 정의에 따르면 중용은 중간이지만, 최선과 훌륭함에 있어서는 정점이다."

—『니코마코스 윤리학』

평범한 게 아니다. 최고다. 극단으로 가는 것은 쉽다. 화를 폭발시키기도, 꾹 참기도 쉽다. 하지만 정확히 적절한 강도로, 적절한 방식으로, 적절한 때에 반응하는 것? 이것은 예술이다.

실천적 지혜, 프로네시스

....

스무 살 청년이 있다. 똑똑하다. 책을 많이 읽었다. 철학, 심리학, 경영학. 그는 조언한다. "인생은 이렇게 사는 거예요. 관계는 이렇게 하는 거고요." 오십 대 중반의 사람이 듣는다. 미소 짓는다. "그래, 책에는 그렇게 나와 있지." 하지만 속으로 생각한다. '아직 몰라. 살아봐야 알아.' 중용을 어떻게 찾는가? 아리스토텔레스는 '프로네시스phronesis', 즉 실천적 지혜를 말했다. 이것은 이론적 지식episteme과 다르다. 이론적 지식은 보편적이다. "물은 섭씨 100도에서 끓는다." 누구에게나, 언제나 같다. 하지만 실천적 지혜는 상황적이다. "이 회의에서 이 문제를 제기해야 하나?" 상황마다, 사람마다 답이 다르다.

의사를 생각해보자. 의대에서 배우는 것은 이론이다. "이 증상은 이 병이다." 하지만 실제 진료실에서는? 같은 증상이 다른 병일 수 있다. 환자의 나이, 병력, 생활 습관에 따라 다르다. 숙련된 의사는 직관적으로 안다. "이 환자는 뭔가 다르다." 이것이 실천적 지혜다. 좋은 리더도 마찬가지다. 경영학 교과서는 이론을 가르친다. "동기부여는 이렇게" "의사결정은 저렇게" 하지만 실제 조직에서는? 언제 엄격해야 하고 언제 관대해야 하는지, 언제 밀어붙여야 하고 언제 기다려야 하는지는 책에 없다. 경험으로 배운다.

칸트와의 대비

....

칸트와 대비하면 명확하다. 칸트는 말한다. "보편적 원칙을 따르라. 거짓말하지 마라. 예외 없이." 정언명령이다. 아리스토텔레스는 다르다. "상황을 보라. 대부분의 경우 정직하라. 하지만 나치가 당신 집에 숨은 유대인을 찾는다면? 거짓말하라." 원칙보다 판단이 우선이다. 이것이 바로 실천적 지혜다. 상황 속에서 인간에게 진정으로 좋은 것이 무엇인지 판단하는 능력.

INSIGHT

멘토를 찾아라. 프로네시스는 경험에서 나오지만, 다른 사람의 경험에서도 배울 수 있다. 당신이 가려는 길을 이미 간 사람, 그리고 그 과정에서 중용을 체득한 사람. 그들을 관찰하라. 그들에게 물어라. "이런 상황에서 어떻게 판단하셨나요?" 책은 원칙을 주지만, 멘토는 판단력을 준다.

덕의 우정을 향하여

....

아리스토텔레스는 우정philia을 세 단계로 나눴다. 분류가 아닌 깊이의 단계다.

첫째, 이익의 우정^{philesis chresimon}. 서로에게 유용하기 때문에 친구다. 비즈니스 파트너, 같은 프로젝트를 하는 동료. 나쁘지 않다. 하지만 이익이 끝나면 관계도 끝난다. 프로젝트가 끝나면 연락이 끊긴다.

둘째, 즐거움의 우정^{philesis hedonon}. 함께 있으면 재미있기 때문에 친구다. 술친구, 게임 친구, 운동 친구. 이것도 괜찮다. 하지만 취향이 바뀌면 관계도 바뀐다. 더 이상 술을 안 마시면? 연락이 뜸해진다.

셋째, 덕의 우정^{philesis aretes}. 서로의 인격을 존중하고, 서로의 성장을 돕기 때문에 친구다. 이것이 진정한 우정이다. 이익이 없어도, 즐거움이 없어도 관계가 유지된다. 왜? 상대방 그 자체를 가치 있게 여기니까.

> "완전한 우정은 선하고 덕에서 비슷한 사람들의 우정이다."
>
> —『니코마코스 윤리학』

현대 사회는 1단계와 2단계 우정이 넘친다. SNS 친구는 대부분 이익의 우정이다. 서로의 게시물에 좋아요를 누르는 호혜적 관계. 술친구는 즐거움의 우정이다. 함께 시간을 보내면 즐겁다. 하지만 3단계 우정은 드물 수 밖에 없다. 왜? 시간이 많이 걸리기 때문이다. 진정한 우정은 오랜 시간과 경험이 필요하다. 덕의 우정에서 친구는 서로의 성품을 거울처럼 반영한다. 따라서 좋은 친구는 당신의 결점을 그를 통해 인식하게 돕고, 판단보다는 서로의 성장을 지원한다.

행복이라는 목적

·········

금요일 저녁, 퇴근한다. 친구가 묻는다. "주말에 뭐 해?" "그냥 쉬려고." "왜?" 이상한 질문이다. "쉬어야 월요일에 일하니까." "왜 일해?" "돈 벌려고." "왜 돈 벌어?" "살려고." "왜 살아?" 여기서 질문이 멈춘다. 더 이상 "왜?"를 물을 수 없다. 이것을 아리스토텔레스는 최종 목적telos이라고 불렀다. 우리가 모든 것을 위해 추구하지만, 그 자체를 위해서는 다른 것을 추구하지 않는 것. 그 최종 목적이 무엇인가? 에우다이모니아eudaimonia. 보통 '행복'으로 번역되지만, 더 정확하게는 '번영하는 삶' 또는 '인간으로서 잘 기능하는 것'이다.

더 흥미로운 것은 관조적 삶이다. 아리스토텔레스는 말했다. 최고의 행복은 이성을 사용하는 데 있다. 진리를 탐구하는 것, 아름다움을 감상하는 것, 의미를 찾는 것. 이것이 인간의 가장 고유한 기능이다. 왜? 동물도 먹고 번식한다. 하지만 철학하는 것은 인간만 한다. 인간의 탁월함, 즉 '아레테'는 이성의 탁월한 사용이다. 그래서 가장 행복한 사람은 철학자다. 그리고 지금 이 책을 손에 든 당신, 스스로 생각하고 질문하며 배움을 선택한 당신도 이미, 아리스토텔레스가 말한 행복의 길 위에 서 있는 사람이다.

엘리트주의?

아리스토텔레스의 철학에도 한계점은 있다. 아리스토텔레스의 윤리학은 교육받은 귀족을 위한 것이었다. 그는 노예와 여성을 완전한 도덕적 주체로 보지 않았다. 21세기 기준으로 보면 명백히 문제가 있다. 또한 실천적 지혜, 즉 '프로네시스'는 오랜 시간과 교육을 필요로 한다. 가난한 사람, 교육받지 못한 사람은 어떻게 하나? 그들은 덕을 가질 수 없는가? 아리스토텔레스는 덕 윤리를 '최상선 = 관조적 삶'과 엮었기 때문에 실제로 다음 조건이 필요하다.

- 여가
- 교육
- 좋은 가정환경
- 정치 참여
- 일정 수준의 재산

즉 유휴시간과 교육이 있어야 덕을 기를 수 있다는 전제가 있다.

중용의 모호함

....

또 하나의 비판은 "도대체 중용이 어디인가?"다. 아리스토텔레스는 정확한 기준을 주지 않는다. "상황에 따라 다르다"고만 한다. 그럼 어떻게 알지? 임마누엘 칸트는 말했다. "보편적 원칙이 없으면 도덕이 아니다. 상황에 따라 달라지는 것은 단순한 기술일 뿐이다." 이것은 정당한 비판이다. 아리스토텔레스 윤리학은 정밀한 답을 주지 않는다. 하지만 그것이 목표가 아니었다. 그는 판단력을 기르는 법을 가르쳤지, 암기할 규칙을 주지 않았다.

균형의 예술

....

내일 아침, 당신은 다시 선택의 순간들을 마주한다. 너무 많이 일할 것인가, 너무 적게 일할 것인가. 너무 많이 말할 것인가, 너무 적게 말할 것인가. 너무 많이 쓸 것인가, 너무 적게 쓸 것인가. 과함과 모자람 사이, 그곳에 답이 있다. 활시위를 당기듯, 정확히 중앙을 겨눠라. 그것이 덕이고, 그것이 행복으로 가는 길이다.

- 『**니코마코스 윤리학**』 덕 윤리의 고전   난이도 ★★★★☆
- 『**정치학**』 개인의 덕에서 공동체의 덕으로   난이도 ★★★★☆
- 『**수사학**』 설득의 중용   난이도 ★★★☆☆
- 『**형이상학**』 존재론적 기초   난이도 ★★★★★

노자의 무위자연

애쓸수록 일이 꼬인다

05

老子

노자는 '비움(無)'에서 답을 찾았다. 역설적이게도, 아무것도 없는 것이 가장 쓸모 있다. 노자처럼 생각한다는 것은 "더 세게 밀어붙여야지"가 아니라 "어떻게 하면 힘을 덜 쓸 수 있을까?"를 묻는 것이다.

불면증의 역설

....

밤 11시. 당신은 침대에 누웠다. 내일 중요한 발표가 있다. "잠들어야 해. 7시간은 자야 컨디션이 좋을 텐데." 눈을 감는다. 하지만 잠이 안 온다. 시계를 본다. 11시 30분. "이러다 6시간 반밖에 못 자겠네." 더 초조해진다.

12시. 여전히 깨어 있다. "제발 잠들어야 해!" 억지로 눈을 감는다. 숨을 깊게 쉰다. 양을 센다. 하지만 뇌는 더 또렷해진다. 1시. 2시. 결국 거의 잠을 못 잔다. 다음날 발표는 엉망이다. 반대로 주말 오후, 소파에 누워 TV를 본다. 잘 생각이 전혀 없다. 그런데 어느새 잠들어 있다. 왜 자려고 애쓸 때는 안 되고, 신경 안 쓸 때는 저절로 될까?

역설적 의도의 발견

………

이 현상을 심리학에서는 역설적 의도^{paradoxical intention}라고 부른다. 빈 프랭클이 1929년 처음 명명한 개념이다. 의도가 강할수록 결과가 멀어지는 현상이다. 불면증 환자에게 "자지 마세요"라고 하면 오히려 잠이 온다. 하지만 기원전 6세기 중국의 노자는 이미 이것을 꿰뚫어 봤다. 그는 이것을 '무위자연(無爲自然)'이라는 개념으로 정리했다. 억지로 하지 않으면 자연스럽게 된다는 뜻이다.

춘추전국시대와 도가의 탄생

………

노자가 살던 시기는 춘추전국시대(기원전 770-221)였다. 끝없는 전쟁, 권력 투쟁, 혼란. 제후들은 더 많은 영토를 차지하기 위해 싸웠고, 철학자들은 "어떻게 하면 이 혼란을 끝낼 수 있는가?"를 고민했다. 유가(공자 학파)는 답했다. "도덕적 교육과 예의로." 묵가는 답했다. "보편적 사랑과 비공격으로." 법가는 답했다. "엄격한 법과 강력한 통치로." 하지만 노자는 다르게 접근했다. 모두가 "무엇을 해야 하는가"를 묻는데, 노자는 "무엇을 하지 말아야 하는가"를 물었다. 문제는 지나치게 많이 하는 것에 있다. 너무 많은 법, 너무 많은 욕망, 너무 많은 간섭. 해결책은 덜어내는 것이다.

물의 관찰

....

노자는 물을 관찰했다. 물이 흐르다 커다란 바위를 만난다. 물은 정면으로 부딪히지 않는다. 바위를 밀어내려 애쓰지도 않는다. 그냥 바위를 따라 돌아간다. 위로 넘기도 하고, 옆으로 비켜가기도 하고, 틈새로 스며들기도 한다. 당장은 바위가 이긴 것처럼 보인다. 단단하고 움직이지 않으니까. 하지만 백 년이 지나면? 바위에 구멍이 뚫린다. 천 년이 지나면 바위가 사라진다.

그랜드 캐니언은 콜로라도 강이 약 6백만 년에 걸쳐 암석을 침식해 만든 협곡이다. 부드러운 물이 단단한 바위를 이긴 것이다.

"천하에 물보다 부드럽고 약한 것이 없다. 그러나 단단하고 강한 것을 공격함에 있어 물을 이길 수 있는 것이 없다."

—『도덕경』

이것은 시적 표현이 아니라 실제 관찰이었다. 그리고 당신의 삶에도 적용된다. 프로젝트가 막혔다. 더 세게 밀어붙이면? 더 막힌다. 팀원들은 지치고, 실수가 늘고, 분위기가 나빠진다. 대신 잠시 멈추고 다른 각도를 보면? 의외로 해결책이 보인다. 물처럼 돌아가는 것이 정면돌파보다 빠를 때가 많다.

부드러움이 강함을 이긴다

....

이것을 노자는 유약승강(柔弱勝剛)이라고 불렀다. 부드럽고 약한 것이 단단하고 강한 것을 이긴다. 현대 물리학도 이를 뒷받침한다. 스트레스stress와 변형strain의 관계에서, 유연한 물질은 충격을 흡수하지만 딱딱한 물질은 부러진다.

> **INSIGHT**
>
> 이번 달에 당신이 "밀어붙인" 일이 있는가? 결과는? 대부분 저항만 키웠을 것이다. 다음에는 물의 전략을 써보라. 정면 대신 측면으로, 충돌 대신 우회로, 밀기 대신 흐르기. 놀랍게도 저항이 사라진다.

무(無)의 기능

....

노자는 또 하나의 역설을 제시한다. "비어 있어야 쓸모 있다." 무슨 뜻인가? 그릇을 보자. 그릇의 가치는 어디에 있나? 도자기 부분인가? 아니다. 빈 공간이다. 그 빈 공간에 물을 담고 밥을 담는다. 만약 그릇이 도자기로 꽉 차 있다면? 그것은 그릇이 아니라 그냥 도자기 덩어리다. 쓸모가 없다.

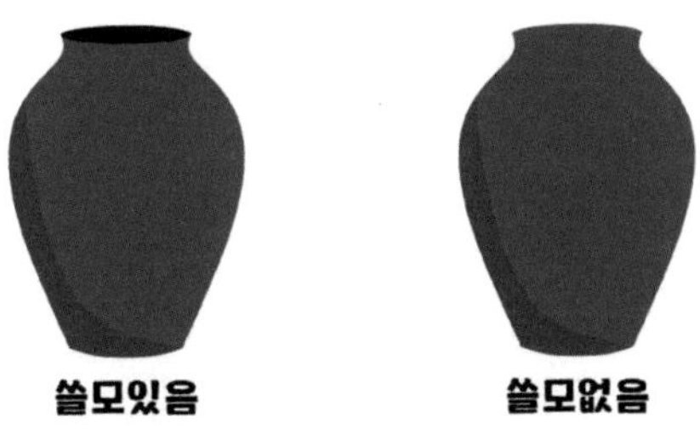

노자는 이렇게 결론내린다. "'있음(有)'은 이익을 주지만, '없음(無)'이 쓸모를 만든다." 이것은 당시로서는 급진적 사고였다. 대부분의 철학은 '존재하는 것'만 다뤘다. 노자는 '존재하지 않는 것'의 기능을 발견했다.

현대인의 과잉

·········

현대인은 '있음'만 추구한다. 더 많은 돈, 더 많은 물건, 더 많은 성취, 더 많은 일정. 달력은 회의로 꽉 차고, 집은 물건으로 넘치고, 머릿속은 걱정으로 가득하다. 그리고 말한다. "시간이 없어." "여유가 없어." 당연하다. 빈 공간이 없으니까. 2001년 신경과학자 마커스 레이클은 뇌가 아무것도 안 할 때 오히려 특정 영역들이 활발히 작동한다는 것을 발견했다. 이를 '디폴트 모드 네트워크^{Default Mode Network}'라고 부른다. 빈 시간에 뇌는 정보를 통합하고 창의적 연결을 만든다. 비움은 소극적 상태가 아니라 적극적 전략이다.

삶과 죽음의 관찰

....

노자는 삶과 죽음의 차이를 관찰했다. 『도덕경』 76장의 내용이다.

"사람이 살아있을 때는 부드럽고 약하지만, 죽으면 딱딱하고 강해진다. 풀과 나무가 살아있을 때는 부드럽고 연하지만, 죽으면 마르고 딱딱해진다."

이것은 생물학적 사실이기도 하다. 살아있는 근육은 유연하다. 죽으면 사후경직^{rigor mortis}으로 딱딱해진다. 살아있는 나무가지는 휘어진다. 죽으면 뻣뻣해져서 부러진다. 유연성은 생명의 표지다.

태풍과 갈대

....

태풍이 분다. 큰 나무는 바람을 정면으로 맞서다가 부러진다. 너

무 단단하고 뻣뻣하기 때문이다. 하지만 갈대는 다르다. 바람이 세게 불면 땅에 닿을 정도로 휘어지고, 태풍이 지나가면 다시 일어선다. 약해 보이지만 더 오래 버틴다. 부드러움이 강함을 이기는 이유다. 이 원리는 자연현상을 넘어 인간 행동 곳곳에서 반복된다. 동양 전통 무예(유도, 태극권, 합기도)의 흐름도 같은 통찰을 담고 있다. 힘을 힘으로 막지 않고, 상대의 힘을 받아 흘려보내는 방식이다. 정면으로 저항하면 충격이 고스란히 전해지지만, 측면으로 힘을 돌리면 상대는 균형을 잃는다. 저항을 줄일수록 오히려 상황을 통제하게 된다.

네 단계의 리더

. . . .

『도덕경』 17장에서 노자는 리더십을 네 단계로 구분했다.

- 최고의 리더: 사람들이 그의 존재만 안다.
- 그다음 리더: 사람들이 가까이하고 칭찬한다.
- 그다음 리더: 사람들이 두려워한다.
- 최악의 리더: 사람들이 업신여긴다.

왜 존재만 알고 있는 리더가 최고인가? 그는 간섭하지 않기 때문이다. 명령하지 않기 때문이다. 대신 좋은 환경을 만든다. 명확한 방향을 제시하고, 필요한 자원을 주고, 자율권을 준다. 그러면 팀원들이 스스로 움직인다. 일이 잘되면 팀원들이 말한다. "우리가 저절로 한 거야." 이것이 무위(無爲)의 리더십이다. 하지 않음으로써 모든 것을 이룬다.

덜어내는 것의 힘

. . . .

노자는 말한다.

"배움은 날마다 더하는 것이지만, 도를 실천함은 날마다 덜어내는 것이다. 덜고 또 덜어서, 마침내 무위에 이른다. 하지 않음이 없어서 하지 못함이 없다.”

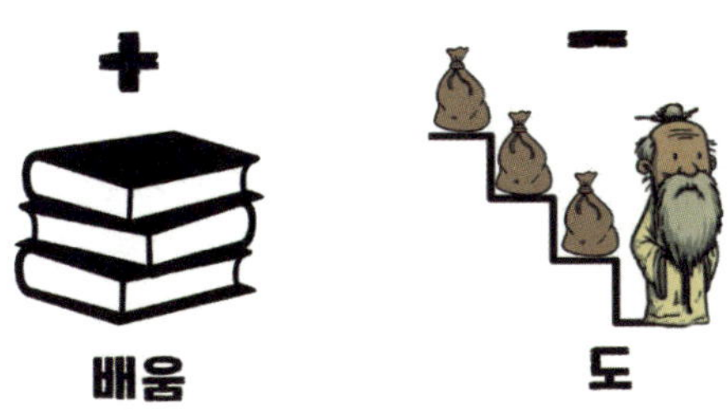

이것은 역설처럼 들린다. 하지 않는데 어떻게 모든 것을 하는가? 핵심은 불필요한 것을 제거한다는 뜻이다.

미켈란젤로의 조각론

·········

‘다비드상’을 만든 미켈란젤로는 조각을 대해 이렇게 말했다. “조각은 이미 돌 속에 있다. 나는 불필요한 부분을 제거할 뿐이다.” 노자와 정확히 같은 사고다. 예술은 더하는 게 아니라 빼는 것이다. 본질은 제거를 통해 드러난다.

결정 피로의 과학

·········

실제로 심리학의 결정 피로Decision Fatigue 연구는 선택지가 많을수록 결정의 질이 떨어진다는 것을 보여준다. 로이 바우마이스터[Roy Baumeister]의 2011년 연구에 따르면, 하루에 내리는 결정의 수가 많을수록 의지력이 고갈된다. 배리 슈워츠[Barry Schwartz]는 『선택의 역설』에서 선택지가 많을수록 행복도가 오히려 더 떨어진다고 주장했다. 24종류의 잼을 파는 가게보다 6종류만 파는 가게의 매출이 10배 높았다. 노자가 말한 '덜어내기'는 단순한 축소가 아니다. 불필요한 것을 비워 본질만 남기는 제거다. 가장 중요한 것을 드러내기 위해 나머지를 과감히 내려놓으라는 뜻이다. 집중을 흐리는 잡음이 사라지면, 비로소 무엇을 해야 할지가 선명해진다.

실용적 통찰 미니멀리즘은 노자의 무위사상과 깊이 닿아있다. 물건을 줄이면 선택이 줄어든다. 결정 피로가 줄어들고 정신적 공간이 생긴다. 한 달에 한 번, 당신의 삶에서 뭔가를 빼라. 안 입는 옷, 안 만나도 될 약속, 이루지 못할 목표. 비워야 새것이 들어온다.

싸움의 구조

....

싸움은 두 사람이 동시에 밀어붙일 때 생긴다. 한쪽이 밀고, 다른 한쪽도 밀어야 충돌이 일어난다. 노자는 이 점을 간파했다.

"성인은 다투지 않는다. 그러므로 천하에 누구도 그와 다툴 수 없다."

—『도덕경』

물의 전략

....

물은 이 원리를 완벽하게 보여준다. 칼로 물을 자를 수 있는가? 순간 갈라지지만 금세 다시 합쳐진다. 물은 맞서지 않고 저항하지 않기 때문에 상처도 남지 않는다. 대인 관계도 마찬가지다. 누군가 가 당신을 비난한다. 당신이 바로 반박하면? 싸움의 구조가 완성된 다. 상대는 더 세게 밀어붙이고, 감정은 커진다. 하지만 당신이 흘려 보내면? 승부 자체가 성립하지 않는다. 상대는 밀 공간을 잃고 스스 로 멈춘다. 현대 심리학은 이것을 '강화 중단extinction'이라고 부른다. 반응하지 않으면 공격은 동력을 잃는다. 이것은 비겁함이 아니다. 이겨도 남는 것이 없는 싸움에서 빠르게 빠져나오는 능력이다. 불필 요한 충돌을 만들지 않고, 에너지를 지켜야 할 곳에 남겨두는 선택 이다.

시간의 무위

....

"도는 항상 무위하지만, 이루지 못하는 것이 없다."

—『도덕경』

노자는 또 말한다. "자연은 서두르지 않는다. 그러나 그 흐름 속에서는 본래의 뜻이 자연스럽게 실현된다." 봄에 씨앗을 심는다. 다음날 싹이 나는가? 안 난다. 매일 파서 확인하면? 씨앗이 죽는다. 그냥 기다려야 한다. 물을 주고, 햇빛을 쬐게 하고, 기다린다. 그러면 어느 날 싹이 난다.

발묘조장(拔苗助長)의 우화

....

중국 고전 『맹자』에 나오는 유명한 우화다. 옛날 한 농부가 있었다. 논에 심은 벼가 너무 천천히 자라는 것 같았다. 조급해진 그는 매일 논에 가서 벼를 조금씩 잡아당겼다. 벼가 더 높아 보였다. 농부는 기뻐했다. 하지만 다음날 보니 벼가 다 죽어 있었다. 당신도 그렇게 하고 있지 않은가? 3일 운동하고 "왜 살이 안 빠지지?" 1주일 공부하고 "왜 실력이 안 늘지?" 성장에는 시간이 필요하다. 당신도 지금 뿌리를 내리고 있을지 모른다. 기다려라.

10,000시간의 법칙

....

말콤 글래드웰Malcolm Gladwell의 『아웃라이어』에서 제시한 10,000시간의 법칙을 보자. 전문가가 되려면 10,000시간의 연습이 필요하다. 하루 3시간씩 연습하면 약 10년이 걸린다. 노자는 2,500년 전에 이미 알고 있었다. 성장은 급하게 만들 수 없다. 물을 주고 기다려야 한다.

INSIGHT

당신이 지금 배우고 있는 것이 있는가? 시작한 지 얼마나 됐는가? 3개월 미만이라면, 아직 결과를 기대하기 이르다. 최소 6개월, 이상적으로는 2년을 기다려라. 씨앗은 지금 땅속에서 뿌리를 내리고 있다. 파보지 마라. 물만 주고 기다려라.

유가의 비판

....

공자와 맹자로 대표되는 유가는 노자의 무위를 "도덕적 방임"이라고 비판했다. 교육하지 않고, 가르치지 않고, 규범을 세우지 않으면 사회가 무너진다는 것이다. 실제로 노자는 학교, 법, 예의를 불필요한 인위(人爲)로 봤다. 하지만 현대 복잡한 사회에서 이런 제도 없이 어떻게 운영할 것인가?

아무것도 하지 않기?

가장 큰 오해는 "무위 = 아무것도 안 하기"다. 노자가 게으름을 찬양한다고 생각한다. 하지만 이것은 오독이다. 무위(無爲)는 억지로 하지 않음(不強爲)이지, 아무것도 안 함(不作爲)이 아니다. 자연의 흐름에 맞춰 행동하되, 흐름을 거스르지 않는 것이다. 물은 흐른다. 하지만 바위를 정면으로 밀지 않는다.

기다림의 지혜

애쓸수록 일이 꼬인다. 놓아야 이루어진다. 물이 되어 기다려라. 그러면 모든 것이 자연스럽게 흘러간다. "도는 항상 하지 않지만, 이루지 못하는 것이 없다." 당신도 그렇게 할 수 있다. 애쓰기를 멈추고, 흐름에 올라타라. 물이 바위를 이기는 법을 배워라.

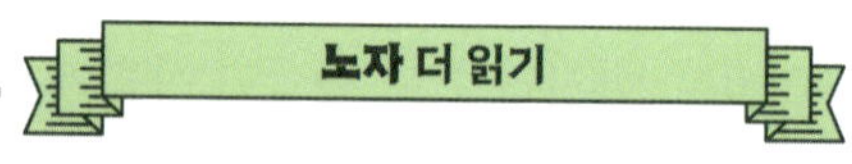

• 『도덕경(道德經)』 노자의 유일한 저작   난이도 ★★★★☆

Laozi

공자의
인(仁)

인간다움의 발견

06

孔子

아리스토텔레스가 그리스에서 덕의 기하학을 완성하기 약 150년 전, 중국에서는 공자가 '인(仁)'을 가르치고 있었다. 신기하게도 동서양이 독립적으로 같은 질문을 던졌다. "사람이 사람답게 산다는 것은 무엇인가?" 하지만 그들의 대답은 달랐다. 아리스토텔레스는 개인의 탁월함에서 시작했다. 용기, 절제, 지혜. 각각의 덕목을 정의하고 그 중용을 찾았다. 하지만 공자는 다르게 접근했다. 그는 추상적 덕목이 아니라 구체적 관계에서 시작했다. 부모와 자식, 스승과 제자, 친구와 친구. 인간다움은 이 관계들 속에서만 의미를 갖는다. 공자처럼 생각한다는 것은 "나는 어떻게 해야 하지?"가 아니라 "이 상황에서 상대방은 무엇을 필요로 할까?"를 묻는 것이다.

지하철에서 노인이 넘어졌다

·········

출근길 지하철, 사람들이 가득하다. 이때 갑자기 급정거하는 지하철. 한 노인이 중심을 잃고 넘어진다. 주변 사람들은 어떻게 하는가? 대부분은 본다. 그리고 망설인다. "내가 도와야 하나?" "다른 사람이 도와주겠지." "괜히 나섰다가 민폐 끼치는 건 아닐까." 몇 초가 지난다.

한 젊은이가 노인에게 다가가 일으켜 세운다. "괜찮으세요?" 다른 사람들은 안도한다. 동시에 약간의 부끄러움을 느낀다. 왜 대부분의 사람은 보고도 망설였을까? 왜 한 사람만 움직였을까? 그리고 왜 나머지 사람들은 부끄러움을 느꼈을까? 기원전 6세기, 공자는 이런 순간들에 주목했다. 그리고 하나의 질문을 던졌다. "인간을 인간답게 만드는 것은 무엇인가?" 그의 답이 바로 '인(仁)'이다.

춘추시대의 혼란과 공자의 꿈

....

공자가 살던 기원전 6-5세기는 춘추시대 말기였다. 주나라의 권위는 무너졌고, 제후들은 서로 싸웠다. 전쟁과 배신이 일상이었다. 전통적 질서는 붕괴했다. 귀족들은 더 이상 귀족답지 않았고, 신하들은 주군을 배신했다. 이런 혼란 속에서 공자는 묻는다. 무엇이 잘못된 것인가? 제도? 법? 아니다. 사람이 사람답지 않은 것이다. 그렇다면 어떻게 사람을 다시 사람답게 만들 수 있는가? 공자의 대답은 실용적이었다. 추상적 이상이 아니라 구체적 관계에서 시작하라. 법과 제도가 아니라 사람의 마음을 바꿔라.

인(仁): 두 사람 사이에서 피어나는 것

....

인(仁)이라는 글자를 보자. 사람 인(人)과 둘 이(二)가 합쳐져 있

다. 말 그대로 '사람 둘'이다. 인간다움은 혼자서는 존재할 수 없다. 타인과의 관계 속에서만 발현된다는 것이다. 무인도에 혼자 사는 사람을 생각해보자. 그에게는 선함도 악함도 없다. 친절할 대상도, 배려할 상대도 없다. 인간다움은 다른 사람이 있을 때 비로소 의미를 갖는다. 하루는 제자가 물었다. "인이란 무엇입니까?" 공자는 대답했다 "愛人(애인), 사람을 사랑하는 것이다." 그런데 흥미로운 점이 있다. 다른 제자가 같은 질문을 했을 때 공자는 전혀 다르게 대답했다. "인이란 무엇입니까?" "己所不欲 勿施於人(기소불욕 물시어인), 자기가 원하지 않는 것을 남에게 베풀지 마라." 왜 같은 개념을 다르게 설명했을까? 공자는 인을 교과서처럼 정의하지 않았다. 왜냐하면 인은 상황마다, 사람마다 다르게 나타나기 때문이다. 마치 물이 담기는 그릇에 따라 모양이 바뀌듯이.

오늘 당신이 만난 사람들을 떠올려보라. 각 사람과의 관계에서 "인간다움"은 어떻게 다르게 나타났는가? 부모에게는 효도, 친구에게는 신뢰, 동료에게는 협력. 같은 인이지만 다른 모습이다. 공자는 이미 알고 있었다. 덕은 관계 속에서만 구체화된다는 것을.

서(恕): 마음을 같게 한다는 것

....

제자 자공이 물었다. "평생 동안 실천할 수 있는 한 글자가 있습니까?" 공자가 대답했다. "서(恕)다! 자기가 원하지 않는 것을 남에게 베풀지 마라." 서(恕)라는 글자를 뜯어보자. 마음 심(心)과 같을 여(如). '마음을 같게 한다'는 뜻이다. 이것은 동양 윤리의 황금률이다. 서양 기독교의 황금률과 비교해보자.

- 적극적 형태 (예수): "남에게 대접받고자 하는 대로 남을 대접하라"
- 소극적 형태 (공자): "내가 싫은 것을 남에게 하지 마라"

차이가 보이는가? 예수는 적극적으로 선을 행하라고 한다. 공자는 소극적으로 악을 피하라고 한다. 왜 공자는 소극적 형태를 택했을까? 현실주의적 지혜다. 무엇이 상대에게 좋은지 우리는 완벽히 알 수 없다. 하지만 무엇이 싫은지는 안다. 내가 공개적으로 망신당하는 것이 싫다면, 남도 싫어할 것이다. 내가 무시당하는 것이 싫다면, 남도 싫어할 것이다.

회의 중이다. 상사가 당신 앞에서 다른 직원을 공개적으로 질책한다. 당신은 어떤 기분이 드는가? 불편하다. 왜? 내가 그런 상황에 처하고 싶지 않기 때문이다. 공자는 말한다. "바로 그거다. 네가 당하기 싫은 일을 남에게 하지 마라."

소극에서 적극으로

....

하지만 공자는 여기서 멈추지 않는다. 이번엔 더 적극적으로 확장한다.

"자기가 서고 싶으면 남을 세워주고, 자기가 이루고 싶으면 남을 이루어준다."

―『논어』

이 문장은 두 단계로 나눠볼 수 있다. 먼저 자기가 서고 싶다는 욕망을 인정한다.그리고 그 욕망을 타인에게로 확장한다. 나도 인정받고 싶다면, 먼저 남을 인정하라. 나도 성공하고 싶다면, 먼저 남의 성공을 도와라. 왜? 역지사지(易地思之)다. 입장을 바꿔 생각하면, 당신이 원하는 것을 남도 원한다.

예(禮): 마음을 담는 그릇

·········

"예의 바르게 행동하세요." 학교에서, 회사에서 수없이 듣는 말이다. 그런데 공자에게 예(禮)는 단순한 매너가 아니었다. 회의실에 들어간다. 상대방이 당신을 보고 일어나 악수를 청한다. 눈을 보며 인사한다. 이것은 왜 하는가? 법으로 정해져 있어서? 아니다. 상대방을 존중하기 때문이다. 내면의 존중이 외면의 행동으로 드러나는 것. 이것이 예다. 공자는 말했다.

> "예가 아니면 보지 말고, 예가 아니면 듣지 말고, 예가 아니면 말하지 말고, 예가 아니면 움직이지 마라."
>
> —『논어』

강하게 들린다. 하지만 공자는 형식주의자가 아니었다. 다른 곳에서 그는 이렇게 말한다.

"사람이 사람답지 않으면 예가 무슨 소용인가?"

—『논어』

즉, 마음 없는 형식은 공허하다. 하지만 형식 없는 마음은 전달되지 않는다. 마음과 행동이 일치할 때 비로소 예가 성립한다.

현대적 이해: 소셜 스킬

....

오늘날 우리는 이것을 "소셜 스킬"이라고 부른다. 당신은 상대방을 존중한다. 하지만 눈도 마주치지 않고, 인사도 대충 하고, 약속 시간에 늦는다면? 상대방은 당신의 존중을 느끼지 못한다. 반대로 당신이 마음으로는 경멸하지만 완벽하게 예의를 갖춘다면? 상대방은 뭔가 이상함을 느낀다. 진정성이 없다. 공자가 말한 "사람이 사람답지 않으면 예가 무슨 소용인가"가 바로 이것이다.

INSIGHT

이번 주에 중요한 만남이 있는가? 두 가지를 점검하라. 첫째, 내 마음은 진정으로 상대를 존중하는가? (인) 둘째, 그 존중이 구체적 행동으로 드러나는가? (예) 시간 엄수, 경청, 적절한 질문. 이것들은 마음을 담는 그릇이다.

효(孝): 가까운 곳에서 시작하라

....

공자는 현실주의자였다. "모든 인류를 사랑하라"는 추상적 구호를 외치지 않았다. 대신 물었다. "부모에게 잘하고 있는가?"

"효와 제(형제간의 우애)가 인을 실천하는 근본이다."

—『논어』

왜 부모부터인가? 가장 가까운 관계이기 때문이다. 부모도 제대로 대하지 못하는 사람이 어떻게 남을 제대로 대하겠는가? 이것은 일종의 '차등적 사랑'이다. 서양의 보편적 사랑agape과 대비된다. 기독교는 "이웃을 네 몸과 같이 사랑하라"고 한다. 모든 사람을 똑같이. 하지만 공자는 다르다. 모든 사람을 똑같이 사랑하는 것이 아니라, 가까운 사람을 더 사랑하되 그 사랑을 점점 확장하는 것이다.

부모 → 형제 → 친구 → 이웃 → 동료. 동심원처럼 퍼져나간다. 진화심리학자 로빈 던바는 인간이 의미 있는 관계를 유지할 수 있는 한계가 약 150명이라고 밝혔다. 그 이상은 추상적 원칙이 필요하다. 공자는 이미 알고 있었다. 70억 인류를 사랑하라는 명령은 공허하다. 대신 오늘 부모에게 전화하고, 동료를 도와주고, 이웃에게 인사하라. 이것이 인의 시작이다.

비판과 반론: 묵자의 겸애

공자의 동시대인 묵자(墨子)는 이것을 비판했다. "차등적 사랑은 차별이다. 모든 사람을 똑같이 사랑해야 한다(겸애)." 공자는 반론한다. 현실적으로 불가능하다. 당신은 길에서 마주치는 모든 사람을 가족처럼 사랑할 수 있는가? 없다. 그렇다면 그 이상을 추구하다가 가장 가까운 사람조차 소홀히 하지 말라. 가까운 곳에서 시작해서 점점 확장하라.

INSIGHT

당신, 오늘은 부모님에게 전화했는가? SNS에서 모르는 사람의 불행에 분노하면서, 옆방 가족에게는 짜증낸 적이 있지 않은가? 공자는 이것을 위선이라고 본다. 가까운 곳부터 시작하라. 그것이 진정성이다.

군자(君子): 신분이 아니라 태도

....

원래 군자(君子)는 '임금의 아들', 즉 귀족을 뜻하는 말이었다. 태어날 때부터 정해진 신분이었다. 하지만 공자는 이 개념을 혁명적으로 바꿨다. 군자를 신분이 아닌 덕과 태도로 정의한 것이다.

"군자는 그릇이 아니다."

—『논어』

그릇은 정해진 용도가 있다. 밥그릇은 밥만 담고, 물컵은 물만 담는다. 하지만 군자는 고정된 역할에 갇히지 않는다. 군자는 어떤 상황에서든 적절하게 대응할 수 있는 사람이다. 공자가 그린 군자의 모습을 보자. "군자는 화합하되 부화뇌동하지 않는다." 다른 의견을 존중하되 자기 신념을 잃지 않는다. "군자는 자신에게서 구하고, 소인은 남에게서 구한다." 문제를 남의 탓으로 돌리지 않는다. "군자는 의로움을 알고, 소인은 이익을 안다.” 옳은 것을 하려 하지, 이익을 먼저 계산하지 않는다. 당신 회사의 CEO를 생각해보라. 그가 군자인가? 직급이 높다고 군자가 아니다. 자기 자리에서 최선을 다하고, 타인을 존중하고, 옳은 일을 하려는 사람. 그가 군자다. 말단 직원도 군자가 될 수 있고, CEO도 소인이 될 수 있다.

오늘 당신은 군자처럼 행동했는가? 세 가지를 점검하라. (1) 다수 의견에 휩쓸리지 않고 자기 판단을 했는가? (2) 문제가 생겼을 때 남 탓을 하지 않았는가? (3) 옳은 일과 이익이 충돌할 때 옳은 일을 선택했는가?

반복으로 자연스러움을 만들다

·········

『논어』의 첫 문장이다.

“배우고 때때로 익히면 기쁘지 아니한가.”

공자는 인이 타고나는 것이 아니라고 봤다. 물론 기본 경향성은 있다. 맹자는 말한다. “어린아이가 우물에 빠지려는 것을 보면 누구나 저절로 측은한 마음을 느낀다.” 이처럼 도덕적 감정의 씨앗은 타고난다. 하지만 공자는 이것을 실제 행동으로 발전시키려면 학습과 훈련이 필요하다고 봤다. 신경과학은 이를 뒷받침한다. 반복된 행동은 뇌의 구조를 바꾼다.(신경가소성) 지하철에서 노인에게 자리를 양보한다. 처음에는 "해야 하나 말아야 하나" 망설인다. 하지만 백 번 하면? 자동으로 일어선다. 생각할 필요가 없다. 이것이 진정한 인이다. 억지가 아니라 자연스러움. 공자 자신도 평생 배웠다. 그는 자신의 인생을 이렇게 요약한다.

> "나는 열다섯에 학문에 뜻을 두었고, 서른에 섰고, 마흔에 흔들
> 리지 않았고, 쉰에 하늘의 뜻을 알았고, 예순에 귀로 들으면 순해
> 졌고, 일흔에 마음이 하고 싶은 대로 해도 규칙을 넘지 않았다."
>
> —『논어』

마지막 구절이 핵심이다. 마음이 하고 싶은 대로 해도 규칙을 넘지 않는다. 70년 배우고 익혀서 마침내 자연스럽게 옳은 일을 하게 된 것이다. 인은 목적지가 아니라 여정이다. 완성이 아니라 과정이다.

당신의 선택

....

내일 아침 지하철을 탄다. 노인이 넘어진다. 당신은 어떻게 할 것인가? 공자가 원한 것은 복잡한 이론이 아니었다. 망설이지 않고 도

울 수 있는 사람. 그 순간 "해야 하나 말아야 하나"를 고민하지 않는 사람. 그냥 일어서는 사람. 인은 거창한 게 아니다. 오늘 부모에게 전화하고, 동료의 말을 진심으로 경청하고, 약속을 지키고, 잘못했을 때 사과하는 것. 이 작은 행동들이 쌓여 당신을 사람답게 만든다. 공자는 묻는다.

"사람이 사람답지 않으면 예가 무슨 소용인가? 사람이 사람답지 않으면 음악이 무슨 소용인가?"

—『논어』

기술이 발전하고 AI가 등장해도 변하지 않는 것. 사람을 사람답게 만드는 것. 그것이 인이다.

공자 더 읽기

- 『논어(論語)』 공자와 제자들의 대화록   난이도 ★★☆☆☆
- 『맹자(孟子)』 공자 사상의 계승과 발전   난이도 ★★★☆☆

에피쿠로스의 쾌락주의

더 얻으려 하지 말고 덜 원하라

07

Epicurus

에피쿠로스처럼 생각한다는 것은
"더 가지려면 어떻게 해야 하지?"가 아니라
"덜 원하면 어떻게 될까?"를 묻는 것이다.

억만장자와 정원사

실리콘밸리의 한 억만장자가 있다. 저택은 10개, 슈퍼카는 20대, 프라이빗 제트기도 있다. 그런데 그는 매일 밤 수면제를 먹는다. 주가가 떨어질까 봐, 경쟁사가 치고 올라올까 봐, SNS에서 누가 자신을 비난할까 봐. 그의 하루 일정표는 15분 단위로 빽빽하다. 스케줄 관리자만 3명이다. 그는 행복한가?

같은 도시 외곽, 한 정원사가 있다. 작은 집에서 산다. 아침에 일어나 텃밭을 가꾼다. 점심은 직접 키운 채소로 만든다. 오후에는 오래된 친구들과 차를 마시며 이야기한다. 저녁에는 책을 읽다가 해가 지면 잔다. 그는 행복한가?

불안의 시대

·········

기원전 341년, 에피쿠로스(기원전 341-271)는 그리스 아테네 인근 사모스 섬에서 태어났다. 알렉산더 대왕이 죽고, 그리스 세계는 혼란에 빠져 있었다. 전통적인 폴리스(도시국가) 체제가 무너지고, 개인들은 거대한 제국의 톱니바퀴가 되었다. 사람들은 물었다. "어떻게 살아야 하는가?" 플라톤과 아리스토텔레스는 덕[arete]을, 스토아학파는 이성을 제시했다. 에피쿠로스의 대답은 달랐다. "쾌락을 추구하라." 청중은 술렁였다. "쾌락이라고? 그럼 매일 술 마시고 방탕하게 살자는 거야?" 하지만 기원전 306년 아테네 외곽에 세워진 에피쿠로스의 정원을 방문한 사람들은 놀랐다. 그곳은 금욕적이었다. 간소한 식사, 정원 가꾸기, 철학 토론. "이것이 쾌락주의?" 에피쿠로스는 메노이케우스에게 보낸 편지에서 이렇게 썼다:

"빵과 물만 있다면, 나는 행복에서 제우스와 겨룰 수 있다."

— 에피쿠로스, 『바티칸 격언집』

쾌락주의자가 빵과 물로 만족한다? 여기에 모든 것이 숨어 있다. 에피쿠로스는 쾌락을 재정의했다.

아타락시아와 아포니아

....

"쾌락"이라는 단어를 들으면 무엇이 떠오르는가? 미식, 명품, 여행, 파티. 더 많이, 더 자극적으로, 더 화려하게. 에피쿠로스는 고개를 젓는다. "그건 쾌락이 아니라 중독이다." 에피쿠로스가 말한 쾌락은 두 가지다.

- 아타락시아^{ataraxia}: 마음의 평온, 혼란 없는 상태
- 아포니아^{aponia}: 몸의 고통 없음

에피쿠로스는 『메노이케우스에게 보내는 편지』에서 이렇게 정의한다.

"쾌락이란 몸의 고통과 영혼의 혼란이 없는 상태다."

즉, 무언가를 더하는 것이 아니라 빼는 것이다. 고통과 불안을 제거하는 것이 쾌락이다. 배가 고프다. 음식을 먹는다. 배고픔이 사라진다. 이것이 쾌락이다. 하지만 배가 부른 상태에서 더 먹으면? 고통이다. 목이 마르다. 물을 마신다. 갈증이 해소된다. 쾌락이다. 하지만 필요 이상 마시면? 고통이다.

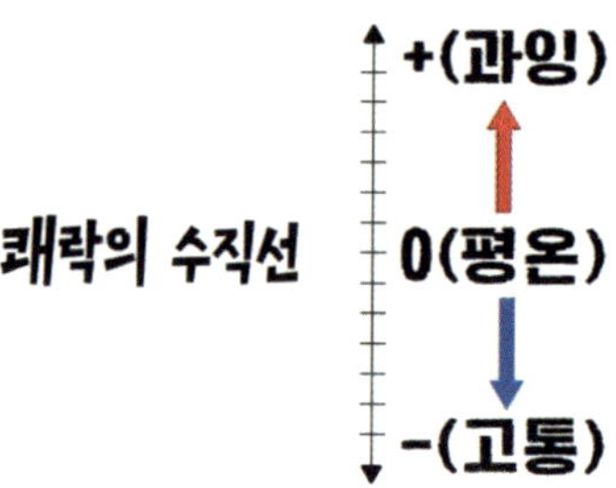

진짜 쾌락은 '0'이 되는 것이다. 마이너스(고통)에서 플러스(과잉)로 가는 것이 아니라, 마이너스를 0으로 만드는 것. 0이 완벽한 상태다. 에피쿠로스는 이것을 "정적 쾌락katastematic pleasure"이라 불렀다. 변화가 없는 안정된 상태의 즐거움. 반면 "동적 쾌락kinetic pleasure"은 욕구를 채우는 과정의 즐거움이다. 에피쿠로스는 전자를 더 높이 평가했다. 억만장자와 정원사를 다시 보자. 억만장자는 끊임없이 더 많은 것을 추구한다. 주가, 경쟁, 평판. 그는 마이너스를 0으로 만드는 것이 아니라, 플러스를 더 큰 플러스로 만들려 한다. 이것은 끝이 없다. 반면 정원사는? 그는 필요한 것을 가지고 있다. 음식, 쉴 곳, 친구. 고통이 없다. 불안이 없다. 그는 이미 0에 도달했다. 그리고 그것이 완벽한 상태다.

INSIGHT

다음번에 무언가를 사고 싶을 때 자신에게 물어보라. 이것이 고통을 제거하는 것인가, 아니면 과잉을 더하는 것인가? 전자는 쾌락이고, 후자는 집착이다.

욕망의 해부도

....

에피쿠로스는 욕망을 세 단계로 분류했다.

1. 자연적이고 필수적인 욕망

음식, 물, 잠, 추위를 피하는 것, 고통의 제거. 이것들은 생존에 필수적이다. 다행히 채우기 쉽다. 빵 한 조각, 물 한 잔, 따뜻한 옷 한 벌이면 충분하다.

2. 자연적이지만 필수적이지 않은 욕망

맛있는 음식, 부드러운 침대, 예쁜 옷, 성적 쾌락. 있으면 좋지만 없어도 살 수 있다. 오히려 위험하다. 기준이 올라가기 때문이다. 처음 고급 레스토랑에 간다. 감동이다. 두 번째도 좋다. 열 번째는? 그냥 그렇다. 백 번째는? 지겹다. 이제 미슐랭이 아니면 만족 못 한다. 이것을 심리학에서는 '쾌락 적응hedonic adaptation'이라 부른다. 좋은 것에 익숙해지면 그것이 새로운 기준이 되고, 더 좋은 것을 찾게 된다.

3. 자연적이지도 필수적이지도 않은 욕망

명예, 권력, 부, 명성, 사회적 지위. 에피쿠로스는 단호하다. "이것들을 아예 피하라." 왜? 채울 수 없기 때문이다. 백억이 있는 사람에게 물었다. "얼마나 있어야 만족하나요?" "백억 더요." 천억이 있으면? "천억 더요." SNS 팔로워 1만 명이 있으면 10만 명을 원하고, 10만 명이 있으면 100만 명을 원한다. 이웃이 벤츠를 사면 내 아반떼가 초라해 보인다. 동료가 승진하면 내 자리가 작아 보인다. 비교는 끝이 없고, 욕망도 끝이 없다.

에피쿠로스는 이것을 "헛된 의견에서 나온 욕망empty opinions"이라 불렀다. 그것들은 자연에서 오지 않는다. 사회에서, 타인의 시선에서, 비교에서 온다. 그리고 그것들은 당신을 영원히 불행하게 만든다.

당신의 욕망 목록을 세 가지로 분류해보라. 필수적인 것, 있으면 좋은 것, 비교에서 나온 것. 그리고 세 번째 목록을 과감히 지워라. 남들이 가졌다는 이유만으로 원하는 것들. 그것들을 포기하는 순간 당신은 자유로워진다.

두려움의 정체

....

에피쿠로스가 보기에 인간을 불행하게 만드는 것은 욕망만이 아니었다. 더 깊은 곳에 진짜 범인이 숨어 있었다. 바로 두려움이다. 욕망은 증상이고, 두려움은 병의 뿌리다. 왜 사람들은 끝없이 부를 쫓는가? 죽음이 두렵기 때문이다. 왜 명예에 집착하는가? 잊히는 것이 두렵기 때문이다. 두려움을 제거하지 않으면 욕망도 사라지지 않는다. 특히 두 가지 두려움이 문제였다.

첫째, 죽음에 대한 공포

하지만 에피쿠로스의 처방은 냉철하다. 『메노이케우스에게 보
내는 편지』에서 그는 이렇게 말한다.

"죽음은 우리와 아무 상관이 없다. 왜냐하면 우리가 존재할 때
죽음은 없고, 죽음이 있을 때 우리는 없기 때문이다."

논리는 완벽하다. 당신이 태어나기 전 수십억 년 동안 당신은 없
었다. 불편했는가? 고통스러웠는가? 아니다. 당신이 없었으니까. 죽
음 이후도 마찬가지다. 당신이 없으면 고통도 없다. 감각도 없다. 슬
픔도 없다.

[과거] —————— [현재] —————— [미래]

나는 없었다   나는 있다   나는 없을 것이다

(고통 없음)   (존재)   (고통 없음)

"하지만 사랑하는 사람들을 못 보는 게 슬프잖아요." 에피쿠로스
는 답한다. "슬픔을 느끼려면 당신이 존재해야 한다. 당신이 없으면
슬픔도 없다." 고통스러운 것은 죽음이 아니라 '죽음에 대한 생각'이

다. 죽음 자체는 당신에게 아무 해도 끼치지 못한다. 왜냐하면 당신이 경험할 수 없으니까.

둘째, 신에 대한 공포

기원전 3세기 그리스인들은 신들이 인간을 감시하고 벌준다고 믿었다. 제우스의 번개, 포세이돈의 폭풍, 하데스의 지옥. 사람들은 신의 분노를 두려워하며 살았다. 에피쿠로스는 이것을 거부한다. 그는 신이 존재하지 않는다고 말하지 않았다. 오히려 그는 신이 있을 수도 있다고 인정한다. 하지만 이렇게 주장했다.

"신은 축복받고 불멸하는 존재다. 축복받은 존재는 스스로 아무 고통도 없고, 다른 이에게도 고통을 주지 않는다. 따라서 신은 분노나 호의에 사로잡히지 않는다."

— 에피쿠로스, 「Principal Doctrines, Kuriai Doxai」

신이 완벽하다면 아무것도 필요 없다. 그러니 화낼 이유도 기뻐할 이유도 없다. 따라서 당신을 감시할 이유도, 벌할 이유도 없다. 신은 먼 곳에서 평온하게 존재한다. 당신과는 무관하게. 따라서 두려워할 필요가 없다.

현대인은 신 대신 무엇을 두려워하는가? 타인의 시선. 실패의 낙인. SNS 댓글. 사회적 평판. "내가 이렇게 하면 사람들이 뭐라고 할까?" "실패하면 모두가 나를 비웃을까?" 에피쿠로스라면 이렇게 말할 것이다. "그것들이 당신의 평온을 깨뜨린다면 과감히 버려라. 정원으로 들어와라."

정원이라는 해답

에피쿠로스의 정원은 마치 작은 유토피아 같았다. 남자와 여자, 자유인과 노예, 그리스인과 외국인이 함께 생활했다. 당시로서는 상상할 수 없는 일이었다. 그들은 무엇을 했을까? 간단한 식사, 철학 토론, 정원 가꾸기, 그리고 우정. 에피쿠로스는 말했다.

"모든 우정은 그 자체로 바람직하다. 하지만 우정은 효용에서 시
작된다."

—『바티칸 격언집』

왜 우정인가? 고독은 불안을 낳는다. 혼자 있으면 걱정이 커진
다. 하지만 친구들과 있으면? 두려움이 줄어든다. 웃음이 나온다. 세
상이 덜 무섭다. 하버드대학의 80년 종단연구가 이를 입증했다. 행
복을 결정하는 가장 큰 요인은 돈도 명예도 아닌 '좋은 관계'였다. 외
롭게 사는 부자보다 친구들과 함께하는 가난한 사람이 더 행복했다.
에피쿠로스는 2,300년 전에 이미 알고 있었다. 정원은 외로움의 해
독제였다.

INSIGHT

이번 주에 오래된 친구에게 연락해보라. 근황을 물어보고, 함께 저녁을 먹자고 제안
하라. 화려한 레스토랑이 아니어도 좋다. 에피쿠로스가 발견한 것처럼, 진정한 쾌락
은 음식의 가격이 아니라 함께하는 사람에게서 나온다.

단순함의 역설

에피쿠로스는 이렇게 말했다. "빵과 물로 사는 사람은 제우스만
큼 행복하다. 가끔 치즈 한 조각을 먹을 때면 제우스보다 행복하다."
평소에 간소하게 살면 작은 사치가 거대한 기쁨이 된다. 하지만 평

소에 호화롭게 살면 더 큰 사치도 시시해진다. 매일 1만 원짜리 커피를 마시는 사람에게 그 커피는 특별하지 않다. 당연한 것이다. 하지만 평소에 1천 원짜리 커피를 마시는 사람이 가끔 1만 원짜리를 마시면? 정말 특별하다. 같은 커피인데 행복도가 다르다. 기준을 낮추면 세상이 선물로 가득해진다. 기준을 높이면 세상이 실망으로 가득해진다. 당신은 어떤 세상에서 살고 싶은가?

INSIGHT

한 달에 한 번, 의도적으로 다운그레이드하는 날을 만들어보자. 비싼 레스토랑 대신 집밥, 택시 대신 걷기, 넷플릭스 대신 책 읽기. 처음에는 불편하다. 하지만 이것이 당신의 기준을 리셋한다. 다음에 작은 사치를 누릴 때 그 기쁨이 배가 될 것이다.

쾌락주의의 오해

·········

에피쿠로스 사후, 그의 철학은 왜곡되었다. "에피큐리언"이라는 단어는 미식가, 향락주의자를 뜻하게 되었다. 정반대로 이해된 것이다. 진짜 에피쿠로스주의자는 절제하는 사람이다.

공동체 철학의 한계

....

에피쿠로스의 정원은 아름다운 이상이었다. 하지만 현실성이 있는가? 비판자들은 묻는다. "모두가 정원에 숨어 살면 사회는 어떻게 되는가?" 정치에 참여하지 않는다. 공적 의무를 회피한다. 자신의 작은 원 안에서만 산다. 이것이 바람직한가? 스토아학파는 이것을 비판했다. 그들은 공동체에 참여하고, 정치에 관여하고, 사회적 책임을 다하라고 주장했다. 에피쿠로스는 "숨어서 살아라"를 제시했는데, 이것은 사회적 책임 회피의 구실이 될 수 있다. 모두가 에피쿠로스주의자가 되면 누가 공동체를 운영할 것인가?

죽음 논증의 한계

....

에피쿠로스의 죽음 논증은 논리적으로 완벽하다. "죽음이 올 때 나는 없다. 그러니 두려워할 것이 없다." 하지만 이것이 정말 위안이 되는가? 비판자들은 지적한다. 문제는 죽음 그 자체가 아니라 '소멸'이다.

존재

소멸

존재하던 것이 사라진다는 것. 사랑하는 사람들과 영원히 헤어진다는 것. 더 이상 경험할 수 없다는 것. 이것이 두려움을 만든다. 에피쿠로스는 "당신이 경험할 수 없으니 두려워할 필요 없다"고 말한다. 하지만 바로 그것이, 경험할 수 없다는 것이 두렵다. 논리가 항상 감정을 이기지는 못한다.

당신의 정원

....

에피쿠로스는 묻는다. "당신은 무엇을 원하는가?" 더 많은 돈? 더 큰 집? 더 높은 직급? 그것들을 얻으면 행복할까? 통계는 잔인하다. 복권 당첨자의 행복도는 1년 후 원래대로 돌아간다. 승진한 사람의 만족감은 3개월이면 사라진다. 새 차의 설렘은 6개월이면 끝난다. 이것을 '쾌락의 러닝머신'이라 부른다. 달리고 달려도 제자리다. 다른 방법이 있다. 원하는 것을 줄이는 것이다. 억만장자가 되려면 수십 년이 걸린다. 하지만 욕망을 줄이면? 오늘 당장 부자가 된다. 에피쿠로스의 제자는 편히 잔다. 잃을 것이 거의 없으니 두려울 것도 없다. 당신에게도 정원이 필요하다. 물리적 공간이 아니어도 좋다. 마음의 정원. 욕망이 줄어든 곳. 두려움이 사라진 곳. 친구들과 함께 웃는 곳. 간단한 식사로 만족하는 곳. 그곳이 어디든, 그것이 당신의 정원이다. 정원으로 들어오라. 문은 항상 열려 있다.

Epicurus

스토아학파의 금욕주의

통제할 수 없는 것에 흔들리지 마라

08

외부 세계는 당신 마음대로 되지 않는다. 하지만 그것을 어떻게 받아들이느냐는 완전히 당신의 자유다. 통제할 수 없는 것에 에너지를 낭비하지 않는 법, 모든 상황에서 의미를 찾는 법, 그리고 감정을 선택하는 법. 스토아 철학자처럼 생각한다는 것은 "왜 하필 나에게?"라는 질문을 멈추고, "이것을 어떻게 활용할 것인가?"라고 묻는 것이다.

혼란 속의 평정심

....

기원전 300년경, 키프로스 출신의 제논이 아테네에 도착했다. 난파선 사고로 모든 재산을 잃은 그는 '채색 기둥Stoa Poikile'이라 불리는 공공 회랑에서 제자들을 가르치기 시작했다. 여기서 '스토아'라는 이름이 유래했다. 제논이 선택한 장소는 상징적이었다. 비싼 학원이나 폐쇄적 공간이 아닌, 누구나 드나드는 공공장소. 스토아 철학은 처음부터 실용적이고 대중적이었다.

철학은 로마제국 전역으로 퍼져나갔다. 특히 세 명의 철학자가 스토아 사상을 완성했다. 세네카Seneca, BC 4-AD 65는 네로 황제의 스승이었지만 결국 자살을 명령받았다. 에픽테토스Epictetus, 55-135는 로마의 노예로 태어나 다리를 절었지만 가장 영향력 있는 교사가 되었다. 마르쿠스 아우렐리우스Marcus Aurelius, 121-180는 로마 제국의 황제였지만, 게르만 전쟁터에서 자신을 위한 철학적 메모를 남겼다. 역설적이게도 스토아 철학은 혼란의 시대에 꽃피웠다. 전쟁, 역병, 정치적 불안정. 사람들은 통제할 수 없는 것들에 둘러싸여 있었다. 그래서 스토아 철학자들의 메시지가 절실했다. "당신은 세상을 통제할 수 없다. 하지만 당신 자신은 통제할 수 있다."

지하철이 멈춘 날

....

오늘도 출근길 지하철은 만원이다. 당신은 겨우 손잡이를 잡고 서 있다. 갑자기 지하철이 멈춘다. "신호 대기 중입니다." 5분이 지난다. 10분이 지난다. 중요한 회의에 늦을 것 같다. 옆 사람은 한숨을 쉬고, 누군가는 혀를 찬다. 당신의 심장은 빨리 뛴다. 이 순간, 당신은 무엇을 통제할 수 있는가? 지하철을 움직일 수 있는가? 없다. 시간을 되돌릴 수 있는가? 없다. 상사의 반응을 바꿀 수 있는가? 없다. 그렇다면 당신이 통제할 수 있는 것은 단 하나다. 이 상황을 어떻게 받아들이느냐다.

통제 가능과 불가능의 구분

....

에픽테토스는 『엥케이리디온』의 첫 문장을 이렇게 시작한다:

"어떤 것들은 우리에게 달려 있고, 어떤 것들은 우리에게 달려
있지 않다"

그리고 명확히 구분한다. 우리에게 달려 있는 것은 우리의 판단,
욕구, 충동, 회피 - 한마디로 우리 자신의 행위다. 우리에게 달려 있
지 않은 것은 신체, 재산, 명성, 지위 - 한마디로 우리 행위가 아닌 것
들이다. 노예 출신 철학자 에픽테토스는 말했다.

"사람들을 괴롭히는 것은 사물 자체가 아니라, 사물에 대한 판단
이다"

—『엥케이리디온』

지하철 지연이 당신을 화나게 하는 게 아니다. "이러면 안 되는
데" "왜 하필 오늘"이라는 당신의 생각이 당신을 괴롭힌다. 로마 황
제 마르쿠스 아우렐리우스는 전쟁터에서 매일 아침 자신에게 말
했다.

"오늘 나는 참견하기 좋아하는 사람, 은혜를 모르는 사람, 거만
한 사람을 만날 것이다. 하지만 이것으로 내가 상처받을 수는
없다."

—『명상록)』

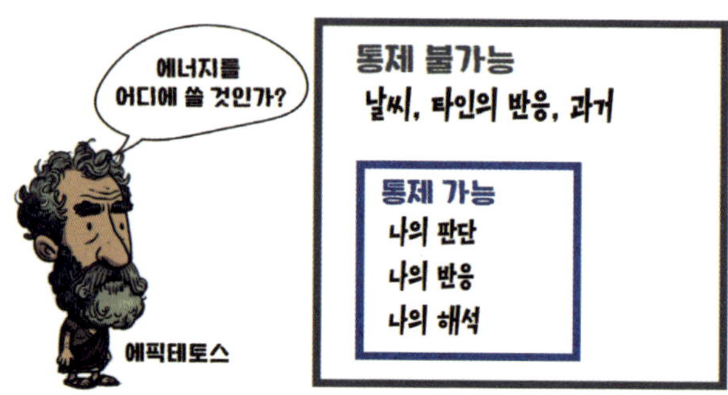

오늘 저녁 종이를 꺼내라. 당신을 불안하게 만든 일들을 적어라. 각각에 'C(통제 가능)' 또는 'U(통제 불가능)'를 표시하라. 놀랍게도 대부분이 U다. 그것들을 지워라. 오직 C에만 에너지를 쓰라. 당신의 삶이 즉시 단순해진다.

비 오는 날의 선택

·········

비가 온다. 우산이 없다. 옷이 젖는다. 짜증이 난다. "왜 하필 오늘 비가 와!" 하늘을 원망한다. 중요한 미팅이 있는 날인데 머리는 엉망이 되고, 바지는 진흙이 튄다. 하루가 망쳤다. 잠깐, 비를 멈출 수 있는가? 없다. 이미 젖은 옷을 마르게 할 수 있는가? 없다. 그렇다면 이 비에 대해 화내는 것이 무슨 소용인가? 스토아 철학의 가장 강력한 개념이 여기 있다. 아모르 파티^{Amor Fati} – 운명을 사랑하라. 단순히 받아들이는 게 아니다. 사랑하라는 것이다. 이 용어 자체는 프리드리히 니체가 만들고 애용했지만 그 핵심 개념은 스토아철학의 사상과 닿아있다. 마르쿠스 아우렐리우스는 『명상록』에서 이렇게 말한다.

"일어난 일에 저항하지 마라. 그것을 받아들여라"

그리고 더 나아간다.

"신을 따르는 것, 그것은 일어나는 모든 것을 기꺼이 받아들이는 것이다"

"비가 와서 다행이다." 미친 소리 같은가? 하지만 이것은 긍정적 사고가 아니다. 긍정적 사고는 "괜찮아질 거야"라고 말한다. 아모르 파티는 "이것이 완벽하다"라고 말한다. 일어난 모든 일은 우주의 질서 안에서 당신을 위한 것이다. 비가 오면 빗소리를 듣는다. 빗물이 얼굴에 닿는 차가운 감촉을 느낀다. 사람들이 우산 속으로 재빨리 들어가는 모습을 본다. 집에 가서 따뜻한 물로 씻을 생각을 한다. 똑같이 비를 맞았지만, 경험은 완전히 다르다. "실직했는가?" 이것이 나를 더 나은 기회로 이끌 것이다. "병에 걸렸는가?" 이것이 삶의 우선순위를 재정렬할 기회다. "사랑하는 사람과 헤어졌는가?" 이것이 나를 성장시킬 것이다.

아침 커피와 상실의 연습

·········

아침이다. 커피를 마신다. 향이 좋다. 따뜻하다. 당연하다. 당신은 매일 아침 이 커피를 마신다. 하지만 스토아 철학자들은 매일 아침 이상한 연습을 했다. 잠시 눈을 감고 상상했다. "오늘 이 커피를 마시지 못할 수도 있다. 내일 아침 일어나지 못할 수도 있다. 사랑하는 사람이 오늘 밤 사라질 수도 있다." 프레메디타치오 말로룸Premeditatio Malorum − 나쁜 일을 미리 생각하기. 세네카는 『도덕 서간집』에서 이렇게 쓴다.

"불운을 미리 숙고하라"

그리고 설명한다.

"당신이 미리 생각하지 않은 일은 일어날 수 없다. 모든 것을 예
상한 자는 충격받지 않는다"

우울해지라는 말인가? 정반대다. 이것은 감사의 훈련이다. 당신
옆에 소중한 사람이 있다. 매일 보니까 당연하게 여긴다. "내일도 볼
거야." 하지만 정말 그런가? 당신은 내일을 약속받았는가? 최악을 상
상하고 눈을 뜬다. 당신은 여전히 모든 것을 가지고 있다. 커피가 있
다. 집이 있다. 사랑하는 사람이 살아있다. 기적이다. 역설이다. 최악
을 상상하면 현재가 최고로 느껴진다. 에픽테토스는 제자들에게 이
렇게 가르쳤다.

"아이에게 키스할 때 속으로 말하라. '내 아이'가 아니라 '필멸의
인간'. 그러면 아이가 죽어도 당신은 흔들리지 않을 것이다"
—『엥케이리디온』

냉정해 보이는가? 아니다. 이것은 가장 깊은 사랑의 형태다. 모
든 순간을 마지막인 것처럼 대하는 것이다.

상사가 당신을 부른 순간

....

"좀 보자." 상사가 당신을 부른다. 심장이 빨리 뛴다. 뭔가 잘못됐나? 혼나는 건가? 회의실로 들어간다. 상사가 말한다. "이번 프로젝트 결과가 기대에 못 미쳤어." 화가 난다. 억울하다. 변명하고 싶다. "그건 제 잘못이 아니라..." 하지만 잠깐, 여기서 멈춰라. 에픽테토스에 따르면 화는 당신의 선택이다. 무슨 소리인가? 상사가 나를 비난하는데 화가 나는 게 당연하지 않은가? 작동 원리는 이렇다.

사건: 상사가 "기대에 못 미쳤어"라고 말한다.

해석: "나를 무능하다고 생각하는구나. 나는 존중받지 못한다."

감정: 화가 나고 상처받는다.

하지만 해석을 바꿀 수 있다.

다른 해석: "구체적으로 어떤 부분이 부족했는지 배울 기회다."

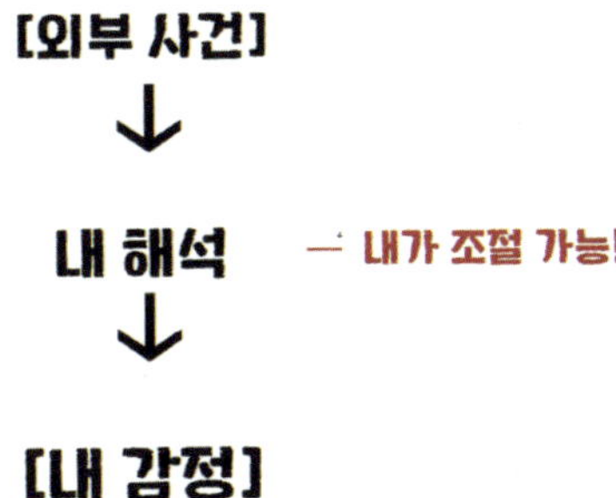

같은 말이지만 해석이 다르면 감정이 다르다. 스토아 철학자들이 추구한 것은 아파테이아^{Apatheia} – 정념으로부터의 자유다. 주의해야 한다. 아파테이아는 '무감정^{apathy}'이 아니다. 스토아 철학자들은 로봇이 되라고 말하지 않았다. 그들이 원한 것은 외부 사건에 자동으로 반응하지 않는 것이다. 한 박자 쉬고, 생각하고, 선택하는 것이다. 마르쿠스 아우렐리우스는 『명상록』에서 이렇게 썼다.

"판단을 제거하라. 그러면 '나는 해를 입었다'는 생각이 사라진다."

현대 심리학의 인지행동치료^{CBT}가 정확히 이 원리를 사용한다. 생각을 바꾸면 감정이 바뀐다. 스토아 철학자들은 2,000년 전에 이미 알고 있었다.

벽에 부딪힌 프로젝트

....

6개월간 준비한 프로젝트가 막혔다. 투자자가 빠졌고 핵심 팀원이 퇴사했다. 기술적 문제가 발생했다. 완벽한 재앙이다. 포기하고 싶다. 하지만 마르쿠스 아우렐리우스는 이렇게 생각했다.

"우리 행동을 가로막는 것이 우리 행동을 앞으로 나아가게 한다. 길을 막는 것이 길이 된다."

—『명상록)』

무슨 뜻인가? 당신 앞에 거대한 바위가 있다. 길을 막고 있다. 화

가 난다. 하지만 이 바위가 당신에게 뭔가를 가르쳐준다. 인내심을, 창의성을, 유연성을. 바위를 넘거나, 돌아가거나, 깨부수는 법을. 바위가 없었다면 배우지 못했을 것들을. "직장에서 어려운 상사를 만났는가?" 좋은 훈련이다. 이 사람이 나에게 감정 조절을 가르쳐준다. "프로젝트가 실패했는가?" 무엇이 잘못되었는지 배우는 수업료다. "해고당했는가?" 새로운 기회를 찾는 계기다. 스티브 잡스는 애플에서 해고당했다. 최악의 순간이었다. 하지만 그는 나중에 말했다. "그것이 내 인생 최고의 일이었다." 그 실패 덕분에 픽사를 만들었고, 더 성숙한 사람으로 애플에 돌아올 수 있었다.

지금 당신이 직면한 가장 큰 문제를 떠올려라. 종이에 적어라. 그 아래에 "이 문제가 나를 어떻게 더 강하게 만들 수 있을까?"라고 쓰고 답을 찾아라. 이 질문 하나가 문제를 저주에서 선물로 바꾼다.

달력의 빨간 날

....

달력을 본다. 오늘 날짜에 빨간 동그라미를 친다. 중요한 날이다. 승진 발표일, 수술 날짜, 계약 만료일. 당신은 이 날을 향해 달려간다. 하지만 스토아 철학자들은 다른 날짜에 주목했다. 정확히 알 수 없지만, 언젠가 오는 날. 당신의 마지막 날. 메멘토 모리Memento Mori – 죽음을 기억하라. 로마 장군이 전쟁에서 이기고 돌아온다. 개선식이다. 군중이 환호한다. 바로 그 순간, 노예가 행렬 뒤에서 큰소리로 외친다.

"메멘토 모리! 너도 인간임을 기억하라 "

이는 '당신도 죽는다는 것을 기억하라. 전쟁에서 승리했다고 너무 우쭐대지 말고 겸손하게 행동하라' 라는 의미에서 생겨난 고대 로마의 풍습이었다.

시간이 없다

스토아 철학자는 이렇게 생각했다.

"우리는 삶의 작은 부분이 아니라 대부분을 낭비한다.

삶은 짧지 않다. 우리가 짧게 만드는 것이다."

세네카,『인생의 짧음에 대하여』

죽음을 기억하면 시간이 한정되어 있다는 것을 안다. 사소한 일로 화낼 시간이 아깝다. 중요하지 않은 사람과 다툴 에너지가 아깝다. 사랑하는 사람에게 사랑한다고 말하지 않을 이유가 없다. 스티브 잡스는 매일 아침 거울을 보며 자신에게 물었다. "오늘이 내 인생의 마지막 날이라면, 오늘 하려는 일을 할 것인가?" 당신도 이렇게 물어보라. 만약 며칠 연속 아니오라는 답이 나오면 뭔가를 바꿔야 한다는 신호다.

> **INSIGHT**
>
> 매주 월요일 아침, 거울을 보며 자신에게 말하라. "나는 언젠가 죽는다." 그리고 질문하라. "그렇다면 이번 주에 무엇을 할 것인가? 더 이상 미루지 않을 것은 무엇인가?" 이 한 가지 습관이 당신의 삶을 바꿀 것이다.

감정의 억압인가?

많은 사람들이 스토아 철학을 비판한다. "감정을 억압하라는 거 아닌가?" 아니다. 스토아 철학자들은 감정을 억압하라고 하지 않았다. 그들은 감정을 선택하라고 했다. 차이가 있다. 억압은 감정을 밀어내는 것이다. 선택은 감정의 원인(해석)을 바꾸는 것이다. 현대 심리학도 감정 억압이 해롭다는 것을 안다. 하지만 인지 재구성cognitive reframing은 효과적이다. 스토아 철학은 후자를 말한다.

현실 도피인가?

....

또 다른 비판은 "세상을 바꾸려 하지 않고 자기 마음만 바꾸는 게 현실 도피 아닌가?"다. 이것도 오해다. 마르쿠스 아우렐리우스는 황제였다. 그는 제국을 통치하고 전쟁을 지휘했다. 도망가지 않았다. 스토아 철학은 체념이 아니다. 현명한 행동주의다. 바꿀 수 있는 것에 최선을 다하되, 바꿀 수 없는 것에 집착하지 않는 것이다.

2,000년을 견딘 선택

....

내일 아침 당신은 다시 지하철을 탈 것이다. 비가 올 수도 있다. 상사가 또 당신을 부를 수도 있다. 프로젝트가 막힐 수도 있다. 그때 당신은 어떻게 할 것인가? 마르쿠스 아우렐리우스가 전쟁터에서 자신을 위해 쓴 메모는 『명상록』이라는 이름으로 1,800년 넘게 읽히고 있다. 왜? 그의 말이 여전히 진실이기 때문이다. 통제할 수 없는 것에 에너지를 낭비하지 마라. 일어난 일을 사랑하라. 최악을 미리 생각하며 현재에 감사하라. 감정을 선택하라. 장애물을 성장의 기회로 삼아라. 그리고 죽음을 기억하며 오늘을 살아라.

세상을 바꿀 수는 없다. 하지만 당신의 반응은 바꿀 수 있다. 그것만으로도 충분하다. 그것이 진정한 자유다. 선택은 당신의 것이다. 그리고 그 선택이 당신의 하루를, 그리고 삶을 결정한다. 스토아 철학자는 말한다. "자유를 손 안에 쥐어라." 그 자유는 외부가 아니라 내면에 있다. 지금 이 순간에도 당신은 자유롭다. 어떻게 반응할지 선택할 수 있다. 그것이 스토아 철학의 유산이다. 그리고 그것은 영원히 당신의 것이다.

스토아 더 읽기

- 에픽테토스, 『**엥케이리디온**』 실천적 스토아 철학의 정　　　　난이도 ★★☆☆☆
- 마르쿠스 아우렐리우스, 『**명상록**』 황제의 개인적 성찰　　　　난이도 ★★☆☆☆
- 세네카, 『**인생의 짧음에 관하여**』 시간의 가치　　　　난이도 ★★☆☆☆
- 세네카, 『**도덕 서간집**』 실천적 지혜의 편지　　　　난이도 ★★☆☆☆

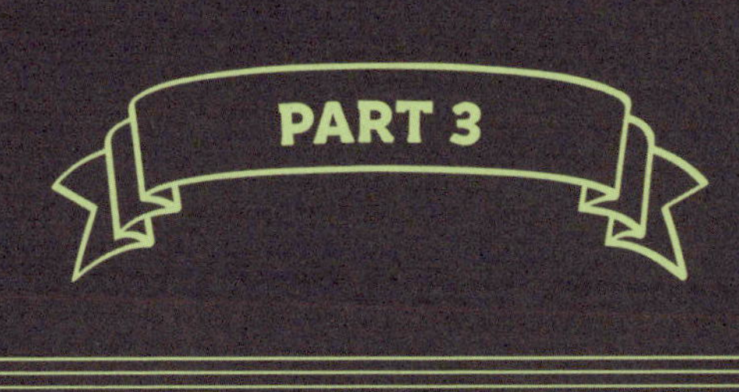

자유와 실존

나는 누구인가?

사르트르의 실존주의

변명을 멈춰라, 당신은 선택했다

01

Stoicism

데카르트가 "나는 생각한다, 고로 존재한다"며 확실성의 기초를 세웠고, 니체가 모든 진리는 관점일 뿐이라고 선언했다면, 장폴 사르트르는 한 걸음 더 나아간다. 존재한다는 것 자체가 무엇을 의미하는가? 그는 답한다. "존재한다는 것은 선택한다는 것이다." 사르트르처럼 생각한다는 것은 "나는 어쩔 수 없었어"라는 말을 버리고, "내가 선택했어"라고 인정하는 것이다. 그리고 타인의 시선 속에서 자신이 어떻게 '대상'이 되는지 인식하면서도, 그 시선에 선택의 자유를 넘겨주지 않는 것이다.

점령 아래의 실존

....

1943년, 독일군이 점령한 파리. 생제르맹데프레의 한 카페에서 장 폴 사르트르^{Jean-Paul Sartre, 1905-1980}는 『존재와 무』를 집필하고 있었다. 거리에는 나치 군인들이 순찰을 돌았고, 유대인들은 노란 별을 달고 다녔으며, 레지스탕스는 지하에서 활동했다. 이런 상황에서 철학을 한다는 것이 무슨 의미가 있을까? 사르트르에게 철학은 사치가 아니었다. 그것은 생존의 문제였다. 자유를 빼앗긴 상황에서도 인간은 자유로울 수 있는가? 선택의 여지가 없어 보이는 순간에도 우리는 선택하고 있는 것인가?

독일 철학자 마르틴 하이데거는 나치에 협력했다. 프랑스 지식인들 중 다수는 점령군에 순응했다. 하지만 사르트르는 달랐다. 그는 레지스탕스에 참여했고, 점령 아래서도 자유에 대해 썼다. 그의 철학은 책상에서 나온 게 아니라 거리에서, 카페에서, 저항의 현장에서 탄생했다.

커터칼과 인간의 차이

....

커터칼을 생각해보자. 커터칼은 종이를 자르기 위해 만들어진다. 먼저 "종이를 자른다"라는 목적이 있고, 그 목적에 맞게 설계되어 제작된다. 즉, 커터칼은 '본질'이 '존재'보다 앞선다.

전통적인 종교관도 이와 같았다. 신이 인간을 설계하고 목적을 부여한 뒤 세상에 내보냈다고 믿었다. "선하게 살아라", "이웃을 사랑하라", "자연을 다스려라" 인간의 본질은 신이 정했고, 우리는 그 본질을 실현하며 살아가면 되었다. 하지만 사르트르는 말한다. "신은 없다. 그렇다면 인간을 설계한 자도 없다. 인간은 아무 이유 없이, 아무 목적 없이 그냥 존재하게 된다."

"실존은 본질에 앞선다."

—『실존주의는 휴머니즘이다』(1945)

당신은 왜 태어났는가? 어떤 목적을 위해서인가? 사르트르의 대답은 냉정하다. "아무 이유도 없다." 당신은 계획되지 않았다. 그냥 우연히 생겨났다.

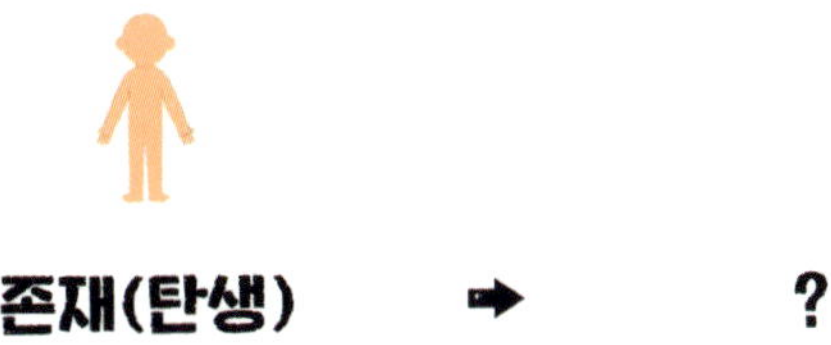

본질은 선택의 결과다

·········

펜은 "쓰는 도구"라는 본질을 가지고 태어난다. 하지만 인간은 빈 캔버스로 태어난다. 당신이 예술가인지, 범죄자인지, 교사인지, 부모인지는 미리 정해진 게 아니다. 당신이 선택하고, 행동하고, 만들어가는 것이다.

"인간은 자신이 만드는 것 외에 아무것도 아니다."

—『실존주의는 휴머니즘이다)』

당신은 "나는 원래 이런 사람이야"라고 말한다. 하지만 사르트르는 묻는다. 정말? '원래'란 무엇인가? 당신이 태어날 때부터 가지고 온 본질? 그런 건 없다. 당신이 지금까지 어떤 선택을 했는지가 지금의 당신을 만들었을 뿐이다. "게으른 성격"은 변명이다. 당신은 게으른 게 아니라, 매번 게으른 선택을 했을 뿐이다. "화를 잘 내는 성격"도 마찬가지다. 당신은 화를 내도록 정해진 게 아니라, 매번 화를 내는 쪽을 선택했을 뿐이다. 불편한 진실이다. 하지만 이것은 희망이 기도 하다. 본질이 없다는 것은 바꿀 수 있다는 뜻이기 때문이다.

우리는 자유를 선고받았다

....

"자유롭다는건 좋은 거 아닌가?" 보통은 그렇게 생각한다. 하지만 사르트르는 충격적인 표현을 쓴다.

"인간은 자유를 선고받았다 condemned to be free."

선고받았다? 왜 자유가 형벌인가? 사르트르는 『존재와 무』에서 설명한다.

"우리는 홀로다. 변명의 여지가 없다. 인간은 자유로우며, 인간

은 자유다. 그리고 만약 신이 존재하지 않는다면, 우리는 핑계 삼

을 가치를 발견할 수 없다.”

당신은 선택하지 않을 수 없다. 아침에 일어나서 “오늘 회사에 갈까 말까?”를 고민한다. 가는 것도 선택이고, 안 가는 것도 선택이다. 심지어 “결정하지 않는 것”도 선택이다. 침대에 누워 있는 것도, 하루를 낭비하는 것도, 모두 당신의 선택이다. 더 극단적으로 가보자. 자살은 선택이다. 하지만 자살하지 않는 것도 선택이다. 숨을 쉬는 순간순간이 “계속 살기”를 선택하는 것이다. 당신은 선택에서 벗어날 수 없다.

angoisse(불안): 자유의 증거

....

사르트르는 하이데거로부터 ‘불안angoisse, 앙구아스’ 개념을 빌려온다. 하지만 다르게 해석한다. 불안은 자유의 증거다. 절벽 끝에 서 있다고 상상해보라. 당신은 떨어질까 봐 두렵다. 하지만 더 깊은 두려움이 있다. 당신이 뛰어내릴 수도 있다는 것, 그것을 막을 수 있는 것은 당신의 선택뿐이라는 것. 이것이 불안이다. 외부의 위협에 대한 공포가 아니라, 자신의 자유에 대한 두려움이다. 사르트르는 말한다. 불안을 느낀다면, 당신은 자유롭다는 증거다. 로봇은 불안을 느끼지 않는다. 프로그램대로만 하면 되니까. 동물도 덜 불안하다. 본능을 따르면 되니까. 하지만 인간은 다르다. 우리는 매 순간 선택해야 한다. 그리고 그 선택의 결과를 온전히 책임져야 한다.

웨이터의 연극과 자기기만

....

사르트르는 파리 카페의 웨이터를 관찰한다.

"그의 움직임을 보라. 너무나 빠르고 단호하며, 약간 지나치게 정확하다. 그는 약간 지나치게 빠른 걸음으로 손님에게 다가간다. 약간 지나치게 공손하게 고개를 숙인다."

—『존재와 무』

무엇이 문제인가? 그는 웨이터를 '연기'하고 있다. '웨이터'라는 역할에 자신을 완전히 동일시함으로써, 자신의 자유를 숨기려 한다. "나는 웨이터다. 웨이터는 이렇게 행동한다. 그러므로 나는 이렇게 행동해야 한다." 잠깐, 웨이터가 웨이터답게 행동하면 안 되나? 전문적으로 일하는 게 뭐가 잘못인가? 문제는 행동 자체가 아니다. 문제는 "나는 웨이터니까 이렇게 할 수밖에 없어"라고 믿는 것이다. 그는 매 순간 선택하고 있다. 친절하게 굴지, 불친절하게 굴지, 심지어 지금 당장 앞치마를 벗고 나갈지. 하지만 그는 이 선택들을 보지 못한다. 아니, 보지 않으려 한다.

Mauvaise Foi (자기기만)

이것이 자기기만mauvaise foi이다. 자기기만이란 자신을 사물처럼 만드는 것이다. 사물에는 본질이 있다. 종이칼은 종이를 자르고, 의자는 사람을 앉힌다. 사물은 선택하지 않는다. 만약 당신이 "나는 원래 이래"라고 말한다면, 당신은 스스로를 사물로 만드는 것이다.

현대의 본질화

....

우리 시대의 자기기만은 더 정교해졌다. "나는 MBTI가 I(내향)형이라서 사람 만나는 게 힘들어." 정말인가? MBTI 검사 결과가 당신의 본질인가? 아니면 사람을 안 만나는 선택을 정당화하기 위해 그 레이블을 이용하는 것인가? "나는 우울증이 있어서 아침에 일찍 못 일어나." 우울증은 실재하는 질병이다. 하지만 사르트르는 묻는다. 당신은 그것을 치료하려고 어떤 선택을 했는가? 병원에 가기로, 약을 먹기로, 운동하기로 선택했는가? 아니면 "우울증"이라는 진단을 선택하지 않을 핑계로 사용하는가?

"나는 수줍음이 많아서 먼저 말을 못 걸어." 정말인가? 아니면 매번 말을 걸지 않는 쪽을 선택하고, 그것을 '성격'이라는 이름으로 포장하는 것인가? "나는 이 일이 싫지만 가족을 먹여 살려야 해서 어쩔 수 없어." "나는 조직 생활에 안 맞는 사람이야." 사르트르는 잔인하다. 하지만 그는 옳다. 당신에게는 항상 선택지가 있다. "어쩔 수 없었어"라고 말하는 순간, 당신은 자기기만에 빠진다.

INSIGHT

오늘 하루 동안 "어쩔 수 없이"라는 말을 몇 번이나 썼는지 세어보라. 그리고 각 경우에 정말 어쩔 수 없었는지 물어보라. 대부분의 경우, 당신은 선택했다. 단지 그 선택의 책임을 지기 싫어서 "어쩔 수 없었다"고 말했을 뿐이다.

중간 점검

....

지금까지 우리는 개인의 자유와 선택, 그리고 자기기만을 다뤘다. 하지만 사르트르는 여기서 멈추지 않는다. 인간은 혼자 존재하지 않는다. 우리는 끊임없이 타인과 마주친다. 카페에서, 거리에서, 회의실에서, SNS에서. 그리고 그 순간, 자유는 새로운 차원의 문제가 된다. 타인의 시선 앞에서 나의 자유는 어떻게 되는가? 타인이 나를 '대상'으로 만들 때, 나는 여전히 주체일 수 있는가? 이제 사르트르의

가장 유명한, 그리고 가장 오해받은 선언이 나온다. "지옥, 그것은 타
인이다."

타인은 지옥이다 – 응시 le regard

사르트르의 희곡 『출구 없는 방』(1944)에서 이런 대사가 나온다.
"지옥, 그것은 타인이다 L'enfer, c'est les autres." 무슨 뜻일까? 무대는 응접
실처럼 생긴 공간이다. 소파 세 개가 놓여 있다. 안내인이 가르생이
라는 남자를 데리고 들어온다. 그는 주변을 둘러본다. 창문이 없다.
고문 도구도 없다. 뜨거운 불구덩이도 없다.

"고문 기술자는 언제 오죠?"

안내인은 비웃으며 나간다. 잠시 후 이네스라는 여자가 들어오
고, 마지막으로 에스텔이라는 여자가 들어온다. 세 사람은 어색하게
마주 앉는다. 조명은 영원히 꺼지지 않는다. 출구는 없다. 잠도 잘 수

없다. 눈꺼풀조차 기능하지 않아 눈을 감을 수도 없다. 이네스가 먼저 깨닫는다.

"우리 각자가 나머지 두 사람의 고문자예요."

불바다도, 쇠꼬챙이도 필요 없다. 세 사람은 영원히 서로의 시선 아래 놓인다. 피할 수 없고, 떠날 수 없고, 혼자 있을 수 없다.

거울이 없는 방

....

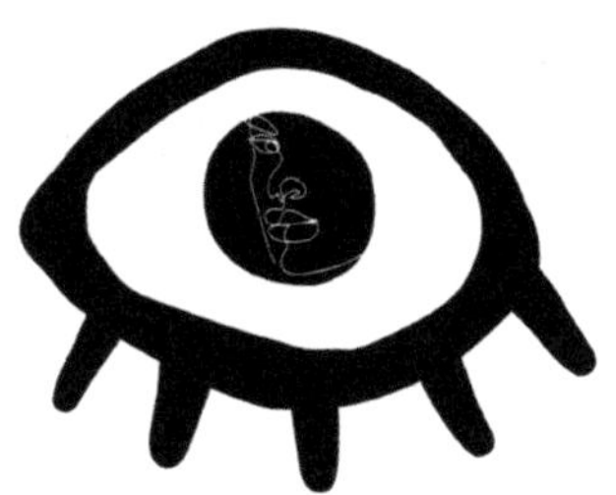

그런데 한 가지 더 있다. 이 방에는 거울이 없다. 에스텔이 불안해한다. 화장을 고치고 싶다. 자신의 얼굴을 확인하고 싶다. 하지만 거울이 없다. 이네스가 말한다. "내 눈을 거울 삼아요. 내 눈동자 속에 당신이 보일 거예요." 이 장면이 희곡 전체의 핵심이다. 거울이 없다는 것. 나는 스스로를 볼 수 없다는 것. 내 얼굴을, 내 모습을, 내 존재를 확인하려면 타인의 눈을 빌려야 한다는 것.

"타인은 나에게 필수불가결한 매개자다. 나 자신에 대해서. 나는
타인이 나를 보는 대로 나 자신을 인식하게 되기 때문이다."

—『존재와 무』

이것이 지옥인 이유다. 내가 누구인지 내가 정할 수 없다. 타인이
나를 해석하고, 평가하고, 규정한다. 나는 나이고 싶다. 나만의 의미
를 갖고 싶다. 하지만 끊임없이 타인의 시선에 의해 정의된다. 진정
한 '나'는 없고, 타인에 의해 해석된 '나'만 있다. 이 모욕감. 이 불안.
이 절망.

욕망의 삼각형

·········

희곡의 구조는 더 잔인하다. 세 사람의 욕망은 완벽한 삼각 관계
를 이룬다. 이네스는 레즈비언으로 아름다운 에스텔을 원한다. 에스
텔은 남자의 관심이 필요해서 가르생을 원한다. 가르생은 이네스의

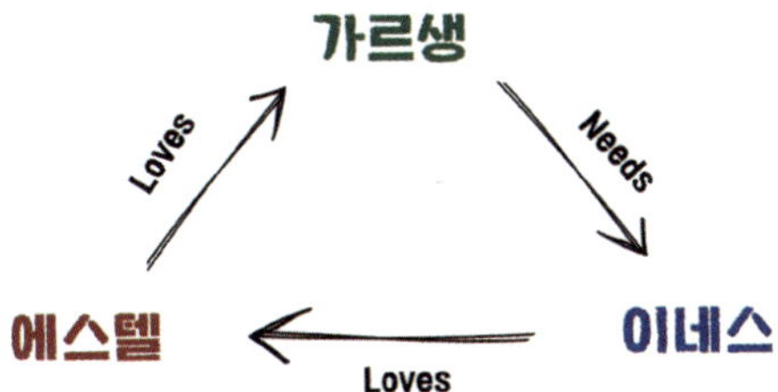

인정을 원한다. 왜 가르생은 에스텔이 아니라 이네스의 인정을 원할까? 에스텔도 가르생에게 "당신은 겁쟁이가 아니에요"라고 말한다. 하지만 에스텔은 아무 남자나 상관없는 사람이다. 그녀의 말에는 진심이 없다. 그냥 남자의 관심이 필요할 뿐이다. 가르생은 이것을 안다. 그래서 에스텔의 인정은 무의미하다. 반면 이네스는 가르생을 꿰뚫어본다. 그를 겁쟁이라고 정확히 지적한다. 그래서 역설적으로 이네스의 인정만이 "진짜 인정"이 될 수 있다. 하지만 이네스는 절대 인정해주지 않는다. 그녀는 에스텔을 원하고, 가르생은 그 사이를 방해하는 존재일 뿐이다. 완벽한 좌절의 삼각형이다. 각자가 원하는 사람은 자신이 아닌 다른 사람을 원한다. 누구도 원하는 것을 얻지 못한다. 영원히. 극의 마지막, 가르생이 말한다.

"지옥, 그것은 타인이다."

왜 지옥인가

....

이 대사는 오해받았다. 사람들은 "타인과 함께 사는 것 자체가 지옥"이라는 뜻으로, 염세주의적 선언으로 받아들였다. 하지만 사르트르 자신이 1965년 녹음에서 해명했다.

"사람들은 내가 타인과의 관계가 항상 지옥이라고 말한 것으로 생각한다. 하지만 내가 말하려 한 것은 전혀 다른 것이다. 타인과의 관계가 뒤틀리면, 타인은 지옥이 될 수밖에 없다는 것이다."

핵심은 "뒤틀림"이다. 그리고 그 뒤틀림이 영원히 고정될 때, 그것이 지옥이 된다.

행동의 종말

....

『출구 없는 방』의 세 인물은 죽은 자들이다. 이것이 결정적이다. 사르트르의 실존주의에서 인간은 행동을 통해 자신을 만든다. 우리는 매 순간 선택하고, 행동하고, 그 행동을 통해 자신이 누구인지 증명한다. 어제 겁쟁이였어도 오늘 용기 있게 행동하면 용기 있는 사람이 된다. 어제 이기적이었어도 오늘 베풀면 관대한 사람이 된다. 살아 있는 한, 우리는 끊임없이 자신을 다시 쓸 수 있다. 하지만 죽으면? 행동이 멈춘다. 더 이상 선택할 수 없다. 더 이상 자신을 만들 수 없다. 미래가 사라진다. 오직 과거만 남는다. 그리고 그 과거의 의미는 이제 살아 있는 자들의 해석에 맡겨진다.

"나는 나의 행동들이다."

—『존재와 무』

증명할 수 없는 자들

....

희곡에서 세 인물은 지상을 내려다볼 수 있다. 가르생은 자신의 동료들이 자신을 겁쟁이라고 부르는 것을 본다. 그는 분노한다. 아니야, 나는 겁쟁이가 아니야. 하지만 증명할 방법이 없다. 죽었으니까. 더 이상 용기 있는 행동을 할 수 없으니까. 그의 정체성은 타인의 기억 속에서 "겁쟁이"로 영원히 고정된다. 에스텔도 마찬가지다. 그녀는 자신의 과거를 숨기고 싶다. 하지만 이네스가 끈질기게 파헤친다. 에스텔은 부정하고 변명한다. 하지만 소용없다. 행동으로 자신을 증명할 수 없으니까. 말로만 부정해봤자, 과거는 이미 굳어버렸다.

이것이 『출구 없는 방』이 지옥인 진짜 이유다. 변화의 가능성이 완전히 닫혔기 때문이다. 세 사람은 서로를 미워하고 서로에게 상처를 준다. 하지만 화해할 수 없다. 왜? 화해는 행동이기 때문이다. 용서하고, 이해하고, 새롭게 관계를 쌓아가는 것. 이 모든 것은 미래가 있어야 가능하다. 죽은 자에게는 미래가 없다. 그래서 화해도 없다. 영원히 같은 자리에서, 같은 원한을 품고, 같은 시선으로 서로를 응시한다. 관계를 바꿀 가능성이 사라질 때, 그때 비로소 타인은 지옥이 된다.

희곡 속의 세 인물은 죽은 자들이다. 하지만 살아 있는 우리도 매일 타인의 시선 아래 놓인다. 사르트르는 이것을 "응시"라고 불렀다. 당신이 공원을 걷고 있다. 홀로 있을 때 당신은 자유롭다. 세상은 당신의 가능성으로 펼쳐진다. 저 벤치에 앉을 수도, 저 길로 갈 수도 있다. 당신은 세계의 중심이다. 모든 것이 당신을 향해 의미를 갖는다. 당신은 순수한 주체다. 그런데 갑자기 누군가가 당신을 본다. 그 순간 모든 것이 바뀐다.

"타인의 출현으로 나는 어떤 존재를 가지게 된다. 그리고 이 존재는 나의 가능성들을 외부에서 동결시킨다."

— 『존재와 무』

자유와 실존 - 나는 누구인가?

당신은 더 이상 순수한 주체가 아니다. 당신은 그 사람의 눈에 '대상'이 된다. 그 사람은 당신을 판단한다. "저 사람 옷 좀 촌스럽네." "저 사람 걸음걸이가 이상해." "저 사람 뭔가 수상해." 타인의 시선은 당신을 고정시킨다. 당신은 무한한 가능성을 가진 자유로운 존재라고 생각하지만, 타인은 당신을 하나의 카테고리로 축소한다. 직장에서 당신은 "그 부서의 김 대리"다. 가족에게 당신은 "둘째"다. 친구들에게 당신은 "웃긴 애"다. 당신의 무한한 가능성은 하나의 레이블로 동결된다.

수치심의 현상학

·········

사르트르는 구체적인 예를 든다. 당신이 호기심에 문틈으로 방 안을 엿보고 있다. 완전히 몰입해 있다. 그 순간 당신은 순수한 의식이다. 보는 자다. 그런데 복도에서 발자국 소리가 들린다. 누군가 당신을 본다. 그 순간 수치심이 밀려온다. 왜? 당신이 "엿보는 자"로 대상화되었기 때문이다. 타인의 시선이 당신을 규정했다.

"수치심은 내가 타인이 보는 그 대상임을 인정하는 것이다."

—『존재와 무』

수치심은 단순한 감정이 아니다. 그것은 타인의 시선에 의해 내가 대상이 되었음을 인식하는 존재론적 경험이다. 타인 앞에서 당신은 더 이상 자유로운 주체가 아니다. 당신은 판단의 대상이다.

현대의 지옥

....

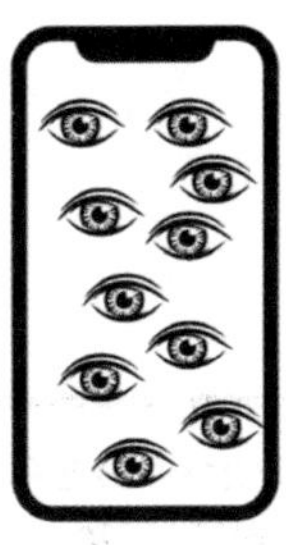

이것이 우리가 타인의 시선을 두려워하는 이유다. SNS에 사진을 올릴 때 왜 신경 쓰이는가? 타인의 눈에 당신이 어떻게 보일지 몰라서. 발표할 때 왜 떨리는가? 청중의 시선이 당신을 판단하기 때문에.

면접을 볼 때 왜 긴장하는가? 면접관의 시선이 당신의 가치를 결정할 것 같아서. 인스타그램은 현대의 『출구 없는 방』이다. 우리는 자발적으로 타인의 시선 앞에 자신을 내놓는다. 좋아요 수가 곧 나의 가치가 된다. 댓글이 나를 규정한다. 우리는 타인의 시선에 의해 끊임없이 대상화되고, 그 대상화된 이미지를 '나'라고 착각한다. 사르트르라면 이렇게 물을 것이다. "당신은 진짜 당신인가? 아니면 타인의 시선이 만든 이미지인가?"

출구는 있다

....

하지만 기억하라. 『출구 없는 방』의 세 인물과 당신 사이에는 결정적 차이가 있다. 그들은 죽은 자다. 더 이상 행동할 수 없다. 자신을 바꿀 수 없다. 관계를 바꿀 수 없다. 그래서 영원히 타인의 시선에 갇힌다. 그것이 지옥이다.

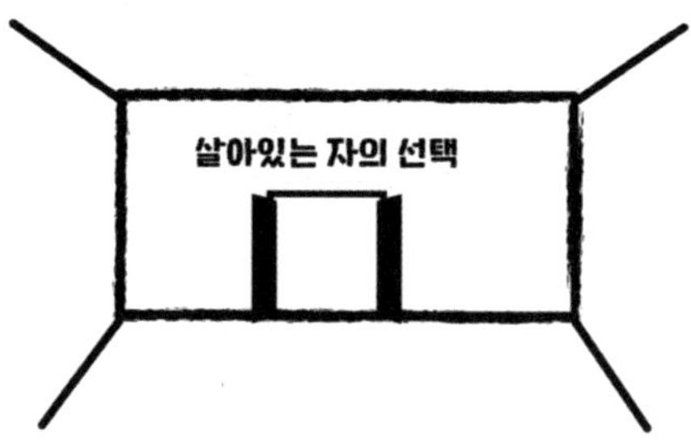

당신은 살아 있다. 당신은 떠날 수 있다. 관계를 끊을 수 있다. 사과할 수 있다. 다시 시작할 수 있다. 타인이 당신을 "이런 사람"이라고 규정해도, 당신은 행동으로 그것을 뒤집을 수 있다. 선택의 자유가 있다. 타인의 시선을 의식하는 것과 그것에 지배당하는 것은 다르다. 시선을 의식하되, 그 시선이 당신의 선택을 결정하게 두지 마라. 살아 있는 한, 당신에게는 출구가 있다. 그 선택을 사용하지 않는다면? 스스로 출구 없는 방에 갇히는 것이다.

오늘 누군가를 만날 때 실험해보라. 대화 중에 당신이 그 사람의 시선을 얼마나 의식하는지 관찰하라. "이 사람이 나를 어떻게 볼까?" "내가 바보처럼 보이진 않을까?" 그리고 물어라. "나는 지금 이 사람의 시선에 갇혀 있는가? 아니면 나만의 선택을 하고 있는가?" 타인의 시선은 피할 수 없다. 하지만 그 시선에 '나'를 넘겨줄지 말지는 당신이 선택할 수 있다.

집단적 자기기만

개인만 자기기만에 빠지는 게 아니다. 사회 전체가 자기기만할 수 있다. 나치 전범들은 뉘른베르크 재판에서 이렇게 말했다. "나는 명령을 따랐을 뿐입니다." 사르트르가 보기에 이것은 자기기만의 극단이다. 당신은 명령을 따르기로 선택했다. 거부할 수도 있었다. 거부했을 때의 결과(처형, 투옥)가 두려워서 따른 것이다. 그것도 선택이다. "나는 회사의 방침을 따랐을 뿐이에요." "저는 상사가 시켜서 했어요." "모두가 그렇게 하니까 저도 했어요." 모두 자기기만이다. 당신은 '그렇게 하기로' 선택했다. 그리고 그 선택의 결과에 책임이 있다.

사랑과 갈등

....

타인은 위협이다. 하지만 동시에 필요하다. 왜? 나를 확인해주기 때문이다. 사르트르는 사랑을 독특하게 분석한다. 사랑은 타인의 자유를 소유하려는 시도다. 나를 선택한 자유로운 존재를 원한다. 강요로 얻은 사랑은 의미가 없다. 당신은 상대가 "자유롭게" 당신을 선택하기를 바란다. 하지만 역설이 있다. 상대가 정말 자유롭다면, 언제든 떠날 수 있다. 그래서 우리는 불안하다.

그래서 상대를 묶으려 한다. 약속, 결혼, 헌신. 하지만 자유를 억

압하는 순간, 그것은 더 이상 사랑이 아니다. 희망은 없는가? 있다. 인정reconnaissance이다. 서로를 자유로운 존재로 인정하는 것. 상대의 선택을 존중하고, 나의 선택을 책임지는 것. 쉽지 않다. 하지만 그것이 진정한 관계다.

실존주의는 허무주의가 아니다

....

사르트르는 종종 오해받는다. "모든 게 무의미하다고 말하잖아." 아니다. 사르트르는 그렇게 말하지 않았다. 삶은 의미 없이 시작된다. 하지만 우리가 의미를 부여할 수 있다. 차이를 알겠는가?

허무주의: "인생은 무의미해" ⇒ **체념**

실존주의: "인생은 당신이 의미를 부여하기 전까지는 무의미해" ⇒ **도전**

신이 당신의 인생 목적을 정하지 않았다. 좋다. 그럼 당신이 정하면 된다. 우주가 당신에게 의미를 주지 않는다. 좋다. 그럼 당신이 만들면 된다.

"인간은 자신을 투사하는 것이며, 그 스스로를 투사한 이후에만 존재하는 것이다. 인간은 자신이 만드는 것이다."

앙가주망: 참여와 책임

....

사르트르는 2차 세계대전 중 레지스탕스에 참여했다. 왜일까? 자유를 믿었기 때문이다. 나치는 "유대인은 열등하다", "독일인은 우월하다"라고 주장하며 사람들의 본질을 고정시키려 했다. 사르트르는 이것과 싸웠다. 그가 강조한 개념은 '앙가주망engagement', 즉 참여다. 당신은 자유롭다. 그 자유로 무엇을 할 것인가? 사르트르는 말한다. 세계에 참여하라. 선택하라. 행동하라. 책임지라. 선택하지 않는 것도 선택이다. 정치에 관심 없다고? 그것도 정치적 선택이다. 투표하지 않는다고? 그것도 투표다. 침묵도 입장 표명이다. 중립은 없다.

한계와 비판

....

많은 철학자들이 사르트르를 비판했다. 가장 큰 비판은 "인간은 정말 그렇게 자유로운가?"다. 메를로퐁티는 말했다. "우리는 상황 속에 던져진다. 그 상황이 우리의 선택을 제한한다." 가난한 집에 태어난 아이와 부유한 집에 태어난 아이의 선택지는 다르다. 여성과 남성의 선택지도 다르고, 백인과 흑인의 선택지도 다르다. 사르트르의 자유는 너무 추상적이지 않은가? 구체적으로 보자.

20대 청년 A는 명문대를 졸업하고 대기업에 들어갔다. 3년 차에 "이 일이 내 길이 아닌 것 같다"며 퇴사했다. 그는 1년간 여행하며 자신을 찾았고, 관심사를 탐구했고, 결국 스타트업을 창업했다. 그의 부모는 그 1년을 경제적으로 지원할 여유가 있었다. 실패해도 다시 시작할 안전망이 있었다.

20대 청년 B는 고졸로 중소기업에 취직했다. 그도 "이 일이 내 길이 아닌 것 같다"고 느꼈다. 매일 출근이 고통스러웠다. 하지만 당장 다음 달 생활비가 없었다. 부모님은 지병으로 병원비가 들었고, 동생은 고3이라 학원비가 필요했다. 그는 계속 일했다. 10년이 지났다. 여전히 같은 회사에 다닌다.

사르트르는 둘 다 "선택했다"고 말한다. 맞다. A는 퇴사를 선택했고, B는 계속 일하기를 선택했다. 하지만 그 선택의 무게가 같은가? A에게 "자유"는 가능성의 바다였다. B에게 "자유"는 익사하지 않으려고 필사적으로 헤엄치는 것이었다. 빈곤, 차별, 질병, 장애. 이런 것들이 선택을 어떻게 제한하는가? 사르트르의 초기 이론은 이것을 충분히 다루지 않았다.

사르트르는 나중에 이것을 인정했다. 그는 마르크스주의에 관심을 가지며 『변증법적 이성 비판』(1960)을 썼다. 자유는 중요하지만, 구조와 조건도 중요하다는 것을 인정한 것이다. 우리는 자유롭다. 하지만 진공 속에서가 아니라, 구체적인 역사적·사회적·경제적 상황 속에서 자유롭다. 그럼에도 사르트르의 핵심 메시지는 여전히 강력하다. 당신은 변명할 수 없다. 상황이 어렵다고? 그래도 당신은 선택한다. 선택지가 제한적이라고? 그래도 선택은 당신의 것이다. 완벽한 자유는 아니다. 하지만 어떤 자유는 항상 있다. 그리고 그 자유를 인정하는 것, 그것이 시작이다.

실존적으로 살기

·········

사르트르의 실존주의는 냉정하다. 신도, 운명도, 본질도 당신을 구원하지 않는다. 당신은 홀로 던져졌고, 선택해야 하고, 책임져야 한다. 하지만 이것은 절망이 아니라 자유의 선언이다. 당신은 정해지지 않았다. 당신은 매 순간 새로운 당신을 만들 수 있다. 변명을 멈추는 순간, 진짜 삶이 시작된다. 『출구 없는 방』의 세 인물을 기억하라. 그들이 지옥에 갇힌 이유는 불이 뜨거워서가 아니다. 더 이상 행동할 수 없어서다. 더 이상 자신을 바꿀 수 없어서다. 더 이상 선택할 수 없어서다. 당신은 아직 살아 있다. 당신에게는 출구가 있다. 사르트르는 말한다. "인간은 자신이 만드는 것 외에 아무것도 아니다." 그렇다면 당신은 지금까지 어떤 자신을 만들어왔는가? 그리고 앞으로 어떤 자신을 만들어갈 것인가? 그 대답은 당신의 선택에 달려 있다. 자유는 특권이 아니라 짐이다. 하지만 그 짐을 지는 것, 그것이 인간이라는 의미다.

사르트르 더 읽기

- 『존재와 무』 실존주의의 철학적 기초   난이도 ★★★★★
- 『출구 없음』 희곡으로 읽는 실존주의   난이도 ★☆☆☆☆
- 『자유의 길』 소설 3부작   난이도 ★★☆☆☆
- 『실존주의는 휴머니즘이다』 실존주의 입문   난이도 ★★☆☆☆

키르케고르의
실존적 선택

불안은 자유의 증거다

02

Søren Kierkegaard

사르트르가 "신은 없다, 그러므로 우리는 자유롭다"고 선언했다면, 그보다 백 년 전 쇠렌 키르케고르는 "신이 있다, 그러므로 우리는 자유롭다"고 역설했다. 같은 단어, 완전히 다른 의미. 하지만 둘 다 같은 진실을 발견했다. 자유는 선물이 아니라 짐이고, 선택은 계산이 아니라 도약이며, 진정한 삶은 불안을 통과해야만 얻을 수 있다는 것. 키르케고르는 실존주의의 아버지다. 사르트르, 하이데거, 카뮈 모두 그에게 깊게 영향을 받았다. 하지만 그는 무신론자가 아니었다. 그는 가장 급진적인 의미의 기독교인이었다. 그에게 신앙은 교회에 다니고 헌금하는 것이 아니었다. 그것은 이성을 넘어서는 도약이었고, 광기와 구별할 수 없는 헌신이었으며, 모든 안전망을 버리고 불확실성 속으로 뛰어드는 것이었다.

결혼식 전날 밤

....

내일은 당신의 결혼식이다. 초대장은 나갔고, 예식장은 예약했고, 하객들은 올 준비를 한다. 당신은 침대에 누워 천장을 본다. 잠이 오지 않는다. 갑자기 질문이 떠오른다. "정말 이 사람과 평생을 살 수 있을까?" 지금까지는 좋았다. 3년을 사귀었다. 서로를 이해한다. 사랑한다. 부모님도 좋아하신다. 조건도 괜찮다. 모든 것이 완벽하다. 그런데 왜 이렇게 불안한가?

"내일 도망치면 어떻게 될까?" 이상한 생각이 든다. 미친 것 같다. 모든 게 완벽한데 왜 이런 생각이 드는가? 당신은 식은땀을 흘린다. 심장이 빨리 뛴다. 새벽 3시. 당신은 여전히 깨어 있다. 이 순간, 당신은 키르케고르가 말한 실존적 선택의 순간에 서 있다.

1841년, 그는 약혼녀 레기네 올센과의 약혼을 일방적으로 파기했다. 그는 그녀를 사랑했다. 하지만 결혼할 수 없었다. 왜? 그는 평생 그 이유를 설명하려 했지만, 명확한 답을 주지 못했다. 어쩌면 답이 없었다. 어쩌면 그것이 바로 실존적 선택이었다. 합리적으로 설명할 수 없지만, 해야만 하는 선택. 무슨 말인지 잘 모르겠다고? 완벽히 정상이다. 천천히 따라오라.

삶의 세 단계

....

키르케고르는 인간의 삶을 세 단계로 나눴다. 첫 번째는 심미적 단계aesthetic stage다.

첫 번째 단계: 쾌락을 좇는 삶

금요일 밤이다. 클럽에 간다. 음악이 크게 울린다. 술을 마시며 춤을 추다가 누군가와 눈이 마주친다. 설렌다. 전화번호를 교환한다. 집에 간다. 토요일 아침, 숙취가 온다. 어제 만난 사람? 이름도 기억이 안 난다. 다음 주 금요일. 또 클럽에 간다. 같은 패턴이 반복된다. 당신은 즐거운가? 순간순간은 즐겁다. 하지만 뭔가 공허하다. 키르케고르는 이것을 심미적 단계det æstetiske stadium라고 불렀다. 그는 『이것이냐 저것이냐』에서 이렇게 말한다.

"불행한 사람이란 자신의 삶의 본질을 자기 자신 바깥에 두는 사람이다"

무슨 뜻일까? 심미적 인간은 외부 자극으로 산다. 맛있는 음식, 아름다운 풍경, 새로운 경험. 그것들이 그를 행복하게 만든다. 하지만 자극은 금방 사라진다. 그래서 더 강한 것을 찾는다. 끝없는 추격이다. 키르케고르는 이것을 '돈 후안의 삶'이라고 불렀다. 모차르트의 오페라 속 주인공 돈 후안은 수많은 여자를 유혹한다. 한 명에 만족하지 못한다. 정복하면 지루해지고 다음으로 넘어간다. 천 명을 넘게 유혹했지만 행복하지 않다. 현대 사회를 보자. 넷플릭스를 켠다. 수천 개의 콘텐츠가 있다. 하나를 본다. 5분 보다가 지루하다. 다른 걸 본다. 3분 보다가 또 바꾼다. 두 시간 동안 콘텐츠를 넘기다가 잔다. 뭘 봤지? 기억이 안 난다. 인스타그램을 스크롤한다. 끝없이 새로운 이미지가 나온다. 30분이 지난다. 뭘 봤나? 아무것도 남지 않았다. 이것이 심미적 삶이다.

지난 한 달간 당신이 한 일들을 떠올려라. 그중 몇 개가 기억에 남는가? 만약 대부분이 희미하다면, 당신은 심미적 삶을 살고 있는 것이다. 순간의 쾌락을 쫓지만 아무것도 쌓이지 않는 삶.

두 번째 단계: 책임을 지는 삶

월요일 아침. 알람이 울린다. 일어나기 싫다. 하지만 일어난다. 왜? 직장에 가야 하니까. 약속했으니까. 책임이 있으니까. 아이가 아프다. 당신도 피곤하다. 하지만 밤새 간호한다. 왜? 부모니까. 이것이 당신의 의무니까. 이것이 윤리적 단계^{ethical stage}다. 키르케고르는 이것을 '결혼한 남자의 삶'이라고 불렀다. 결혼은 순간의 감정이 아니다. 평생의 약속이다. 좋을 때도, 나쁠 때도, 병들었을 때도, 건강할 때도. 감정이 아니라 의지로 선택하는 것이다. 심미적 삶과 윤리적 삶의 차이는 무엇인가? 심미적 삶은 순간을 산다. 윤리적 삶은 시간을 산다. 심미적 삶은 쾌락을 좇는다. 윤리적 삶은 의미를 만든다.

당신이 매일 아침 일어나 출근하는 이유는? 재미있어서? 아닐 것이다. 대부분의 날은 지루하다. 하지만 당신은 간다. 왜? 급여를 받아야 하고, 가족을 부양해야 하고, 사회적 역할이 있기 때문이다. 심미적 삶보다 낫다. 의미가 있다. 쌓이는 것이 있다. 하지만 키르케고르는 말한다. "이것도 충분하지 않다." 왜? 윤리적 삶은 사회의 규칙을 따른다. "좋은 시민이 되라" "좋은 부모가 되라" "좋은 직원이 되라". 하지만 이 규칙들은 누가 만든 것인가? 사회다. 당신이 진정으로 원하는 게 아니라, 사회가 원하는 것을 따르는 것이다.

오늘 당신이 한 일들 중 "해야 해서" 한 것이 몇 개인가? 그중 정말 당신이 원해서 한 것은 몇 개인가? 만약 대부분이 의무라면, 당신은 윤리적 삶에 갇혀 있는 것이다. 안전하지만 진정한 자신은 아닌 삶.

세 번째 단계: 신 앞에 홀로 서다

키르케고르에게 이것은 교회에 다니는 것이 아니다. 일요일마다 예배 보고 헌금 내는 것이 아니다. 그것은 윤리적 삶의 일부일 뿐이다. 이 단계는 훨씬 더 급진적이다. 성경 창세기에 나오는 아브라함을 생각해보자. 신이 명령한다. "네 아들 이삭을 바쳐라." 아브라함은 충격받는다. 어떻게 내 아들을 죽일 수 있는가? 하지만 신의 명령이다. 그는 산으로 올라간다. 칼을 든다. 아들을 내리칠 준비를 한다. 이것이 종교적 단계det religiøse stadium다. 윤리적으로 이것은 살인이다. 명백한 악이다. 사회는 이것을 용납하지 않는다. 하지만 아브라함은 윤리를 정지suspension시킨다. 신 앞에서는 사회의 규칙도 무의미하다. 키르케고르는 이것을 "신 앞의 단독자den Enkelte for Gud"라고 불렀다. 신 앞에 설 때 당신은 혼자다. 부모도, 친구도, 사회도 당신을 도와줄 수 없다. 오직 당신 혼자 결정해야 한다.

이것은 광기처럼 보인다. 실제로 키르케고르는 아브라함이 "광기와 믿음 사이의 벼랑 끝"에 있다고 말했다. 객관적으로 보면 아브라함은 미친 사람이다. 아들을 죽이려는 살인자다. 하지만 주관적으로, 아브라함에게는 이것이 진리다. 그는 신을 믿는다. 합리적 근거가 없다. 증명할 수 없다. 하지만 그는 믿는다.

INSIGHT

당신이 증명할 수 없지만 확신하는 것은 무엇인가? 사랑하는 사람이 당신을 사랑한다는 것? 당신의 인생에 의미가 있다는 것? 이것들이 당신의 주체적 진리다. 객관적으로 증명할 수 없지만, 당신은 그것에 목숨을 건다.

절벽 끝에 선 순간

절벽 끝에 서 있다고 상상하라. 아래를 본다. 천 미터 낭떠러지다. 무엇이 느껴지는가? 두려움? 맞다. 하지만 동시에 이상한 충동도 느낀다. "뛰어내리면 어떻게 될까?" 미친 생각이다. 당신은 죽고 싶지 않다. 하지만 그 생각이 든다. 왜? 당신이 자유롭기 때문이다. 당신은 뛰어내릴 수 있다. 아무도 막을 수 없다. 그 가능성 자체가 당신을 불안하게 만든다.

"불안은 자유의 현기증이다"

—『불안의 개념』

불안Angst은 위험 때문에 생기는 게 아니다. 가능성 때문에 생긴다. 당신은 무엇이든 될 수 있다. 그것이 당신을 압도한다. 결혼식 전날 밤을 생각해보라. 왜 불안한가? 결혼 생활이 나쁠 것 같아서? 아니다. 오히려 좋을 것 같다. 하지만 결혼하는 순간, 다른 모든 가능성이 닫힌다. 다른 사람을 만날 가능성, 다른 삶을 살 가능성. 하나를 선택하는 것은 수천 개를 포기하는 것이다. 20대는 가능성으로 가득하다. 무엇이든 될 수 있다. 30대가 되면 선택을 해야 한다. 직장, 배우자, 거주지. 40대가 되면 선택한 것들이 당신을 규정한다. 가능성은 줄어든다. 청소년이 불안한 이유가 여기 있다. 그들 앞에는 무한한 가능성이 있다. 무엇이든 될 수 있다. 그 가능성 자체가 무겁다. "잘못 선택하면 어떻게 하지?" 그래서 선택을 미룬다. 하지만 키르케고르는 말한다. 불안을 두려워하지 마라. 불안은 자유의 증거다. 동물은 불안하지 않다. 본능대로 산다. 기계도 불안하지 않다. 프로그램대로 작동한다. 오직 자유로운 인간만이 불안하다.

당신이 가장 불안한 결정은 무엇인가? 그것이 바로 당신에게 가장 중요한 결정이다. 불안을 피하지 마라. 불안 속으로 걸어 들어가라. 그곳에 당신의 진짜 자유가 있다.

절망의 세 형태

....

키르케고르는 『죽음에 이르는 병』에서 절망을 분석한다. 제목부터 충격적이다. 죽음에 이르는 병? 절망이다.

"절망은 죽음에 이르는 병이다. 그것은 죽을 수 없다는 것이 절망이기 때문이다."

- 첫 번째 절망: 자신이 되지 못하는 절망. 당신은 예술가가 되고 싶었다. 하지만 부모가 의사가 되라고 했다. 당신은 의대에 갔다. 지금 당신은 의사다. 성공했다. 돈도 번다. 사회적 지위도 있다. 하지만 행복하지 않다. 왜? 당신은 당신이 아니기 때문이다.
- 두 번째 절망: 자신이 되려는 절망. 당신은 자신을 발견했다. "나는 이런 사람이야!" 하지만 세상은 그것을 받아들이지 않는다. 가족이 반대한다. 사회가 조롱한다. 당신은 싸운다. 지친다. 절망한다.
- 세 번째 절망: 자신이 자신임을 의식하지 못하는 절망. 가장 무서운 형태다. 당신은 절망하고 있다는 것조차 모른다. 그냥 산다. "다들 이렇게 사는 거지." 문제가 있다는 것조차 모른다.

키르케고르는 말한다. 절망에서 벗어나는 길은 하나다. 자신을 받아들이는 것. 그리고 그 자신을 만든 힘(신)을 인정하는 것.

객관적 진리 vs 주체적 진리

·········

키르케고르는 『비학문적 후서』에서 폭탄을 던진다.

"진리는 주체성이다."

뭐라고? 진리가 주관적이라고? 그럼 아무거나 믿어도 되나? 키르케고르는 객관적 진리와 주체적 진리를 구분한다. 객관적 진리는 모두에게 같다. "물은 100도에서 끓는다." 누구에게나 참이다. 증명할 수 있다. 하지만 이런 진리로는 살 수 없다. "물이 100도에서 끓는다"는 사실로 인생의 의미를 찾을 수 없다. 주체적 진리는 나의 존재 방식에서만 참이다. "나는 신을 믿는다." 이것을 증명할 수 없다. 하지만 나에게는 진리다. 이것으로 나는 산다. 이것에 나는 목숨을 건다.

키르케고르는 이렇게 예를 든다. 한 사람은 완벽한 신학 지식을 가지고 있다. 성경을 달달 외운다. 교리를 정확히 안다. 하지만 그의 삶에는 변화가 없다. 다른 사람은 신에 대해 잘 모른다. 하지만 그는 떨리는 마음으로 매일 기도한다. 그의 삶은 신앙으로 가득하다. 누가 진정한 신자인가? 후자다. 왜? 그에게 신은 객관적 지식이 아니라 주체적 진리이기 때문이다.

협곡을 뛰어넘기

....

다리가 끊어진 협곡이 있다. 저편으로 건너가야 한다. 다리는 없다. 뛰어넘어야 한다. 도약할 것인가? 안 할 것인가? 뛰어넘을 수 있다는 보장이 있는가? 없다. 거리를 재고, 속도를 계산하고, 바람의 방향을 측정한다. 모든 것이 완벽하다. 하지만 여전히 확신할 수 없다. 작은 변수 하나가 당신을 추락시킬 수 있다. 그렇다면 어떻게 하는가? 계산을 멈춰야 한다. 어느 순간 도약해야 한다. 합리성을 넘어서야 한다. 이것이 믿음의 도약leap of faith이다.

"믿음은 인간에게 가장 높은 열정이다. 모든 세대에서 거기에 도

달하지 못하는 사람이 많지만, 그보다 더 멀리 가는 사람은 아무
도 없다."

―『공포와 전율』

결혼도 마찬가지다. 이 사람과 평생 행복할 거라는 보장이 있는
가? 없다. 통계를 본다. 이혼율 30%. 리스크가 있다. 상대방을 분석
한다. 장점, 단점. 궁합을 본다. 부모님 의견을 듣는다. 하지만 완벽한
확신은 오지 않는다. 어느 순간 결정해야 한다. "나는 이 사람과 결혼
한다." 합리적 근거를 넘어서는 순간이다. 직장을 그만두고 창업한
다. 성공할 거라는 보장이 있는가? 없다. 시장조사를 한다. 사업계획
서를 쓴다. 전문가에게 자문을 구한다. 하지만 확신은 오지 않는다.
어느 순간 도약해야 한다. 키르케고르는 말한다. 진정으로 중요한
선택은 합리적으로 할 수 없다. 당신은 불확실성 속으로 뛰어들어야
한다. 떨면서 뛰어들어야 한다. 그것이 실존적 선택이다.

INSIGHT

당신이 미루고 있는 중요한 결정이 있는가? 더 많은 정보를 모으고 있는가? 하지만
솔직하게 물어보라. "더 많이 알면 확신이 생길까?" 아마도 아닐 것이다. 어느 순간
도약해야 한다. 그 순간이 지금이다.

군중은 비진리다

....

주말이다. 친구들이 놀러 가자고 한다. 당신은 집에서 책을 읽고
싶다. 하지만 거절하면 이상한 사람이 된다. "왜 안 나와?" "혼자 뭐
해?" 당신은 따라간다. 회사에서 모두가 야근한다. 당신은 일이 끝났
다. 집에 가고 싶다. 하지만 혼자 먼저 가면 눈치가 보인다. 당신은 남
는다. 키르케고르는 『현 시대』에서 선언한다.

"군중은 비진리다."

무슨 뜻인가? 군중 속에서 당신은 당신이 아니다. 군중은 책임을
희석시킨다. "다들 그렇게 하잖아." 군중은 생각을 멈추게 한다. "다
들 그렇게 생각해." 군중은 당신을 안전하게 만든다. 하지만 당신을
지운다. 나치 독일을 보라. 수백만 명이 홀로코스트에 참여하거나
방관했다. 그들은 악한 사람들이었나? 아니다. 대부분은 평범했다.

한나 아렌트가 말한 "악의 평범성"이다. 하지만 군중 속에서 그들은 생각을 멈췄다. "다들 그렇게 하니까." 키르케고르가 추구한 것은 개인den Enkelte이다. 군중에서 떨어져 나온 개인. 스스로 생각하는 개인. 스스로 선택하는 개인. 신 앞에 홀로 서는 개인. 이것은 고독하다. 무섭다. 하지만 이것만이 진정한 삶이다.

당신이 최근에 한 선택들을 돌아보라. 몇 개가 정말 당신의 선택인가? 몇 개가 "다들 그렇게 하니까"로 한 선택인가? 키르케고르는 말한다. 군중을 따르는 것은 쉽다. 하지만 그것은 당신의 삶이 아니다.

대중문화의 함정

....

현대를 보라. 릴스를 연다. 모두가 같은 춤을 춘다. 같은 노래에 맞춰, 같은 동작으로. "챌린지"라고 부른다. 참여하지 않으면 뒤처진 사람이 된다. 넷플릭스 1위 콘텐츠를 확인한다. 다들 보고 있다. 안 보면 대화에 끼지 못한다. 그렇게 재밌지는 않아도 모두가 보니까 본다. "요즘 뭐가 핫해?" 이 질문 자체가 군중의 언어다. 당신이 뭘 좋아하는지가 아니라, 다들 뭘 좋아하는지를 묻는다. 키르케고르가 살아 있다면 이렇게 말했을 것이다. "군중의 극치다." 모두가 모두를 보고, 모두가 모두를 따라한다. 개성은 사라지고, 획일성만 남는다. 하지만 키르케고르는 엘리트주의자가 아니었다. 그는 "나만 특별해"라고 말하지 않았다. 그는 "모두가 개인이 되어야 한다"고 말했다. 군중을 떠나라. 스스로 생각하라. 혼자 서라.

개인주의의 극단?

....

많은 철학자들이 키르케고르를 비판했다. 가장 큰 비판은 "개인만 강조하면 사회는 어떻게 되나?"다. 키르케고르는 군중을 비판했다. 하지만 인간은 사회적 동물이다. 우리는 혼자 살 수 없다. 공동체가 필요하다. 연대가 필요하다. 키르케고르의 개인은 너무 고립되어 있지 않은가? 현대 공동체주의자들, 예를 들어 마이클 샌델은 이렇게 반박한다. "우리는 선택하지 않은 의무를 진다. 가족, 국가, 전통. 이것들이 우리를 만든다." 키르케고르는 이것을 너무 쉽게 무시한 게 아닌가?

비합리주의의 위험?

....

키르케고르는 이성을 넘어서라고 말했다. 믿음의 도약을 하라고 했다. 하지만 이것은 위험하지 않은가? "신이 명령했다"며 아들을 죽이려는 아브라함을 찬양한다. 하지만 만약 누군가 "신이 명령했다"며 테러를 저지른다면? 그것도 믿음의 도약인가? 이성을 버리면 광신이 남는다. 계산을 멈추면 맹목이 남는다. 키르케고르는 이 위험을 과소평가한 게 아닌가?

그럼에도 불구하고

....

한계가 있다. 하지만 키르케고르의 핵심 메시지는 여전히 유효하다. 당신은 군중 속에 숨을 수 없다. "다들 그렇게 하니까"는 변명이다. 중요한 선택은 합리적으로 할 수 없다. 어느 순간 도약해야 한다. 불안은 피할 게 아니라 통과해야 할 것이다. 키르케고르가 우리에게 준 것은 신학 이론이 아니다. 용기다. 혼자 설 용기. 떨면서도 선택할 용기. 군중을 떠날 용기. 이것이 우리를 피상적 삶에서 실존적 삶으로 데려간다.

불안을 받아들이고 도약하라

....

키르케고르의 실존주의는 불편하다. 군중도, 이성도, 안전망도 당신을 구원하지 않는다. 당신은 혼자 서야 하고, 도약해야 하고, 떨어야 한다. 하지만 이것은 절망이 아니라 자유의 시작이다. 당신은 "다들 그렇게 하니까"로 살 필요가 없다. 당신은 계산이 완벽해질 때까지 기다릴 필요가 없다. 불안은 자유의 증거다. 떨림은 살아있음의 증거다. 1843년, 키르케고르는 사랑하는 여자를 떠났다. 평생 후

회했다. 하지만 그 선택이 그를 만들었다. 그 불안이 그의 철학을 낳았다. 그 도약이 실존주의를 탄생시켰다. 당신도 선택의 순간에 서 있다. 무엇을 선택하든, 불안할 것이다. 후회할 것이다. 완벽한 선택은 없다. 하지만 선택하지 않는 것이 가장 나쁜 선택이다. 불안을 받아들여라. 그것이 자유의 증거다. 계산을 멈춰라. 완벽한 확신은 오지 않는다. 그리고 도약하라. 떨면서, 불안하면서, 그래도 뛰어라. 당신의 삶은 당신의 도약으로 만들어진다.

키르케고르 더 읽기

- 『이것이냐 저것이냐』 심미적 삶과 윤리적 삶   난이도 ★★★☆☆
- 『공포와 전율』 아브라함과 믿음의 도약   난이도 ★★★★☆
- 『불안의 개념』 자유의 현기증   난이도 ★★★★☆
- 『죽음에 이르는 병』 절망의 분석   난이도 ★★★★☆

하이데거의 존재와 시간

죽음을 잊을 때 삶도 잊는다

03

Martin Heidegger

우리는 출근하고, 일하고, 관계를 맺고, 취미를 즐기지만, 어딘가 공허하다. 시간은 흐르지만 아무것도 쌓이지 않는다. 우리는 "사람들"이 하는 대로 살 뿐, 정작 "나"로 살지 못한다. 하이데거는 이 공허의 원인을 진단했다. 우리는 죽음을 잊고 산다. 죽음을 미래의 먼 사건으로 밀어놓고, 마치 영원히 살 것처럼 일상을 반복한다. 그래서 매 순간의 소중함을 잃는다. 그래서 진정한 선택을 하지 못한다. 그래서 우리는 존재하지 못하고 단지 '있을' 뿐이다. 하이데거처럼 생각한다는 것은 "나중에 해도 돼"를 버리고, "지금이 아니면 언제?"라고 묻는 것이다.

전통 형이상학에 대한 도전

....

서양 철학은 플라톤 이래 2,000년 동안 "존재자"(있는 것들)에 대해서는 물었지만, "존재" 그 자체에 대해서는 묻지 않았다. 테이블이 무엇인지, 인간이 무엇인지는 물었지만, '있다'는 것 자체가 무엇인지는 묻지 않았다. 하이데거는 이것을 "존재 망각"이라 불렀고, 이 망각된 질문을 다시 꺼내 들었다. 1927년 『존재와 시간Sein und Zeit』이 출간되자 철학계는 충격에 빠졌다. 난해한 독일어 신조어들, 일상적 현상에 대한 철학적 분석, 그리고 무엇보다 죽음을 철학의 중심에 놓은 혁명적 사유. 하이데거는 철학을 책상에서 거리로, 개념에서 삶으로 끌어내렸다.

망치를 들어올릴 때

....

출근한다. 사무실에 앉고, 마우스를 잡는다. 클릭한다. 키보드를 친다. 타자를 친다. 이 순간 당신은 마우스에 대해 생각하는가? 아니다. 마우스는 그냥 작동한다. 손의 연장이다. 클릭하고 싶으면 클릭한다. 생각할 필요가 없다. 마우스는 투명하다. 당신의 의식은 마우스를 '통과'해서 화면의 아이콘으로 향한다. 하이데거는 이것을 도구적 존재Zuhandenheit라고 불렀다. 독일어로 '손안에-있음'이라는 뜻이다. 망치를 든 목수를 생각해보자. 그는 망치에 대해 생각하지 않는다.『존재와 시간』에서 하이데거는 망치 드는 목수를 예로 든다.

"망치질할 때 망치는 망치로서 직접 나타나지 않는다. 오히려 못 박기에 사용되고 있으며, 이 과정에서 그것의 도구성이 드러난다. 망치가 완전히 제대로 작동할수록, 그것은 더욱 '보이지 않게' 된다."

목수는 망치에 대해 생각하지 않는다. 망치는 그의 손과 하나가 된다. 못을 박는 것이 중요하지, 망치 자체는 중요하지 않다. 이것이 우리가 세계와 맺는 가장 원초적인 관계다. 하지만 망치가 부러졌다. 갑자기 망치가 보인다. 이제 망치는 도구가 아니라 대상Vorhandenheit이 된다. 당신은 망치를 관찰한다. "나무로 만들어졌네. 손잡이가 부러졌네. 고쳐야겠네." 길을 걸을 때도 마찬가지다. 길에 대해 생각하지 않는다. 그냥 목적지로 간다. 물 역시도 마찬가지다. 물

에 대해 생각하지 않는다. 그냥 마신다. 일상의 대부분 시간, 우리는 도구적 존재 속에 산다. 세계는 우리에게 '이론적 대상'이 아니라 '사용되는 도구'다. 전통 철학은 인간을 "세계를 관찰하는 주체"로 봤다. 하지만 실제로 우리는 대부분의 시간을 "세계와 얽혀 행동하는 존재"로 산다. 데카르트의 "나는 생각한다"보다 "나는 망치질한다"가 더 근본적이다.

> **INSIGHT**
>
> 오늘 하루 의식적으로 도구를 관찰해보라. 칫솔을 들 때, 문손잡이를 잡을 때, 스마트폰을 켤 때. 평소에는 보이지 않던 것들이 보이기 시작한다. 당신이 얼마나 많은 것들과 얽혀 살아가는지, 그것들이 얼마나 자연스럽게 당신의 일부가 되어있는지 깨닫게 될 것이다.

세계-내-존재: 우리는 세계 속에 녹아있다

·········

하이데거는 인간을 세계-내-존재In-der-Welt-sein라고 정의했다. 이것은 단순히 "세계 안에 있다"는 뜻이 아니다. 물고기가 물속에 있듯이, 우리는 세계와 분리될 수 없다는 뜻이다.

데카르트는 생각했다. 먼저 '나'라는 주체가 있고, 그 다음에 '세계'라는 객체가 있다. 주체가 객체를 인식한다. 하지만 하이데거는 반박한다. 아니다. 주체와 객체의 분리는 나중에 일어나는 추상화다. 원래 우리는 세계와 하나다. 아기를 보자. 아기는 '나'와 '엄마'를 구분하지 못한다. 배고프면 울고, 울면 엄마의 젖이 온다. '엄마'라는 객체를 인식하는 게 아니라, 배고픔-울음-젖의 흐름 속에 있을 뿐이다. 나중에야 '나'와 '엄마'가 분리된다. 우리도 마찬가지다. 아침에 일어나 화장실에 간다. '화장실'이라는 객체를 이론적으로 인식하고 가는가? 아니다. 몸이 그냥 간다. 세수하고, 양치하고, 옷을 입는다. 모두 자동이다. 당신은 세계와 하나로 흐른다. 하이데거는 이것을 배려Besorgen라고 불렀다. 우리는 세계를 '돌본다'. 화초에 물을 주고, 방을 정리하고, 고장난 것을 고친다. 이것이 우리가 세계와 맺는 원초적 관계다. 인식하기 전에, 우리는 이미 관여하고 있다.

커피숍의 사람들

....

점심시간이다. 커피숍에 간다. 줄을 선다. 앞사람이 주문한다. "아메리카노 톨 사이즈요." 당신도 주문한다. "아메리카노 톨 사이즈요." 왜 똑같은 걸 주문했는가? 맛있어서? 아니면 다들 그렇게 하니까? 자리에 앉는다. 스마트폰을 꺼낸다. 주변 사람들을 본다. 모두 스마트폰을 보고 있다. 당신도 본다. 인스타그램을 연다. 스크롤한다.

이 순간 당신은 누구인가? 하이데거는 이것을 세인^{das Man}이라고 불렀다. 영어로는 'the They', 즉 '막연한 그들'이라는 뜻이다. "모두가 대학에 가야 한다고 하잖아." 당신은 대학에 간다. 왜? 당신이 원해서? 아니면 사람들이 그렇게 하니까? "요새 사람들은 30살 전에 결혼한다잖아." 당신은 결혼한다. 왜? 사랑해서? 아니면 나이가 됐으니까? "다들 주말에 놀러 간다잖아." 당신은 놀러 간다. 왜? 쉬고 싶어서? 아니면 집에만 있으면 이상한 사람이니까? 세인 속에서 당신은 책임을 회피한다. "다들 그렇게 하잖아." 틀려도 당신 혼자 틀린 게 아니다. 안전하다. 편하다. 하지만 당신이 사라진다. 당신은 '당신'이 아니라 '사람들'이 된다.

오늘 당신이 한 선택들을 돌아보라. "왜 이걸 선택했지?"라고 물어라. 만약 답이 "다들 그렇게 하니까"라면, 그것은 세인의 선택이다. 진짜 당신의 선택을 하나라도 찾아보라. 아무리 작은 것이어도 좋다.

공공연함: 모든 것이 평균화된다

세인 속에서 모든 것은 평균화된다. 하이데거는 이것을 공공연함Öffentlichkeit이라 불렀다. 뉴스를 본다. "전문가들은 이렇게 말합니다." 어떤 전문가? 모른다. 그냥 '전문가들'이다. SNS를 본다. "요즘 유행하는 스타일은 이것입니다." 누가 유행시켰나? 모른다. 그냥 '유행'이다. 공공연함은 모든 것을 평균으로 끌어내린다. 뛰어난 것은 견제받는다. "너무 튀지 마", "모가 나면 정 맞는다". 모두가 평균으로 수렴한다. 안전하지만 창조성은 죽는다. 회사를 보라. 혁신적인 아이디어를 내놓는다. "그런 건 전에도 해봤어. 안 돼." "다른 회사는 그렇게 안 해." "시장이 받아들일까?" 모두가 평균을 추구한다. 그래서 모든 회사가 비슷해진다. 학교를 보라. 아이가 그림을 잘 그린다. 하지만 수학을 못한다. 선생님이 말한다. "그림만으로는 먹고살 수 없어.

수학 공부를 해야지." 평균으로 끌어내린다. 특별함은 위험이다.

출근길의 반복

....

월요일 아침, 알람이 울린다. 일어나서 씻고, 옷을 입고, 지하철을 탄다. 회사, 일, 점심, 다시 일. 퇴근해서 집에 오면 저녁을 먹고 TV를 보다 잠이 든다. 눈을 뜨면 화요일. 또 알람이 울리고, 씻는다. 수요일, 목요일, 금요일도 똑같다. 다음 주도 똑같이 씻고, 똑같은 지하철을 탄다. 이 쳇바퀴가 언제 시작됐는지 기억조차 없다.

이것을 하이데거는 일상성everydayness이라고 불렀다. 일상은 우리를 마비시킨다. 반복은 우리를 잠재운다. "오늘도 어제와 같고, 내일도 오늘과 같을 것이다." 시간은 흐르지만, 아무것도 변하지 않는다. 아니, 정확히는 시간이 흐르는 것조차 느끼지 못한다. 더 무서운 것은 당신이 이것을 눈치채지 못한다는 것이다. 물고기는 물을 느끼지 못한다. 평생 물속에 있었으니까. 당신도 일상을 느끼지 못한다. 평생 일상 속에 있었으니까. 어느 날 문득 깨닫는다. "나는 뭘 하고 있는 거지?" 5년이 지났다. 10년이 지났다. 무엇이 남았는가? 통장에 돈이 조금 늘었다. 직급이 조금 올랐다. 그게 전부다. 당신은 살았는가, 아니면 시간만 소비했는가? 하이데거는 말한다. 대부분의 사람들은 죽음을 향해 도피fleeing from death한다. 죽음을 생각하지 않으려고 일상에 몰두한다. 바쁘게 산다. 일에, 취미에, 관계에 빠진다. 왜? 멈추는 순간 두려워지니까. "나는 죽는다"는 사실을 마주해야 하니까.

지난 한 달을 돌아보라. 몇 개의 날이 기억나는가? 만약 대부분이 희미하다면, 당신은 일상성에 매몰되어 있는 것이다. 이번 주에 의도적으로 일상을 깨뜨려보라. 다른 길로 출근하거나, 점심을 새로운 곳에서 먹거나, 평소에 안 하던 일을 해보라. 작은 변화가 일상성을 깨운다.

한밤중의 각성

한밤중이다. 잠에서 깬다. 이유는 모른다. 천장을 보는데 갑자기 이상한 느낌이 든다. 익숙한 방이다. 당신 침대다. 당신의 집이다. 하지만 낯설다. 모든 것이 의미를 잃는다. "왜 나는 이 방에 있는 거지? 왜 나는 이 직장을 다니지? 왜 나는 이 사람과 함께 있는 거지?" 답이 없다. 두렵다. 심장이 빨리 뛴다. 이것이 불안Angst이다. 하이데거는

불안과 공포Furcht를 구분했다. 공포는 대상이 있다. 호랑이가 무섭다. 시험이 무섭다. 해고가 무섭다. 대상이 명확하니까 대처할 수 있다. 도망가거나, 준비하거나, 피한다. 하지만 불안은 대상이 없다.

"불안은 '무' 앞에서, 그리고 '어디도 아닌 곳'에서 느낀다. 불안 속에서 세계 내부의 존재자 전체가 무의미해진다."

―『존재와 시간』(의역)

"뭐가 불안한데?" 모른다. 모든 것이 불안하다. 아니, 정확히는 무nothing가 불안하다. 의미가 사라졌다. 모든 것이 공허하다. 세인은 불안을 느끼지 않는다. 그는 바쁘다. 일이 있고, 약속이 있고, 할 일이 있다. 불안할 틈이 없다. 하지만 한밤중, 혼자 있을 때, 문득 불안이 찾아온다. 하이데거는 말한다. 불안을 피하지 마라. 불안은 선물이다.

"불안은 현존재를 본래적 존재가능으로 개방한다. 불안은 현존재를 홀로 고립시키지만, 이 고립 속에서 현존재는 세계-내-존재로서 자기 자신에게 개시된다."

—『존재와 시간』

불안 속에서 세인의 위안이 무너진다. "다들 그렇게 하잖아"가 더 이상 위로가 되지 않는다. 당신은 혼자다. 당신의 삶은 당신이 책임져야 한다. 누구도 대신할 수 없다. 불안 속에서 일상성이 깨진다. 반복되던 패턴이 멈춘다. "왜 나는 이렇게 살지?" 질문이 시작된다. 그리고 그 질문이 당신을 깨운다.

INSIGHT

불안이 찾아올 때 술을 마시거나, TV를 보거나, SNS를 하며 도피하지 마라. 그 불안 속에 앉아 있어라. 노트를 꺼내 "나는 무엇이 불안한가?"라고 적어라. 답은 즉시 나오지 않는다. 하지만 그 질문 자체가 당신을 변화시킨다. 불안은 본래적 존재로 가는 문이다.

장례식장에서

....

친구가 죽었다. 같은 나이다. 어제까지 함께 농담하던 사람이다. 심장마비였다. 예고 없는 죽음이었다. 당신은 장례식장에 간다. 영정 사진을 본다. 친구는 여전히 웃고 있다. 저번 주에 찍은 사진이다.

당신은 멍하니 서 있다. "이게 진짜인가?" 비현실적이다. 어제까지 살아있던 사람이 오늘은 없다. 조문객들이 온다. 인사를 하고, 위로를 건네고, 썰물처럼 빠져나간다. 당신도 곧 나갈 것이다. 집에 가서 저녁을 먹고, TV를 보고, 잠들 것이다. 내일은 출근할 것이다. 모든 것이 평소대로 흘러갈 것이다. 하지만 이 순간, 당신은 느낀다.

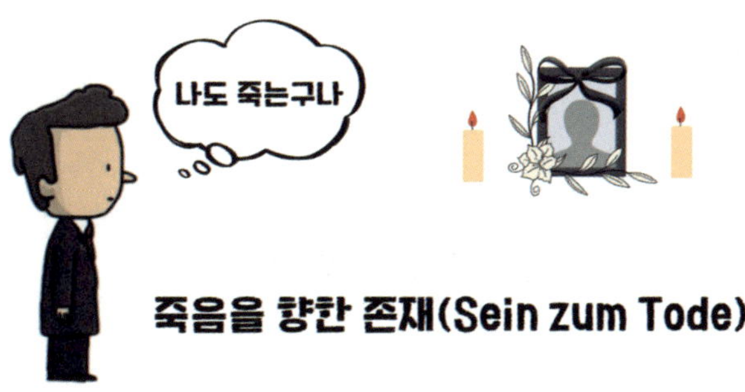

죽음을 향한 존재(Sein zum Tode)

"나도 죽는구나." 막연하게 알고 있던 사실이 갑자기 생생해진다. 죽음은 먼 미래가 아니다. 그것은 지금 당신 곁에 있다. 하이데거는 현존재를 죽음을 향한 존재^{Sein zum Tode}라고 정의했다. 우리는 태어나는 순간부터 죽음을 향해 간다. 죽음은 끝이 아니라 삶의 구조 자체다. 『존재와 시간』에서 하이데거는 이렇게 말한다.

"죽음은 현존재의 가장 고유한, 무관계적이며, 추월 불가능한 가능성이다."

무슨 뜻인가?

- 가장 고유한eigenste: 죽음은 철저히 개인적이다. 아무도 당신 대신 죽을 수 없다. 부모도, 친구도, 돈도 당신의 죽음을 막을 수 없다.
- 무관계적unbezüglich: 죽음 앞에서 모든 관계가 무의미해진다. 직장, 가족, 명예. 모두 사라진다. 당신은 홀로 죽음을 맞는다.
- 추월 불가능한unüberholbar: 죽음은 넘어설 수 없다. 다른 가능성들은 실현할 수도, 포기할 수도 있다. 하지만 죽음은 언젠가 반드시 온다.

죽음을 앞당겨 생각하기

·········

다시 장례식장이다. 하지만 이번엔 다른 장례식이다. 당신의 장례식이다. 상상해보라. 당신이 죽었다. 관 속에 누워 있다. 조문객들이 온다. 그들은 무슨 말을 하는가? "참 좋은 사람이었어. 성실했지." "회사에서 일 잘했어." "가족을 위해 희생했어." 이게 당신이 원하는 추도사인가? 아니면 다른 것을 듣고 싶은가? "자기 인생을 살았어." "진정으로 사랑했어." "자신의 꿈을 좇았어." 하이데거는 이것을 선구Vorlaufen라고 불렀다. 죽음을 향해 앞서 달려가는 것이다. 죽음이 올 때까지 기다리지 않는다. 지금 죽음을 생각한다. "내가 1년 후에 죽는다면, 무엇을 할 것인가?" 이 질문이 모든 것을 바꾼다. 갑자기 중요하지 않은 것들이 보인다. 의미 없는 회의, 쓸데없는 걱정, 피상적인 관계.

　반대로 중요한 것들이 선명해진다. 사랑하는 사람들과의 시간, 하고 싶었던 일, 가야 할 곳. 죽음은 가능성의 불가능성이다. 죽으면 더 이상 아무것도 할 수 없다. 모든 가능성이 닫힌다. 그래서 죽음은 가장 확실한 것이면서 동시에 가장 불확실한 것이다. 언젠가 반드시 온다. 하지만 언제 올지 모른다.

종이를 꺼내라. 위에 "내 묘비명"이라고 쓰라. 당신이 죽었을 때 묘비에 새겨질 한 문장을 써보라. 그것이 당신이 진정으로 원하는 삶의 모습이다. 지금 당신은 그 방향으로 가고 있는가? 만약 아니라면, 무엇을 바꿔야 하는가?

두가지 길

....

친구의 장례식에서 집으로 돌아왔다. 당신은 소파에 앉는다. 멍하니 벽을 본다. 두 가지 선택이 있다.

첫 번째: 비본래적 존재 uneigentliche Existenz

잊는다. "슬프네. 하지만 인생은 계속되니까." 내일은 출근한다. 다시 일상으로 돌아간다. 바쁘게 산다. 죽음은 잊는다. 1주일 후, 당신은 친구의 얼굴도 기억나지 않는다. 세인 속으로 다시 빠져든다. "사람들은 이렇게 산다." "다들 그렇게 한다." 책임을 회피한다. 선택을 미룬다. 일상성에 매몰된다. 안전하다. 편하다. 하지만 당신이 사라진다.

두 번째: 본래적 존재 eigentliche Existenz

깨어난다. "나도 죽는다. 언제 죽을지 모른다. 그렇다면 어떻게 살 것인가?" 질문이 시작된다. 일상이 흔들린다. 세인의 위안이 무너진다. 불안하다. 하지만 동시에 살아있다. 본래적 존재는 무엇인가? 하이데거는 이렇게 정의한다:

"본래적으로 존재한다는 것은 자기 자신을 선택하는 것이다. 세인의 선택이 아니라, 자기만의 가능성을 붙잡는 것이다."

세인은 묻는다. "사람들은 어떻게 하지?" 본래적 존재는 묻는다. "나는 어떻게 할 것인가?" 세인은 과거를 반복한다. "전에도 이렇게 했어." 본래적 존재는 미래를 창조한다. "이번엔 다르게 해보자." 세인은 책임을 회피한다. "어쩔 수 없었어." 본래적 존재는 책임을 진다. "내가 선택했어."

양심의 부름

하이데거는 양심^{Gewissen}을 독특하게 해석한다. 양심은 도덕적 판단이 아니다. 양심은 '본래적 존재로의 부름'이다. 한밤중 불안이 찾아온다. 내면에서 목소리가 들린다. "너는 지금 진짜 너로 살고 있니?" "너는 네가 원하는 삶을 살고 있니?" "아니면 그냥 사람들이 하는 대로 따라가고 있니?" 이것이 양심의 부름이다. 세인에서 벗어나라는 부름. 일상성에서 깨어나라는 부름. 자기 자신이 되라는 부름. 하지만 우리는 대부분 이 부름을 무시한다. 다시 일상으로 도피한다. 바쁘게 산다. 양심의 목소리가 들리지 않을 만큼 시끄럽게 산다. 본래적 존재는 이 부름에 응답한다. 불편하다. 두렵다. 세인의 안전망을 버려야 하니까. 하지만 그것만이 진짜 사는 길이다.

나치 협력의 문제

하이데거의 철학을 논할 때 피할 수 없는 문제가 있다. 1933년, 그는 프라이부르크 대학 총장이 되어 나치당에 입당했고, 히틀러를 지지하는 연설을 했다. 비록 1년 만에 총장직을 사임했지만, 전쟁이 끝날 때까지 당적을 유지했다. 어떻게 "본래적 존재"를 강조한 철학자가 전체주의에 협력할 수 있었는가? 어떻게 "세인에서 벗어나라"고 외친 사람이 나치라는 궁극의 '세인'에 빠질 수 있었는가? 이것은 하이데거 철학의 치명적 모순이다. 그의 제자들(한나 아렌트, 한스 요나스, 카를 뢰비트)은 충격받았고, 많은 이들이 스승과 결별했다. 하이데거 본인은 전쟁 후에도 이에 대해 제대로 사과하지 않았다. 이것은 우리에게 무엇을 말하는가? 철학과 삶은 별개일 수 있다는 것. 아무리 심오한 사상도 구체적 정치적 판단을 보장하지 않는다는 것. 그리고 철학자의 삶이 그의 철학을 무효화하지는 않지만, 그것을 읽을 때 비판적 거리를 유지해야 한다는 것.

지나치게 개인주의적?

사르트르가 하이데거를 비판한 지점이 있다. 하이데거의 "본래적 존재"는 너무 개인주의적이지 않은가? 우리는 혼자 사는 게 아니다. 타인과 함께 산다. 사회 속에 산다. 하이데거는 공동-존재Mitsein를 언급하긴 했지만, 깊이 탐구하지 않았다. 그의 관심은 철저히 개인의 실존에 있었다. 하지만 인간은 사회적 동물이다. 나의 죽음은 내 것이지만, 나의 삶은 타인들과 얽혀 있다. 본래성은 중요하지만, 연대와 협력도 중요하다. 이 부분은 하이데거의 맹점이다.

너무 어둡지 않은가?

....

하이데거 철학은 어둡다. 죽음, 불안, 무, 고독. 긍정적인 것이 별로 없다. 삶의 기쁨은? 사랑은? 희망은? 비판자들은 말한다. 하이데거는 실존의 어두운 면만 본다. 하지만 인생에는 빛도 있다. 아이의 웃음, 봄날의 햇살, 사랑하는 사람과의 저녁. 이것들도 실존이 아닌가? 맞는 비판이다. 하지만 하이데거의 요점은 이것이다. 우리는 이미 기쁨을 찾는 데는 익숙하다. 문제는 의미 없는 기쁨에 중독되어 진짜 삶을 잊는다는 것. 그래서 그는 우리를 불편한 진실로 데려간다. 당신은 죽는다. 그리고 그 사실을 직시해야만 진정으로 살 수 있다.

그럼에도 여전히 유효한 이유

....

한계가 있다. 하지만 하이데거의 핵심 메시지는 여전히 강력하다. 당신은 일상에 매몰되어 있다. 세인의 기대를 따르며 산다. 죽음을 잊고 산다. 그래서 진정한 삶을 놓친다. 깨어나라. 죽음을 직시하라. 자기 자신으로 살아라. 이 메시지는 21세기에도 유효하다. 아니, 어쩌면 지금이 더 필요하다. SNS는 우리를 세인 속에 더 깊이 빠뜨린다. 무한 스크롤은 일상성을 강화한다. 우리는 그 어느 때보다 바쁘지만, 그 어느 때보다 공허하다.

진정으로 존재하기

....

하이데거의 『존재와 시간』은 어렵다. 난해한 용어, 복잡한 구조, 추상적인 논증. 하지만 핵심 메시지는 간단하다. 당신은 존재하는가? 아니면 그냥 '있을' 뿐인가? 대부분의 사람들은 살아있지만, 진정으로 존재하지는 않는다. 그들은 죽음을 잊고 산다. 일상에 매몰된다. 세인을 따른다. 그래서 삶을 잊는다. 하이데거는 묻는다. "당신은 언제 죽을지 모른다. 그런데도 지금처럼 살 것인가?" 죽음은 끝이 아니다. 죽음은 삶의 가능성이다. 죽음이 있기에 시간이 소중하다. 죽음이 있기에 선택이 중요하다. 죽음이 있기에 매 순간이 의미 있다. 영원히 산다면? 모든 것을 미룰 것이다. "나중에 해도 돼." 하지만 당신은 유한하다. 시간이 제한되어 있다. 그래서 지금이 중요하다.

하이데거는 말한다. 죽음을 직시하라. 그러면 삶이 보인다. 유한성을 받아들여라. 그러면 매 순간이 소중해진다. 자신의 죽음을 앞당겨 생각하라. 그러면 진정으로 살기 시작한다. 당신은 죽는다. 이것은 확실하다. 하지만 죽기 전까지 어떻게 살 것인가? 이것은 당신의 선택이다. 그리고 그 선택이 당신의 존재를 결정한다.

하이데거 더 읽기

- 『**존재와 시간**』 실존철학의 기념비적 저작 　　　난이도 ★★★★★
- 『**예술작품의 근원**』 존재론의 미학적 확장 　　　난이도 ★★★★☆
- 『**기술에 대한 물음**』 현대 기술문명 비판 　　　난이도 ★★★★☆

카뮈의
부조리

의미 없는 세상에서 의미를 만들어라

04

Albert Camus

하이데거가 죽음을 직시하라 했다면, 알베르 카뮈는 한 걸음 더 나아간다. 그는 가장 근본적인 질문을 던진다. "삶에 의미가 없다면, **왜 살아야 하는가?**" 그리고 답한다. "의미가 없기 때문에 오히려 살아야 한다." 카뮈가 발견한 것은 부조리(l'absurde)다. 인간은 끊임없이 의미를 찾지만, 세계는 침묵한다. 우리는 "왜?"라고 묻지만, 세계는 답하지 않는다. 이 괴리, 이 불일치, 이 비극적 대면이 부조리다. 하지만 카뮈는 여기서 절망하지 않는다. 오히려 반항한다. 의미가 없다면, 우리가 만들면 된다. 신이 없다면, 우리가 우리 자신의 신이 되면 된다. 이 장에서 배울 것은 카뮈의 문학적 아름다움이 아니다. 부조리를 인정하는 법, 도피하지 않는 법, 그리고 '그럼에도 불구하고' 살아가는 법이다.

모든 의미가 무너진 세계

....

1940년 프랑스가 나치에 항복했다. 파리는 점령당했고, 유대인들은 수용소로 끌려갔으며, 레지스탕스는 거리에서 총살당했다. 인간의 이성이 만든 문명이 순식간에 야만으로 돌아갔다. 계몽주의의 낙관, 진보에 대한 믿음, 인간성에 대한 신뢰, 모두 거짓이었다. 카뮈는 레지스탕스 신문 『콩바Combat』의 편집장이 되어 나치에 저항했다. 밤에는 지하 인쇄소에서 신문을 찍었고, 낮에는 『시지프스 신화』를 썼다. 그는 두 가지를 동시에 보았다. 세계의 부조리함과, 그럼에도 불구하고 싸워야 하는 이유. 사르트르와 카뮈는 친구였다가 나중에 결별했다. 왜? 사르트르는 공산주의를 옹호했고, 카뮈는 거부했다. 사르트르는 "역사적 목적을 위해서는 폭력도 정당화될 수 있다"고 봤고, 카뮈는 "어떤 목적도 무고한 사람의 죽음을 정당화할 수 없다"고 주장했다. 이 차이는 철학적인 동시에 실존적이었다.

월요일 아침의 각성

....

월요일 아침, 알람이 울린다. 손을 뻗어 알람을 끈다. 침대에서 일어나 화장실로 간다. 세수를 하고 양치를 하는데, 거울 속 당신의 얼굴을 본다. 문득 이상한 질문이 떠오른다. "나는 왜 이러고 있지?" 샤워를 하고, 옷을 입고, 아침을 먹는다. 지하철을 타고 회사에 간다. 컴퓨터를 켜고 이메일을 확인한다. 회의에 참석하고, 점심을 먹고, 다시 일한다. 퇴근하고 집에 와서 저녁을 먹고 TV를 본다. 잠든다. 이 패턴이 일 년 내내 반복되고, 십 년 동안 반복되고, 당신이 은퇴할 때까지 반복된다. 그리고 어느 날, 아침에 일어나면서 이 모든 것이 갑자기 이상하게 느껴진다. "왜 나는 매일 이것을 반복하는가? 무엇을 위해서?" 답이 없다. 그냥 그래야 하니까. 모두가 그렇게 하니까. 살아야 하니까.

하지만 왜 살아야 하는가? 이 질문 앞에서 모든 답변은 공허하게 들린다. "가족을 위해서?" 하지만 가족도 결국 죽는다. "성공하기 위해서?" 하지만 성공하면 뭐가 달라지는가? "행복하기 위해서?" 하지만 행복은 순간적이고, 다시 공허함이 찾아온다. 카뮈는 『시지프스 신화』의 첫 문장을 이렇게 시작했다.

"진정으로 심각한 철학적 문제는 단 하나, 자살이다. 인생이 살 가치가 있는지 없는지를 판단하는 것, 그것이야말로 철학의 근본 문제에 답하는 것이다."

부조리의 탄생

·········

회사에서 프레젠테이션을 한다. 몇 주 동안 준비했다. 완벽하다. 자료도 풍부하고 논리도 탄탄하다. 발표를 시작한다. 하지만 중간쯤 가서 문득 깨닫는다. "이게 무슨 의미가 있지?" 이 프레젠테이션이 성공하면 프로젝트가 승인된다. 프로젝트가 완료되면 회사 매출이 조금 오른다. 당신은 승진할 수도 있다. 그래서? 그다음은? 더 큰 프로젝트, 더 높은 직급, 더 많은 돈. 그리고 결국엔 은퇴하고 죽는다. 카뮈가 발견한 부조리는 바로 이 괴리다. 인간은 끊임없이 의미를 찾는다. "왜?"라고 묻는다. "무엇을 위해?"라고 묻는다.

하지만 세계는 침묵한다. 세계는 아무런 답을 주지 않는다. 그냥 있을 뿐이다. 당신은 우주에게 묻는다. "나는 왜 존재하는가?" 우주는 대답하지 않는다. 별들은 그저 타오를 뿐이고, 행성들은 그저 돌 뿐이다. 의미도 목적도 없다. 당신이 태어난 것도, 당신이 고통받는 것도, 당신이 죽는 것도 우주에게는 아무 의미가 없다. 카뮈는 이것을 "합리적인 인간과 비합리적인 세계의 대면"이라고 표현했다.

> "부조리는 인간과 세계 사이의 대면에서 탄생한다. 부조리는 인간에게도 세계에게도 속하지 않는다. 그것은 지금까지 그들을 결합시켰던 유일한 끈이다."
>
> —『시지프스 신화』

지진이 마을을 파괴한다. "왜 하필 지금? 무슨 이유로?" 이유가 없다. 그냥 지각판이 움직였을 뿐이다. 사랑하는 사람이 암으로 죽는다. "왜 그 사람이? 무슨 죄가 있어서?" 죄가 없다. 세포가 잘못 분열했을 뿐이다.

INSIGHT

이번 주에 당신이 한 일들의 목록을 만들어보라. 각 항목 옆에 "왜?"라고 쓰고 답을 찾아보라. 계속 "왜?"를 물어라. 세 번째 "왜?" 정도에서 답이 막힐 것이다. 그 지점이 부조리가 시작되는 곳이다.

도피의 유혹들

·········

부조리를 마주하면 견디기 힘들다. 그래서 사람들은 도피한다. 카뮈는 세 가지 도피를 관찰했다.

육체적 자살: 가장 직접적인 도피

가장 직접적인 도피다. "삶에 의미가 없다면 끝내버리자." 논리적으로는 일관되어 보인다. 하지만 카뮈는 단호하게 거부한다. 카뮈에 따르면, 부조리에 대한 유일한 일관된 태도는 그것을 응시하며 살아가는 것이다. 부조리는 문제가 아니라 출발점이다. 부조리를 인정하는 것이 철학의 시작이다. 자살은 그 탐구를 중단하는 것이다. 카뮈는 말한다. "부조리는 반항을 요구한다. 자살은 그 반대다."

철학적 자살: 더 교묘한 도피

더 교묘한 도피다. 종교가 전형적인 예다. "이 세상은 의미가 없어 보이지만, 신은 계획이 있으시다." "지금은 이해할 수 없지만, 나중에 천국에서 알게 될 것이다." 카뮈는 이것을 "철학적 자살"이라고 불렀다. 부조리를 직시하지 않고, 초월적인 것으로 도약해버리는 것이다. "지금은 의미가 없어 보이지만 나중에는 있을 거야." 하지만 나중은 오지 않는다. 당신은 평생 기다리다가 죽는다. 실존주의 철학자들도 비슷한 도피를 한다고 카뮈는 본다. 키르케고르는 신앙의 도약으로, 야스퍼스는 초월로, 셰스토프는 신의 비합리성으로 도피한다. 그들은 부조리를 인정하지만, 결국엔 그것을 넘어서려 한다. 카뮈는 다르게 말한다. 넘어서려 하지 마라. 그 안에 머물러라. 부조리를 해결하려 하지 마라. 부조리와 함께 살아가라.

일상적 망각: 가장 흔한 도피

세 번째 도피는 가장 흔하다. 망각이다. 그냥 생각하지 않는 것이다. 바쁘게 산다. 일에 몰두하고, 취미에 빠지고, 관계에 집중한다. 멈추지 않는다. 왜? 멈추면 질문이 돌아오니까. "이게 다 무슨 의미지?" 그래서 계속 움직인다. 주말에 무엇을 하는가? 친구를 만나고, 쇼핑하고, 영화를 보고, 술을 마신다. 왜? 재미있어서? 부분적으로는 맞다. 하지만 더 깊은 이유는 혼자 있기 싫어서다. 혼자 있으면 공허함이 찾아온다. 그래서 공백을 메운다. 소음으로, 활동으로, 사람들로.

하이데거가 말한 '일상성'이 여기 있다. 하지만 카뮈는 한 걸음 더 나아간다. 일상성은 단순히 무의미한 반복이 아니다. 그것은 부조리로부터의 도피다. 우리는 바쁘게 살면서 근본적인 질문을 회피한다.

영원한 형벌

....

그리스 신화의 시지프스는 신들을 두 번이나 속인 왕이었다. 분노한 신들은 그에게 영원한 형벌을 내렸다. 산 아래에서 거대한 바위를 산꼭대기까지 밀어 올려라. 정상에 도착하면 바위는 다시 아래로 굴러떨어진다. 그러면 다시 내려가서 바위를 밀어 올려라. 영원히, 의미도 끝도 없이. 카뮈는 시지프스를 현대인의 상징으로 본다.

"신들은 끊임없이 헛된 노동을 하는 것보다 더 끔찍한 형벌은 없다고 생각했다."

—『시지프스 신화』

우리도 매일 바위를 민다. 월요일에 밀어 올린 바위는 금요일 저녁에 정상에 도착한다. 주말 동안 바위는 다시 아래로 굴러떨어진다. 월요일 아침, 우리는 다시 산 아래에서 시작한다. 회사원은 매일 출근해서 일한다. 프로젝트를 완료한다. 그러면 새로운 프로젝트가 온다. 다시 시작한다. 은퇴할 때까지. 주부는 매일 요리하고 설거지한다. 깨끗해진다. 다음 식사 시간이 되면 다시 더러워진다. 이 모든 것이 끝없이 반복된다. 학생은 시험공부를 한다. 시험을 보고 잠시 해방감을 맛보지만, 다시금 다음 학기가 찾아온다. 새로운 과목, 새로운 시험. 다시 공부한다. 졸업할 때까지. 졸업하면? 취직해서 다시 다른 형태의 시험을 본다. 평생.

하강의 순간

....

카뮈가 묻는다. 시지프스는 불행한가? 당연해 보인다. 영원히 의미 없는 노동을 반복하는데 어떻게 행복할 수 있겠는가? 하지만 카뮈의 대답은 충격적이다.

"우리는 시지프스를 행복한 사람으로 상상해야 한다."

—『시지프스 신화』

어떻게? 핵심은 바위가 산 아래로 굴러떨어진 후, 시지프스가 다시 내려가는 그 순간에 있다. 바위를 밀 때는 고된 노동이다. 땀을 흘리고, 근육이 아프고, 숨이 찬다. 하지만 바위가 떨어진 후 내려갈 때

는? 그는 자유롭다. 손에 아무것도 없다. 그는 걸어 내려가며 생각한다. 그는 자신의 운명을 안다. 바위는 영원히 떨어질 것이고, 그는 영원히 밀어 올릴 것이다. 탈출구가 없다. 하지만 바로 이 인식 속에서, 이 명확한 의식 속에서, 그는 운명을 초월한다. 카뮈는 설명한다. "이 하강의 시간, 이 휴식의 시간에 시지프스는 자신의 비참한 조건에 대해 의식하게 된다. 하지만 바로 이 의식이 그의 승리를 구성한다. 운명보다 강한 것은 없다. 하지만 운명을 경멸함으로써 극복할 수 있다." 신들은 그에게 형벌을 줬다. 하지만 그가 그 형벌을 자신의 것으로 만드는 순간, 그것은 더 이상 형벌이 아니다. 그것은 그의 삶이다. 그는 운명의 희생자가 아니라 주인이 된다.

INSIGHT

당신의 "시지프스의 바위"는 무엇인가? 끝없이 반복되는 그 일을 적어보라. 이제 그것을 다르게 보라. 그것은 형벌이 아니라 당신의 영역이다. 당신이 그것을 한다는 것, 그 사실 자체가 반항이다.

반항하는 인간

카뮈의 해답은 반항^{revolt}이다. 하지만 이것은 혁명이 아니다. 체제를 뒤엎는 것이 아니다. 부조리를 거부하는 것도 아니다. 반항은 부조리를 인정하면서도 굴복하지 않는 것이다. 아침에 일어난다. 당신은 안다. 오늘도 의미 없는 하루가 될 것이라는 것을. 회사에 가서 의미 없는 일을 하고, 의미 없는 회의에 참석하고, 집에 와서 내일을 위해 잘 것이라는 것을.

그럼에도 불구하고

하지만 당신은 일어난다. 이것이 반항이다. 반항은 곧 "그럼에도 불구하고"다. 삶에 의미가 없음에도 불구하고 산다. 세계가 침묵함에도 불구하고 질문한다. 죽음이 기다리고 있음에도 불구하고 사랑한다. 모든 것이 헛됨에도 불구하고 창조한다.

"나는 반항한다, 고로 우리는 존재한다."

—『반항하는 인간』

데카르트의 "나는 생각한다, 고로 존재한다"를 뒤집은 것이다. 생각이 아니라 반항이 우리의 존재를 증명한다. 그리고 흥미롭게도, 카뮈는 단수(나)에서 복수(우리)로 옮겨간다. 반항은 개인적이지만, 동시에 집단적이다.

반항하는 인간의 세 유형

·········

첫째, 돈 후안Don Juan. 그는 수많은 여자를 사랑한다. 하나에 정착하지 않는다. 왜? 영원한 사랑 같은 건 없다는 것을 알기 때문이다. 모든 사랑은 끝난다. 죽음이 모든 것을 가져간다. 그래서 그는 양을 택한다. 많이 사랑한다. 깊이가 아니라 넓이로. 이것이 그의 반항이다.

둘째, 배우The Actor. 그는 자기 인생이 아니라 다른 사람의 인생을 산다. 무대 위에서 왕이 되고, 거지가 되고, 연인이 되고, 살인자가 된다. 세 시간 동안 다른 삶을 산다. 그리고 막이 내리면 다시 자신으로 돌아온다. 그는 안다. 모든 역할은 가짜라는 것을. 하지만 그 가짜를 진짜처럼 살아낸다. 이것이 그의 반항이다.

셋째, 정복자The Conqueror. 그는 권력을 추구한다. 왕국을 건설한다. 전쟁에서 이긴다. 하지만 그도 안다. 모든 제국은 무너진다는 것을. 로마도 무너졌고, 몽골도 무너졌다. 그의 제국도 무너질 것이다. 하지만 그는 건설한다. 무너질 것을 알면서도. 이것이 그의 반항이다.

이 세 인물의 공통점은 무엇인가? 그들은 미래를 희망하지 않는다. 천국도, 영원한 명성도, 역사적 의미도 기대하지 않는다. 그들은 지금을 산다. 이 순간에 집중한다.

"부조리한 인간은 의미를 찾지 않는다."

—『반항하는 인간』

오늘 하루를 살면서 "나중에"라는 말을 쓸 때마다 멈춰보라. "나중에 행복할 거야" "나중에 살아볼 거야" "나중에 사랑할 거야." 나중은 오지 않는다. 지금이 전부다. 오늘 사랑하고, 오늘 살고, 오늘 창조하라.

페스트 속의 연대

………

1947년 출간된 『페스트』는 카뮈의 소설이다. 1940년대 초 프랑스령 알제리의 오랑이라는 도시에 페스트가 발생한다. 문이 닫힌다. 아무도 들어올 수 없고, 아무도 나갈 수 없다. 사람들이 죽는다. 매일 수십 명씩. 왜? 이유가 없다. 그냥 병이다. 의사 리유는 매일 환자를 본다. 치료법이 없다는 것을 안다. 대부분은 죽는다. 그가 하는 일은 의미가 없어 보인다. 하지만 그는 계속한다. 왜?

"내가 할 수 있는 일이니까."

리유는 영웅이 아니다. 그는 신을 믿지도 않고, 인류애를 외치지도 않는다. 그는 단지 의사로서 할 수 있는 일을 할 뿐이다. 승리할 수 없다는 것을 알면서도. 기자 랑베르는 도시를 탈출하려 한다. 사랑하는 여자가 파리에 있다. 밀수업자에게 돈을 주고 빠져나가려 한다. 하지만 떠나기 직전, 그는 마음을 바꾼다. 도시에 남기로 한다. 리유를 돕기로 한다. 왜? 그도 명확히 설명하지 못한다.

"혼자 행복할 수는 없으니까."

연대의 의미

....

이것이 카뮈가 『페스트』에서 보여준 또 다른 반항의 형태다. 연대solidarity. 부조리한 세계에서 우리는 혼자가 아니다. 다른 사람들도 같은 운명을 겪는다. 그래서 우리는 함께 싸운다. 승리할 수 없다는 것을 알면서도. 리유는 말한다. "페스트와 싸우는 유일한 방법은 정직함이다." 무슨 뜻인가? 거짓 희망을 주지 않는 것이다. "기적이 일어날 거야" "신이 구원할 거야" 같은 위안을 주지 않는다. 대신 현실을 직시한다. "우리는 질 것이다. 페스트는 끝나지 않을 것이다. 하지만 오늘 우리는 할 수 있는 것을 한다." 카뮈에게 페스트는 단순한 질병이 아니다. 그것은 인간을 덮치는 모든 재앙의 상징이다. 전쟁, 점령, 폭정. 카뮈 자신이 나치 점령하의 프랑스에서 이 소설을 구상했다. 페스트는 나치였고, 리유와 그의 동료들은 레지스탕스였다.

그렇다면 오늘날 우리의 페스트는 무엇인가? 어쩌면 그것은 거대한 재앙이 아닐지도 모른다. 매일 아침 출근길에 느끼는 무력감, 뉴스를 볼 때마다 커지는 절망감, 혼자서는 아무것도 바꿀 수 없다는 느낌. 이것도 페스트다. 우리를 고립시키고, 무기력하게 만들고, 포기하게 만드는 모든 것이 페스트다. 리유는 페스트를 물리치지 못했다. 소설의 끝에서 그는 말한다. 페스트균은 결코 죽지 않는다고. 언젠가 다시 쥐들을 깨워 행복한 도시로 보낼 것이라고. 하지만 그는 계속 의사로 남았다. 이것이 연대다. 이길 수 없다는 것을 알면서도 함께 싸우는 것.

이번 주에 당신이 통제할 수 없는 큰 문제를 하나 생각해보라. 기후 변화, 불평등, 질병. 그것들은 해결할 수 없다. 하지만 작은 행동 하나를 선택하라. 쓰레기를 줄이거나, 기부를 하거나, 누군가를 돕거나. 그것이 세상을 구하지는 못한다. 하지만 그것이 당신의 반항이다.

지나치게 개인주의적?

………

카뮈의 철학은 아름답다. 하지만 비판도 있다. 사르트르는 카뮈의 연대가 너무 온건하다고 보았다. 『페스트』의 리유는 환자를 돌보지만, 페스트의 원인을 제거하지는 않는다. 사르트르는 물었다. "억압받는 사람들이 해방되려면 집단적 행동이 필요하지 않은가? 때로는 폭력도 정당화될 수 있지 않은가? 역사적 진보를 위해서." 카뮈는 단호하게 거부했다. "어떤 목적도 무고한 사람의 죽음을 정당화할 수 없다. 미래를 위해 현재를 희생하는 것은 또 다른 부조리다." 이 논쟁은 『반항하는 인간』 출간 후 극에 달했고, 결국 두 사람은 결별했다. 누가 옳았는가? 역사는 아직 판단하지 못했다. 어쩌면 둘 다 부분적으로 옳았을지도 모른다.

낙관적인 허무주의?

....

카뮈는 "시지프스를 행복하다고 상상해야 한다"고 말한다. 하지만 이것은 자기기만 아닌가? 의미가 없는 노동을 하면서 어떻게 행복할 수 있는가? 이것은 카뮈를 향한 비판자들의 정당한 지적이다. 카뮈의 해법은 어쩌면 너무 낙관적이다. 현실은 시지프스보다 훨씬 가혹하다. 시지프스는 최소한 건강하고, 바위를 밀 수 있는 힘이 있다. 하지만 현실의 많은 사람들은 질병에 시달리고, 가난에 허덕이고, 억압받는다. 카뮈는 이것을 알았다. 그래서 『페스트』를 썼다. 개인적 반항만으로는 부족하다고. 연대가 필요하다고. 함께 싸우자고.

실천의 어려움

....

"의미가 없어도 살아라"는 말은 쉽다. 하지만 실천은 어렵다. 특히 우울증에 시달리는 사람, 실직한 사람, 질병으로 고통받는 사람에게는. 카뮈 자신도 우울증과 싸웠다. 결핵으로 죽을 뻔했고, 전쟁을 겪었고, 사랑하는 사람들을 잃었다. 그는 단순한 철학가가 아니라 고통받는 인간이었다. 어쩌면 그래서 그의 말이 더 진실하다. 그는 책상에서 철학을 한 게 아니라, 삶 속에서 철학을 했다.

부조리와 함께 춤추기

....

카뮈는 1960년 자동차 사고로 갑자기 죽었다. 46세였다. 그의 가방에서 미완성 소설 『최초의 인간』이 발견됐다. 그는 더 많은 것을 쓰려고 했다. 하지만 시간이 없었다. 이것이 바로 카뮈가 말한 부조리다. 우리는 계획을 세운다. 하지만 죽음은 우리의 계획을 기다려 주지 않는다. 우리는 의미를 찾으려 한다. 하지만 세계는 답하지 않는다. 그럼에도 불구하고, 우리는 산다. 사랑하고, 창조하며, 웃는다. 이것이 반항이다. 내일 당신은 다시 출근할 것이다. 또 바위를 밀 것이다. 그것은 바뀌지 않는다. 하지만 당신이 바뀔 수 있다. 희생자에서 반항자로, 수동에서 능동으로, 절망에서 도전으로. 카뮈는 말한다. 반항하라. 의미가 없음에도 불구하고 살아라. 아무도 기억하지 않을 것임에도 불구하고 창조하라. 모든 것이 끝날 것임에도 불구하고 사랑하라. 시지프스는 산을 오른다. 바위를 민다. 정상에 도착한다. 바위가 굴러떨어진다. 그는 미소 짓는다. 그리고 다시 내려간다.

이것이 전부다. 하지만 이것으로 충분하다.

당신의 바위는 무엇인가? 그리고 당신은 오늘 미소 지으며 그것을 밀 수 있는가? 선택은 당신의 것이다.

카뮈 더 읽기

- 『**시지프스 신화**』 부조리 철학의 정수 　　　　　난이도 ★★☆☆☆
- 『**이방인**』 소설로 읽는 부조리 　　　　　　　　난이도 ★☆☆☆☆
- 『**페스트**』 부조리와 연대에 대한 소설 　　　　　난이도 ★☆☆☆☆
- 『**반항하는 인간**』 반항의 철학 　　　　　　　　난이도 ★★★☆☆
- 『**전락**』 도덕적 위선에 대한 성찰 　　　　　　　난이도 ★★☆☆☆

프로이트의 무의식

당신이 모르는 당신의 진짜 욕망

05

Sigmund Freud

프로이트처럼 생각한다는 것은 "그냥 그랬어"를 의심하고, "왜?"를 끝까지 파고들며, 불편한 진실과 마주하는 것이다. 지금까지 우리는 "너 자신을 알라"를 향해 달려왔다. 하지만 프로이트는 발견했다. 우리가 알아야 할 자신의 대부분은 우리가 접근할 수 없는 곳에 숨어 있다고. 그렇다면 어떻게 우리는 우리 자신을 알 수 있는가?

말하려던 게 아닌데

·········

상사와 회의 중이다. 프로젝트 보고를 하는데, 상사가 자꾸 끼어든다. 짜증이 나지만 참는다. 보고가 끝나고 상사가 묻는다. "다른 의견 있어요?" 당신은 대답한다. "아니요, 죽을 만큼 완벽합니다." 순간 얼어붙는다. '죽을 만큼'이라고? 말하려던 건 '정말 완벽합니다'였는데. 상사가 눈을 가늘게 뜬다. 동료들이 웃음을 참는다. 당신은 얼굴이 빨개진다. "아, 죄송합니다. 제 말은..." 하지만 늦었다. 이미 나온 말은 주워 담을 수 없다. 그날 저녁, 집으로 돌아오는 길에 계속 생각한다. "왜 하필 그 말이 나왔지? 정말 실수였을까?" 프로이트는 1901년 『일상생활의 정신병리학』에서 이렇게 썼다.

"실수행위는 단순한 우연이 아니라, 무의식적 의도에 의해 동기화된 것이다."

당신이 '죽을 만큼'이라고 말한 것은 실수가 아니다. 당신의 무의식이 진짜 생각을 드러낸 것이다. 당신은 상사가 죽었으면 좋겠다고 생각하고 있었다. 의식적으로는 인정하지 않지만.

빙산 모델: 마음의 삼층 구조

·········

"나는 내가 누군지 안다." 정말? 왜 화가 나는지도 모르면서? 왜 우는지도 모르면서? 왜 특정 사람을 싫어하는지 설명 못 하면서? 친구가 농담을 했다. 다른 사람들은 웃는다. 당신은 화가 난다. 왜? "그냥 기분 나빠서." 하지만 왜 기분이 나쁜가? "몰라, 그냥." 프로이트는 우리 마음이 빙산과 같다는 사실을 발견했다.

물 위에 보이는 부분은 겨우 10%. 나머지 90%는 물 밑에 잠겨 있다. 물 위의 10%가 의식consciousness이다. 지금 이 순간 당신이 인식하고 있는 생각들. "배고프다" "피곤하다" "이 글을 읽고 있다." 물 바로 밑에 전의식preconscious이 있다. 지금은 의식하지 못하지만 노력하면 떠올릴 수 있는 것들. 어제 저녁 메뉴, 친구의 전화번호, 어릴 때 살던 집 주소. 약 20%다. 하지만 깊은 물속에는 무의식^{unconscious}이 있다. 당신이 접근할 수 없는 영역. 억압된 기억, 금지된 욕망, 잊어버린 트라우마. 당신이 모르지만 당신을 움직이는 힘들. 약 70%를 차지한다.

> "자아는 자기 집의 주인이 아니다"
>
> —「정신분석의 길에 놓인 어려움」

당신이 "내가 이렇게 하기로 결정했어"라고 생각할 때, 사실은 무의식이 이미 결정했을 수 있다.

INSIGHT

오늘 당신이 한 선택을 하나 떠올려라. "왜 그걸 선택했지?"라고 물어라. 표면적 이유 말고 더 깊은 이유가 있을까? 계속 파고들어라. 어느 순간 "몰라, 그냥"이라는 답이 나온다. 그 지점이 무의식의 문턱이다.

마음속의 세 명

....

프로이트는 1923년 『자아와 이드』에서 마음을 다시 구조화했다. 이번에는 기능적 구조다.

원시적 욕망의 덩어리: 원초아(이드)

원초아Id – 원시적 욕망의 덩어리다. "나는 원한다. 지금 당장." 배고프면 먹고 싶다. 화나면 때리고 싶다. 성욕이 일면 만족시키고 싶다. 쾌락 원칙pleasure principle만 따른다. 현실은 모른다. 결과도 모른다. 오직 "나는 원해!" 아기를 보라. 배고프면 운다. 기다릴 줄 모른다. 수유 시간이 어쩌고는 상관없다. 지금 배고프니까 지금 먹어야 한다. 순수한 원초아다.

"이드에는 선악의 가치 판단이 없다. 오직 충동의 충족만이 있을 뿐이다."

—『정신분석 신강의』

현실과 타협하는 중재자: 자아

아기가 자라면서 배운다. "울어도 밥을 바로 안 줄 수 있구나." 현실을 인식한다. 자아^{Ego}가 발달한다. 자아는 현실 원칙^{reality principle}에 따라 작동한다. "지금 원하지만, 나중에 얻는 게 낫겠어." 자아는 이드의 욕구와 현실 사이를 중재한다. 회사에서 상사가 부당한 지시를 했다. 이드가 소리친다. "때려버려!" 자아가 개입한다. "잠깐, 때리면 해고야. 참자. 나중에 이직하면 돼." 자아는 마차를 모는 마부와 같다. 이드라는 말이 끄는 힘을 적절히 통제하여 현실이라는 길을 따라간다.

도덕의 감시자: 초자아

하지만 세 번째가 있다. 초자아^{Superego}. 사회의 규칙, 부모의 가르침, 도덕적 양심이 내면화된 것이다. "그러면 안 돼!" 초자아는 완벽을 추구한다. 이상적 자아^{Ideal-Ich}와 양심^{Gewissen}으로 구성된다. 이드는 "훔쳐!" 자아는 "들키면 감옥 가" 초자아는 "훔치는 건 나쁜 거야!" 세 영역이 끊임없이 싸운다. 이드는 욕구를 원하고, 초자아는 완벽을 원하고, 자아는 그 사이에서 협상한다. 당신이 "나는 이렇게 결정했어"라고 말할 때, 사실은 이 세 영역의 타협안이다.

> "자아는 세 명의 가혹한 주인에게 봉사한다: 외부 세계, 초자아, 그리고 이드."
>
> —『정신분석 신강의』

다음번에 갈등을 느낄 때 세 목소리를 구분해보라. "하고 싶다"(이드), "하면 안 된다"(초자아), "어떻게 하는 게 현실적일까"(자아). 이 세 목소리가 들리는가? 대부분의 내적 갈등은 이 세 영역의 충돌이다.

지하 감옥에 갇힌 기억들

. . . .

"어렸을 때 아무 일도 없었어. 행복한 유년기였어." 정말 그럴까? 프로이트의 환자들을 보자. 이유 없는 공황장애, 설명 못 할 강박증, 알 수 없는 신체 증상. 약도 안 듣는다. 신체적 문제가 아니니까. 프로이트는 최면을 걸었다. 환자들은 잊었던 기억을 떠올렸다. 어린 시절의 트라우마, 성적 학대, 폭력. 그 기억들을 이야기하자 증상이 사라졌다. 마법 같았다. 하지만 마법이 아니었다. 억압repression이 문제였다. 너무 고통스러운 기억, 받아들일 수 없는 욕망은 무의식 속으로 밀려난다. 의식에서 사라진다. 하지만 정말 사라진 게 아니다. 무의식에 갇혀 있다.

갇힌 기억은 조용하지 않다. 지하 감옥에서 계속 소리친다. 당신은 듣지 못하지만, 당신의 몸이 듣는다. 두통으로, 불안으로, 악몽으로, 이해할 수 없는 공포로 나타난다. 직장에서 특정 상사만 보면 심장이 뛴다. 이유를 모른다. "저 사람이 뭘 잘못한 건 아닌데..." 하지만 당신의 무의식은 안다. 그 사람의 목소리, 얼굴 표정, 말투가 어릴 때 당신을 학대했던 아버지를 닮았다. 당신은 잊었지만, 무의식은 기억한다. 프로이트가 발견한 것은 이것이다. 증상은 무의식의 편지다. 당신 몸이 당신에게 보내는 메시지. "여기 해결 안 된 게 있어! 봐줘."

설명할 수 없는 신체 반응이나 강한 감정이 있는가? "별것 아닌데 왜 이렇게 화가 나지?" "왜 이 사람만 보면 불안하지?" 그 반응 뒤에 억압된 기억이나 감정이 숨어 있을 수 있다. 천천히 파고들어 보라.

꿈이 들려주는 이야기

....

밤에 꿈을 꾼다. 날아다니고, 쫓기고, 이상한 사람을 만난다. 아침에 일어나 "이상한 꿈이었네"라고 생각하고 잊어버린다. 프로이트는 말한다. "꿈은 무의식으로 가는 왕도다." 꿈은 무작위가 아니다. 꿈은

'소원 성취'다. 억압된 욕망이 변장을 하고 나타나는 것이다. 낮에는 초자아가 감시한다. "그런 생각 하면 안 돼!" 하지만 밤에 잠들면 초자아가 잔다. 이드가 자유롭다. 하지만 직접 나타날 수는 없다. 너무 충격적이니까. 그래서 변장한다. 꿈에서 당신은 시험을 보는데 문제를 하나도 못 푼다. 깨어나 불안하다. 표면적으로는 시험 불안의 꿈이다. 하지만 프로이트라면 묻는다. "시험이 상징하는 건 뭐지? 인생의 어떤 평가? 누구에게 인정받고 싶은 거지?" 꿈에서 계단을 오른다. 끝없이 오른다. 프로이트의 해석에 따르면 계단은 성적 행위를 상징한다. 오르내리는 반복 운동.

"그건 너무 억지 아닌가?" 맞다. 프로이트는 모든 걸 성으로 해석했다. 과도했다. 하지만 핵심은 맞다. 꿈은 상징의 언어로 말한다. 직접적으로 말할 수 없는 것을 비유로 말한다.

이번 주에 꿈을 기억나는 대로 적어보라. 아침에 일어나자마자 써라. 그리고 물어라. "이 꿈에서 각 요소는 내 삶의 무엇을 상징할까?" 답은 즉시 나오지 않는다. 하지만 며칠 생각하다 보면 "아, 이거였구나" 하는 순간이 온다.

자아의 생존 전략

....

"나는 완벽해." 정말? 실수한 적 없어? 당연히 있다. 하지만 당신은 기억하지 못한다. 왜? 방어기제defense mechanism가 작동했으니까.
자아는 불안을 피하려 한다. 현실이 너무 고통스러우면 왜곡한다.
프로이트의 딸 안나 프로이트가 여러 방어기제를 체계화했다.

- 부정denial: "아니야, 그런 일 없었어." 암 진단을 받았다. "의사가 잘못 봤을
  거야." 배우자가 바람폈다. "착각이야, 그럴 리 없어." 현실을 부정한다.

- 억압repression: 고통스러운 기억을 무의식으로 밀어낸다. 어릴 때 학대당한
  기억, 사라진다. 의식에서는 없지만 무의식에 남아 있다.

- 합리화rationalization: 그럴듯한 이유를 만든다. 승진 탈락했다. "어차피 그
  자리 별로였어. 책임만 늘어나고." 거절당했다. "어차피 내 스타일 아니
  었어."

- 투사projection: 자신의 욕망을 남에게 돌린다. 배우자를 의심한다. "저 사람
  바람피우는 것 같아." 알고 보니 본인이 바람피우고 싶었던 것.

- 반동형성Reaktionsbildung, reaction formation: 받아들일 수 없는 충동을 정반대
  로 바꾼다. 누군가를 싫어하는데, 지나치게 친절하게 대한다.

- 퇴행Regression, regression: 더 어린 발달 단계로 돌아간다. 스트레스받으면 울
  거나 떼를 쓴다.

- 승화sublimation: 받아들일 수 없는 충동을 사회적으로 허용되는 방식으로 전
  환한다. 공격성을 복싱으로, 성욕을 예술로. 프로이트는 이것을 가장 성숙한
  방어기제로 봤다.

회의에서 당신 아이디어가 거절당했다. 화가 난다. 하지만 회의실에서 소리 지를 수 없다. 집에 와서 헬스장에 간다. 샌드백을 친다. 이것이 승화다. 공격 욕구를 운동으로 전환한 것.

이번 주에 당신이 화가 난 일을 떠올려라. 당신은 어떻게 반응했나? 합리화했나? ("어차피 별로였어") 투사했나? ("저 사람이 문제야") 승화했나? (운동, 예술 등으로) 방어기제를 인식하는 것이 첫 단계다.

당신이 사랑하는 사람

....

"나는 배우자를 사랑해. 성격이 좋고, 똑똑하고, 매력적이니까." "아.. 정말?" 프로이트라면 묻는다. "배우자가 누구를 닮았나?" "...어머니?" "정답!" 오이디푸스 콤플렉스. 프로이트의 가장 유명하고 가장 논쟁적인 개념이다. 남자아이는 어머니를 사랑한다. 하지만 아버지가 방해한다. 아이는 아버지를 질투한다. 동시에 두려워한다. "아버지가 나를 거세할지도 몰라" (거세 불안). 결국 아이는 포기한다. 어머니는 가질 수 없다. 대신 아버지와 동일시한다. "아버지처럼 되면 나중에 엄마 같은 여자를 만날 수 있을 거야." 성인이 되어 연애한다. 무의식적으로 어머니를 닮은 사람을 찾는다. 성격, 외모, 말투. "우연히 내 타입이 그런 거야." 우연이 아니다.

이것은 너무 극단적으로 들린다. 실제로 많은 비판을 받았다. 하지만 핵심은 남는다. 우리의 초기 관계가 이후 모든 관계의 틀을 만든다. 부모가 당신을 무시했다. 성인이 되어 당신은 무의식적으로 당신을 무시하는 파트너를 선택한다. 왜? 익숙하니까. "사랑이 원래 이런 거지." 아니다. 당신이 배운 사랑이 그런 거다.

"해결되지 않은 갈등은 반복된다. 마치 그것을 통해 지배하려는 것처럼."

—『쾌락 원칙을 넘어서』(의역)

당신의 연애 패턴을 보라. 비슷한 유형의 사람에게 반복적으로 끌리는가? 그 사람들이 부모 중 한 명과 닮았는가? (외모가 아니라 성격, 태도, 당신을 대하는 방식) 이 인식만으로도 당신은 다른 선택을 할 수 있다.

무의식과 대화하는 법

·········

"그래서 뭐? 무의식이 있다는 걸 알았으니 뭘 어떻게 하라고?" 프로이트의 방법은 '정신분석'이다. 환자를 소파에 눕힌다. 분석가는 환자가 보이지 않는 곳에 앉는다. 환자는 말한다. 떠오르는 대로. 검열 없이. 이것을 자유연상이라 한다. 처음에는 날씨 이야기, 일상 이야기. 하지만 계속 말하다 보면 의외의 것이 튀어나온다. 어릴 때 기억, 부모에 대한 분노, 성적 욕망. 의식이 방심한 틈에 무의식이 나타난다. 분석가는 해석한다. "당신이 상사에게 화가 난 건 사실 아버지에게 화가 난 거네요. 상사가 아버지를 닮았으니까요." 환자는 처음엔 부정한다. "말도 안 돼!" 하지만 며칠 생각하다 보면 "맞는 것 같기도…" 통찰이 온다. 억압된 것이 의식으로 올라온다. 그 순간 증상이 완화된다.

INSIGHT

굳이 정신 분석을 받지 않더라도, 스스로 할 수 있는 것들이 있다.

일기 쓰기: 검열 없이 쓴다. 읽는 사람 없다. 누가 볼지 걱정하지 마라. 떠오르는 대로 쓴다. 며칠 후 다시 읽으면 패턴이 보인다.

꿈 기록: 아침에 일어나자마자 꿈을 적는다. 해석하려 하지 마라. 그냥 적어라. 몇 주 후 다시 보면 반복되는 주제가 보인다.

감정 추적: "왜 화났지?"라고 물을 때 첫 번째 답에서 멈추지 마라. "상사가 무시해서" → "왜 무시당하면 화나지?" → "인정받고 싶어서" → "왜 인정받아야 하지?" → "어릴 때 아버지한테 인정받은 적이 없어서" → 여기다. 뿌리다.

과학적 검증의 문제

....

앞 챕터에서 설명했듯, 칼 포퍼는 프로이트를 비판했다. 프로이트의 이론은 반증이 불가능하다고. 어떤 행동도 프로이트의 이론 안에서는 설명이 되기 때문이다. 그렇다면 이것은 과학이 아니라 신화가 된다.

예를 들어보자. 어머니를 사랑하는 남자가 있다. 프로이트는 "오이디푸스 콤플렉스"라고 진단한다. 반대로 어머니를 미워하는 남자가 있다. 프로이트는 이 역시 "오이디푸스 콤플렉스의 억압"이라고 설명한다. 결국 사랑해도 맞고, 미워해도 맞다. 틀릴 수 있는 가능성이 아예 차단된 것이다. 모든 것을 설명하는 이론은, 사실 아무것도 설명하지 못하는 것과 같다.

성에 대한 과잉 강조

....

프로이트는 모든 것을 성으로 환원했다. 펜은 남근 상징, 상자는 여성 생식기 상징. 지나치다. 칼 융은 프로이트와 결별하며 이렇게 말했다. "인간에게는 성 외에도 중요한 것들이 있다. 의미, 영성, 개성화." 알프레드 아들러도 비판했다. "성보다 권력 욕구가 더 근본적이다."

여성에 대한 편견

....

프로이트의 여성론은 심각한 문제가 있다. 남근 선망? 여자는 남자가 되고 싶어 한다? 이것은 19세기 빈의 가부장적 편견을 반영한 것이다. 카렌 호나이는 반박했다. "남근 선망이 아니라 사회적 특권에 대한 선망이다." 현대 정신분석은 프로이트의 이 부분을 대부분 폐기했다.

당신은 당신을 모른다

....

프로이트는 완벽하지 않았다. 모든 걸 성으로 해석한 것, 여성에 대한 편견, 과학적 검증 부족. 많은 비판이 있다. 정당한 비판이다. 하지만 그의 핵심 통찰은 남는다. 당신은 당신 마음의 주인이 아니다. 당신이 "내가 이렇게 결정했어"라고 말할 때, 무의식이 이미 결정했을 수 있다. 당신이 "난 이 사람이 싫어"라고 말할 때, 진짜 이유는 다를 수 있다. 이것은 불편하다. "내가 나를 모른다니?" 하지만 동시에 해방적이다. 당신이 설명 못 하던 행동들이 이제 이해된다. 당신이 고칠 수 없던 패턴들이 이제 보인다.

"이드가 있던 곳에, 자아가 있어야 한다."

—『정신분석 신강의』

무의식(이드)을 의식으로 끌어올리는 것. 그것이 진정한 자기 인식이고, 진정한 자유의 시작이다. 내일 아침, 출근길에 또 말실수를 할 수 있다. 하지만 이제 당신은 안다. 그것이 단순한 실수가 아니라는 것을. 당신의 무의식이 당신에게 무언가 말하려 한다는 것을. 귀 기울여라. 무의식의 목소리와 꿈에. 말실수와 설명 못 할 감정에. 그것들은 당신이 모르는 당신을 알려준다. 그리고 그것을 아는 순간, 당신은 조금 더 자유로워진다. 데카르트가 "나는 생각한다, 고로 존재한다"고 말했다면, 프로이트는 이렇게 답한다.

"당신은 생각한다. 하지만 그 생각의 주인은 당신이 아니다. 생각 아래에 무의식이 있다. 그것을 알기 전까지 당신은 자유롭지 않다."

프로이트 더 읽기

- 『꿈의 해석』 프로이트 사상의 출발점 　　　　난이도 ★★★☆☆
- 『정신분석 입문 강의』 가장 접근하기 쉬운 입문서 　　　　난이도 ★★☆☆☆
- 『자아와 이드』 마음의 구조적 이론 　　　　난이도 ★★★☆☆

라캉의
거울단계

나는 타인의 시선 속에서 만들어진다

06

Jacques Lacan

프로이트가 무의식을 발견했다면, 자크 라캉은 그 무의식에 언어를 부여했다. 프로이트가 "당신은 당신의 마음을 지배하지 못한다"고 말했다면, 라캉은 더 나아간다. "당신이 '나'라고 생각하는 것 자체가 환상이다." 라캉처럼 생각한다는 것은 "나는 누구인가?"라는 물음 자체를 의심하고, 그 물음이 어떻게 구성되었는지 탐구하는 것이다.

거울 앞에서 멈추다

....

엘리베이터를 기다린다. 벽면이 거울이다. 자동으로 자신을 본다. 머리를 만진다. 옷깃을 고친다. 표정을 체크한다. 그런데 잠깐, 왜 이러고 있지? 아무도 안 보는데. 혼자인데. 하지만 당신은 계속 거울을 본다. 각도를 바꿔본다. "이쪽에서 보면 더 나아 보이네." 거울 속 사람이 당신인가? 당연하다고 생각한다. 하지만 생각해보자. 거울 속 당신은 좌우가 반대다. 당신의 오른쪽이 거울 속에서는 왼쪽이다. 거울 속 얼굴은 실제 당신이 남들에게 보이는 얼굴과 미묘하게 다르다.

그거 아는가? 당신은 평생 자신의 얼굴을 직접 본 적이 없다. 거울이나 사진을 통해서만 봤다. 거울 속 이미지가 "나"라고 믿지만, 그것은 반사된 이미지일 뿐이다. 진짜 당신은 본 적이 없다. 카페에 앉아 있다. 창문에 자신이 비친다. 또 본다. 가게 쇼윈도를 지나간다. 슬쩍 본다. 핸드폰을 꺼내 셀카를 찍는다. 마음에 안 든다. 다시 찍는다. 각도를 바꾼다. 필터를 넣는다. 10번쯤 찍어서 한 장을 고른다. "이게 나야." 정말? 그 사진이 당신인가? 아니면 당신이 "나"라고 믿고 싶은 이미지인가? 1936년, 프랑스 정신분석학자 자크 라캉은 국제정신분석학회에서 발표했다. "거울단계The Mirror Stage". "나"라는 것은 거울 속에서 만들어진 허구다.

아기가 거울을 보는 순간

·········

생후 6개월 된 아기를 거울 앞에 세운다. 아기는 거울을 본다. 처음에는 그냥 반짝이는 것으로 본다. 손을 뻗는다. 만지려 한다. 아직 그것이 자신인지 모른다. 생후 8개월. 아기를 다시 거울 앞에 세운다. 이번에는 다르다. 아기가 거울을 보고, 자기 손을 들어 본다. 거울 속 아기도 손을 든다. "어?" 다시 손을 내린다. 거울 속 아기도 내린다. 아기의 뇌에서 무언가 일어난다. 깨달음이다. "저게 나다!"

생후 18개월쯤 되면 확실해진다. 거울 속 이미지를 자신으로 인식한다. 거울을 보며 웃는다. 거울 속 자신을 가리킨다. "나!" 라캉은 이 순간을 포착했다. 그는 이것을 거울단계stade du miroir라고 불렀다.

인간이 "나"를 발견하는 결정적 순간이다.

희열과 오인

....

하지만 여기 역설이 있다. 거울을 보기 전 아기는 자신의 몸을 통합된 전체로 느끼지 못한다. 손이 움직이고, 발이 움직이고, 배가 고프고, 여기저기 아프다. 모든 것이 산만하다. 파편화되어 있다. 그런데 거울 속에서 아기는 처음으로 '통합된 이미지'를 본다. "오, 이 모든 부분들이 하나야. 저게 나야!" 환희의 순간이다. 라캉은 이것을 "희열jubilation"이라고 표현했다. 하지만 이것은 오인misrecognition이다. 왜? 거울 속 이미지는 진짜가 아니니까. 아기는 여전히 파편화되어 있다. 여전히 배고프고, 똥을 싸고, 울고, 제어가 안 된다. 하지만 거울 속에서는 완벽해 보인다. 통합되어 보인다.

"거울단계의 기능은 우리에게 유기체와 그 현실 사이의 관계의 특수한 경우를 드러낸다. 인간에게 이 관계는 허구적 방향으로 기울어져 있다."

— 라캉, 「거울단계」(1949), 『에크리』

아기는 거울 속 이미지와 동일시identification한다. "저게 나야." 하지만 그것은 외부의 이미지다. 자신이 아니라 반사된 이미지다. 이 순간부터 "나"는 외부에서 만들어진다.

다음번에 거울을 볼 때 이 질문을 해보라. "저 사람은 누구지?" 당신은 거울 속 이미지를 "나"라고 인식한다. 하지만 잠깐 낯설게 보라. 마치 처음 보는 사람처럼. 거울 속 사람이 당신과 별개의 존재처럼 느껴지는가? 그 느낌이 라캉이 말한 분열이다.

타인의 눈이 거울이 된다

....

거울단계 이후, 더 중요한 일이 일어난다. 아기는 거울뿐 아니라 타인의 시선을 거울로 사용하기 시작한다. 엄마가 웃는다. "우리 아기 예쁘네!" 아기는 자신을 본다. 엄마의 눈을 통해서. "나는 예쁘구나." 아빠가 칭찬한다. "잘했어!" 아기는 자신을 본다. "나는 잘하는 아이구나." 하지만 때로는 다른 반응이 온다. 엄마가 찡그린다. "왜 이래!" 아기는 자신을 본다. "나는 나쁜 아이구나." 선생님이 꾸짖는다. "넌 왜 항상 문제야!" 아이는 자신을 본다. "나는 문제아구나." 라캉이 말한다. "나"는 타인의 눈에 비친 이미지로 구성된다. 우리는 스스로를 보는 게 아니라 타인이 우리를 보는 방식으로 우리를 본다. 출근 첫날이다. 새 직장이다. 거울을 본다. "오늘은 어떤 이미지를 보여줘야 할까?" 전문가처럼 보여야 한다. 신뢰할 수 있어 보여야 한다. 옷을 골라 입는다. 거울을 다시 본다. "이 정도면 괜찮아 보이나?"

누구의 눈으로 보고 있는가? 당신의 눈이 아니다. 상사의 눈, 동료의 눈, "회사에서 전문가는 이렇게 보여야 한다"는 사회적 이미지의 눈이다. 소개팅에 간다. 화장실 거울을 본다. "괜찮아 보이나?" 누구에게? 상대방에게. 당신은 상대방의 눈으로 당신을 본다. "이 사람이 나를 어떻게 볼까?" 그 상상된 시선이 당신을 구성한다.

타자의 응시

....

라캉은 이것을 타자의 응시gaze of the Other라고 불렀다. 이것은 단순히 다른 사람이 아니라 상징적 타자, 언어와 사회 질서 전체를 의미한다. 우리는 항상 누군가의 시선 속에서 우리 자신을 본다. 그 시선이 없으면 "나"도 없다.

"무의식은 타자의 담론이다."

— 『에크리』

사르트르는 타인의 시선을 위협으로 봤다. "타인은 지옥이다." 타인이 나를 대상화한다. 하지만 라캉은 더 나아간다. 타인의 시선은 위협이 아니라 필수조건이다. 타인의 시선 없이는 "나"가 구성되지 않는다.

오늘 당신이 한 선택들을 돌아보라. 옷, 말투, 행동. 몇 개가 정말 당신을 위한 것이었나? 몇 개가 "남들이 어떻게 볼까"를 의식한 것인가? 대부분이 후자라면, 당신의 "나"는 타인의 시선으로 만들어진 것이다.

디지털 거울

....

인스타그램을 연다. 사진을 올린다. 기다린다. 10분 후 확인한다. 좋아요 5개. "적네..." 30분 후 다시 본다. 좋아요 23개. "좀 낫네." 2시간 후. 좋아요 87개. "좋아!" 무엇이 바뀌었나? 사진은 같다. 하지만 당신의 기분은 바뀐다. 왜? 타인의 인정이 당신을 만들기 때문이다. 라캉이 살던 시대에는 거울이 물리적 거울이었다. 하지만 현대에는 SNS가 거울이다.

아니, SNS는 더 강력한 거울이다. 물리적 거울은 혼자 볼 때만 작동한다. 하지만 SNS는 수천 명이 동시에 당신을 본다. 셀카를 찍는다. 10번, 20번, 30번. 하나를 고른다. 그런데 바로 올리지 않는다. 필터를 고른다. 어떤 필터가 나를 더 좋게 보이게 할까? 밝게? 흐리게? 빈티지하게? 잠깐, "나를 더 좋게"가 아니다. 정확히는 "남들이 보기에 더 좋게"다. 당신은 타인의 눈으로 당신의 사진을 본다. 그리고 타인이 좋아할 이미지를 만든다. 사진을 올린다. 1분마다 확인한다. 누가 좋아요를 눌렀을까? 누가 댓글을 달았을까? 친한 친구가 안 눌렀다. "왜 안 눌렀지? 내 사진이 싫은가?" 불안해진다.

라캉이라면 이렇게 말할 것이다. "당신은 SNS에서 당신을 만들고 있다. 하지만 그 '당신'은 타인의 좋아요로 구성된 허구다." 좋아요가 많은 사진은 "나다운 사진"이 된다. 좋아요가 적은 사진은 지운다. "이건 나답지 않아." 하지만 정말 그런가? 아니면 "남들이 좋아하지 않는" 사진인가?

INSIGHT

이번 주에 SNS 실험을 해보라. 좋아요나 댓글을 전혀 확인하지 않고 사진을 올려라. 당신이 진짜 좋아하는 사진. 타인의 반응을 상상하지 말고. 그리고 1주일 후 확인하라. 어떤 기분이 드는가? 자유로운가, 아니면 불안한가? 그 느낌이 당신이 얼마나 타인의 시선에 의존하는지 보여준다.

타자의 욕망

....

라캉의 가장 유명한 문장이다.

"인간의 욕망은 타자의 욕망이다"

—『세미나 XI』

이것은 두 가지 의미다. 첫째, 나의 욕망은 타인이 나를 욕망하기를 욕망한다. 둘째, 나는 타인이 욕망하는 것을 욕망한다. 명품 가방을 보면 사고 싶다. 왜? 예쁘니까? 부분적으로 그렇다. 하지만 진짜 이유는? 그 가방을 들고 있으면 "성공한 사람"으로 보이니까. 누구에게? 타인에게. 비싼 차를 산다. 왜? 운전이 편해서? 아니다. 대부분의 시간 동안 교통체증에 갇혀 있다. 진짜 이유는? 그 차를 몰면 "여유 있는 사람"으로 보이니까. 당신은 차를 원하는 게 아니다. 당신은 '타인의 인정'을 원한다. 차는 그 수단일 뿐이다. 당신의 욕망은 사실 타인이 당신을 보는 방식에 대한 욕망이다. 더 깊이 들어가면, 당신은 타인이 욕망하는 것을 욕망한다. 유행을 보자. 작년에는 아무도 신경 안 썼던 옷이 올해는 갑자기 "잇템it item"이 된다. 왜? 유명인이 입었으니까. 인플루언서가 추천했으니까. 당신은 그 옷이 필요해서 사는 게 아니다. 다른 사람들이 원하니까 당신도 원한다. 주식 투자도 마찬가지다. 모두가 사는 주식을 산다. 왜? 좋은 기업이라서? 아니다. 다른 사람들이 사니까. FOMO^{Fear of Missing Out}다. 다른 사람들이 얻
는 것을 나도 얻고 싶다.

상상계의 삶

....

라캉은 이것을 상상계^{the Imaginary}라고 불렀다. 우리는 타인과의 상
상된 관계 속에서 산다. 끊임없이 타인과 비교하고, 타인의 인정을
구하고, 타인이 원하는 것을 원한다. 라캉은 정신의 영역을 세 가지
로 나눴다. 이것은 RSI 이론이라고 불린다:

- **실재계**^{the Real}: 언어 이전, 상징화되지 않은 영역. 언어로 포착할 수 없는
  것. 우리가 접근할 수 없지만, 증상이나 트라우마로 회귀한다.
- **상상계**^{the Imaginary}: 이미지와 동일시의 영역. 거울단계에서 형성된 자아,
  타인과의 상상된 관계가 작동하는 곳.
- **상징계**^{the symbolic}: 언어와 법칙의 영역. 사회적 규칙, 언어 구조가 작동하는
  곳.

이 세 영역은 분리되어 있지 않다. 라캉은 보르메오 매듭의 비유
를 썼다. 세 고리가 서로 얽혀 있어서, 하나를 제거하면 전체가 풀린
다. 우리의 경험은 항상 이 세 영역이 동시에 작동하는 곳에서 일어
난다.

우리의 일상에서는 상상계적 차원이 두드러지게 작동한다. SNS에서 자기 이미지를 관리하고, 타인과 비교하고, 타인의 인정을 구하는 것.

당신이 최근에 산 물건을 떠올려라. 정말 필요해서 샀나? 아니면 "이걸 가지면 남들이 나를 어떻게 볼까"를 상상하며 샀나? SNS에 올릴 생각을 했나? 친구들에게 자랑하고 싶었나? 정직하게 답해보라.

언어가 만드는 감옥

아기는 태어난다. 처음에는 언어가 없다. 배고프면 운다. 아프면 운다. 그게 전부다. 직접적이다. 순수하다. 그런데 언어를 배운다. "물 주세요" "배고파요" "사랑해요" 언어는 편리하다. 하지만 동시에 무언가를 잃는다. "배고프다"고 말하지만, 그 말은 진짜 배고픔을 완전히 표현하지 못한다. "사랑한다"고 말하지만, 그 말은 진짜 사랑의 느낌을 다 담지 못한다. 말할 수 있는 것과 느끼는 것 사이에는 항상 간극이 있다. 말하는 주체는 말해진 것 안에서 자신을 완전히 재현할 수 없다. "나"라는 단어는 진짜 나를 다 담지 못한다. 바로 이 지점에서 역설이 발생한다. 언어는 현실을 다 담지 못하면서도, 우리는 그 불완전한 언어 안에서만 자신을 규정할 수 있다. "나는 남자다" "나는

한국인이다" "나는 직장인이다" 이 단어들이 당신을 가둔다. 당신은
그 범주 안에서만 생각하고 행동한다. 언어는 현실을 다 담지 못하면
서, 동시에 현실을 만든다. 이것이 언어의 감옥이다.

강한 감정을 느낄 때 그것을 말로 표현해보라. 그리고 물어라. "이 말이 내 느낌을 다 담고 있나?" 아마도 아니다. 말할 수 없는 부분, 그것이 실재계다. 언어로 포착되지 않는 당신의 일부가 있다는 것을 인식하는 것만으로도 의미가 있다.

당신은 당신이 아니다

....

가장 충격적인 결론이다. 라캉에 따르면 통합된 자아 같은 건 없
다. 당신이 "나는 이런 사람이야"라고 말할 때, 그것은 환상이다. 거
울단계에서 만들어진, 타인의 시선으로 구성된, 언어로 정의된 허구
다. 진짜 당신은? 파편화되어 있다.

모순되어 있다. 통합되지 않았다. 아침의 당신과 저녁의 당신이 다르다. 직장에서의 당신과 집에서의 당신이 다르다. 부모 앞의 당신과 친구 앞의 당신이 다르다. "그건 다 나야. 상황에 따라 다른 면을 보이는 거지." 정말? 라캉은 묻는다. "그 모든 면을 통합하는 핵심적 '나'가 있나?" 없다. 당신이 "진짜 나"라고 생각하는 것도 하나의 이미지일 뿐이다. 당신이 만들고 싶은 이미지. 타인에게 보여주고 싶은 이미지. 하지만 그 이미지 뒤에 "진짜 나"가 숨어 있는 게 아니다. 이미지만 있다.

프로이트와의 차이

....

프로이트는 "이드가 있던 곳에 자아가 있어야 한다^{Wo Es War, soll Ich werden}"고 말했다. 무의식을 의식화하여 자아를 강화하자는 것이다. 하지만 라캉은 정반대다. "자아 자체가 문제다. 자아는 허구니까." 라캉의 정신분석 목표는 자아를 강화하는 것이 아니라 자아가 허구임을 인식하는 것이다. 이것은 절망적으로 들린다. "내가 나를 모른다고? 나는 허구라고?" 하지만 라캉은 이것을 해방으로 봤다. 당신이 "나는 이런 사람이야"라고 고정시키는 순간, 당신은 그 이미지의 죄수가 된다. "나는 소심한 사람이야"라고 규정하면, 소심하게 행동한다. "나는 실패자야"라고 규정하면, 실패를 반복한다. 하지만 "나"가 허구라면? 당신은 다시 쓸 수 있다. 다르게 될 수 있다. 고정된 본질

같은 건 없으니까.

종이에 "나는 ___한 사람이다"를 10번 써보라. 당신을 규정하는 형용사들. 그리고 물어라. "정말? 항상? 모든 상황에서?" 아마도 아니다. 당신은 생각보다 유동적이다. 그 유동성이 당신의 자유다.

타인의 시선에서 벗어나기

....

"그럼 어떻게 해야 하나? 타인의 시선을 무시하라는 거야?" 라캉은 그렇게 단순하지 않다. 타인의 시선을 무시할 수 없다. 왜냐하면 우리는 이미 상징계 안에 있으니까. 언어를 쓰고, 사회에 살고, 관계 안에 있다. 완전히 빠져나갈 수 없다. 하지만 할 수 있는 것은 인식하는 것이다. 거울을 볼 때, "저것은 나의 이미지다. 나 자체가 아니다"라고 인식하는 것. SNS에 사진을 올릴 때, "나는 지금 타인의 인정을 구하고 있다. 이것이 진짜 나를 표현하는 게 아니다"라고 인식하는 것. 누군가의 말에 상처받을 때, "그 사람이 보는 나는 그 사람의 투사다. 진짜 나를 본 게 아니다"라고 인식하는 것.

라캉의 정신분석 목표는 "자아를 강화하는 것"이 아니다. 오히려 "자아가 허구임을 인식하는 것"이다. 당신이 "나"라고 생각하는 것이 얼마나 타인에 의해 구성되었는지 보는 것. 그 인식이 역설적으로 자유를 준다. 당신은 더 이상 그 이미지를 방어할 필요가 없다. 누군가 당신을 비판해도, "그것은 내 이미지에 대한 공격이지 나 자체에 대한 공격이 아니다"라고 생각할 수 있다.

이번 주에 누군가 당신을 비판하거나 칭찬할 때, 잠깐 멈춰서 이렇게 생각해보라. "이 사람이 보는 것은 나의 이미지다. 진짜 나가 아니다." 그 구분만으로도 당신은 덜 상처받고, 덜 우쭐해하게 된다. 타인의 시선에 덜 흔들리게 된다.

과학적 검증의 부재

....

그렇다면 라캉의 이론은 검증 가능한가? 거울단계는 실험으로 증명할 수 있는가? 발달심리학자들은 연구했다. 아기들이 정말 18개월에 거울 속 자신을 인식하는가? 대체로 맞다. 하지만 라캉이 말한 "오인", "분열", "상상적 동일시"는 검증할 수 없다. 라캉의 이론은 해석이지 과학이 아니다. 증명할 수 없지만 통찰을 준다.

보편성에 대한 의문

....

거울단계는 모든 문화에서 일어나는가? 거울이 없는 문화도 있다. 물에 비친 모습만 본 아이들도 있다. 그들도 같은 방식으로 자아를 형성하는가? 문화인류학자들은 의문을 제기한다. 라캉의 이론은 20세기 서구 도시 문화에만 해당하는 것 아닌가?

그럼에도 여전히 유효한 이유

....

그럼에도 불구하고 라캉의 핵심 통찰은 여전히 강력하다. 우리는 여전히 타자의 욕망을 통해 자신을 구성한다. 자아는 외부에서 만들어지고, 우리의 욕망은 타인의 욕망과 얽혀 있다. 현대 사회를 보라. SNS, 셀카, 좋아요, 팔로워. 우리는 타인의 시선 속에서 자신을 정의한다. 통합된 자아는 환상이다.

거울을 깨지 말고 들여다보라

....

거울단계는 피할 수 없다. 모든 인간이 겪는다. 당신도, 나도, 모두가. 우리는 타인의 시선으로 우리 자신을 본다. 우리의 욕망은 타인의 욕망이다. 우리의 자아는 외부에서 만들어진 이미지다. 이것은 피할 수 없는 인간 조건이다. 라캉은 이것을 치유할 수 없다고 봤다. 프로이트는 "무의식을 의식으로 만들어 자아를 강화하자"고 했다. 하지만 라캉은 "자아 자체가 문제다. 자아는 허구니까"라고 했다. 그렇다면 희망이 없나? 아니다. 희망은 인식에 있다.

내일 아침 거울을 본다. 이제 당신은 안다. 저 이미지가 당신의

전부가 아니라는 것을. 저것은 하나의 반사일 뿐이라는 것을. SNS를
연다. 사진을 올린다. 이제 당신은 안다. 좋아요 개수가 당신의 가치
를 결정하지 않는다는 것을. 그것은 타인의 반응일 뿐이라는 것을.
누군가 당신을 정의한다. "넌 이런 사람이야." 이제 당신은 안다. 그
것은 그 사람이 보는 이미지일 뿐이라는 것을. 진짜 당신은 어떤 정
의로도 포착될 수 없다는 것을. 라캉의 메시지는 절망이 아니다. 그
것은 해방이다. 당신은 당신이 생각하는 것보다 자유롭다. 왜냐하면
당신을 가두는 "나"는 애초에 존재하지 않았으니까. 거울을 깨뜨릴
순 없다. 하지만 거울이 거울임을 알 수 있다. 이미지가 이미지임을
알 수 있다. 그 앎이 당신을 조금이라도 자유롭게 만든다.

당신은 거울 속 사람이 아니다. 당신은 타인의 시선 속 이미지가
아니다. 당신은 SNS의 프로필이 아니다. 그렇다면 당신은 누구인가?
라캉은 답하지 않는다. 답이 없으니까. 하지만 그 "답 없음" 속에 진
정한 당신이 있다. 정의될 수 없는, 포착될 수 없는, 언어로 표현될 수
없는 당신. 거울 속을 들여다보라. 하지만 거울에 갇히지 마라. 당신
은 그보다 더 복잡하고, 더 유동적이고, 더 자유롭다.

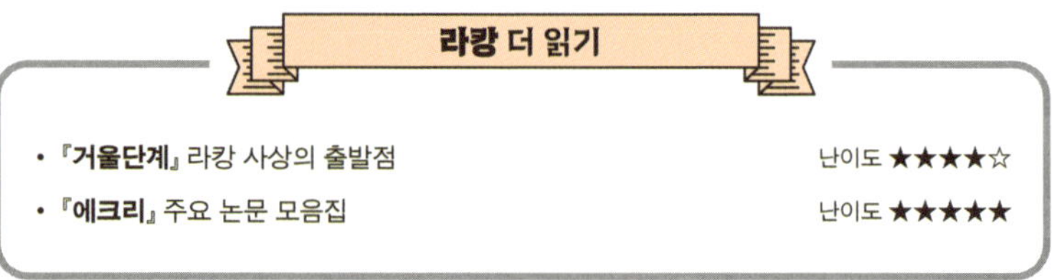

Jacques
Lacan

불교의 무아론

고집할 '나'가 없으면 괴로울 '나'도 없다

07

佛教

서양 철학의 역사는 "나는 누구인가?"라는 질문에 답하려는 시도였다. 하지만 붓다는 질문 자체를 뒤집는다. "나를 찾으려 하지 마라. 애초에 찾을 '나'는 없다." 허무주의가 아니다. 오히려 해방에 가깝다. 고정된 자아가 없기에 우리는 과거에 갇히지 않는다. 본질이 없기에 우리는 무엇이든 될 수 있다. 붓다처럼 생각한다는 것은 "나는 ○○한 사람이다"라는 레이블을 거부하고, "지금 이 순간 어떻게 선택할 것인가?"에 집중하는 것이다.

시간이 만드는 질문

당신은 짐을 정리하다가 오래된 앨범을 발견한다. 먼지를 털고 펼친다. 10년 전 사진이다. 대학교 새내기 시절. MT에서 찍은 단체 사진. 당신은 가운데 서서 활짝 웃고 있다. 사진 속 그 사람을 본다. 낯설다. 옷차림도 다르고, 머리 모양도 다르고, 표정도 다르다. 얼굴에 살이 더 많았다. 눈빛이 더 순진했다. 당신은 그때 무엇을 생각하고 있었을까? 무엇을 걱정했을까? 무엇을 원했을까? 기억을 더듬어본다. 그때 당신은 취업을 걱정했다. 연애를 원했다. 세상이 멋있어 보였다. 어떻게든 모든 것이 가능할 것 같았다. 지금의 당신은? 다른 회사에서 일하고 있다. 그때 사귀던 사람은 이별했고, 다른 사람과 결혼했다. 그때 갖고 싶었던 것들은 이제 중요하지 않다. 새로운 걱정, 새로운 욕망, 새로운 가치관을 갖게 됐다.

문득 이상한 질문이 떠오른다. "과거의 저 사람이 정말 나인가?" 따지고 보면 당신의 몸은 완전히 바뀌었다. 세포는 주기적으로 교체된다. 피부 세포는 2-4주마다, 적혈구는 4개월마다, 뼈 세포도 10년이면 모두 바뀐다. 물리적으로 당신은 완전히 다른 물질로 구성되어 있다. 생각도 바뀌었다. 당신이 믿었던 것을 지금은 안 믿는다. 당신이 원했던 것을 지금은 안 원한다. 당신의 가치관, 성격, 습관 모두 바뀌었다. 그렇다면 10년 전의 당신과 지금의 당신, 무엇이 같은가? 무엇이 "나"를 나로 만드는가? 이름? 하지만 이름은 남들이 붙인 것이다. 기억? 하지만 기억은 불완전하고 계속 재구성된다. 기원전 5세기, 붓다는 제자들에게 물었다. "나는 무엇인가?" 그리고 충격적인 답을 제시했다. "나는 없다." 정확하게는 고정된 자아는 존재하지 않는다는 뜻이다.

나를 찾는 다섯 가지 시도

....

붓다는 제자들에게 질문을 던졌다. "당신의 몸이 당신인가?" 제자가 답했다. "그런 것 같습니다. 이 몸이 없으면 제가 없으니까요." 붓다가 물었다. "당신의 몸은 늙고 병들고 죽는다. 만약 몸이 진짜 당신이라면, 당신은 늙기를 원하는가? 아프기를 원하는가? 죽기를 원하는가?" "아닙니다." "그렇다면 몸은 당신이 아니다. 당신이 통제할 수 없는 것은 당신이 아니다."

해체를 통한 깨달음

....

"이것은 나의 것이 아니다, 이것은 내가 아니다, 이것은 나의 자아가 아니다."

—『무아상경』

　불교는 인간을 다섯 가지 요소로 분석한다. 이것을 오온(五蘊) 또는 다섯 가지 더미라고 부른다. "더미"라는 표현이 중요하다. 우리는 쌀 한 톨 한 톨이 모여 쌀 더미를 이룬다고 말하지만, "쌀 더미"라는 독립된 실체가 있는 것은 아니다. 마찬가지로 "나"도 다섯 가지 요소가 임시로 모인 것일 뿐, 독립된 실체가 아니다.

첫 번째 더미: 색(色) – 물질적 형태

　당신의 몸이다. 피부, 근육, 뼈, 장기. 이것들은 끊임없이 변한다. 세포가 죽고, 새로운 세포가 생긴다. 어제의 몸과 오늘의 몸은 다르다. 70세의 몸과 7세의 몸은 완전히 다르다. 그렇다면 어느 것이 "진짜 당신"인가? 전부? 아니면 하나도? 붓다는 말한다. 어느 것도 "당신"이 아니다. 몸은 지나가는 현상일 뿐이다. 당신은 몸을 "갖고" 있지만, 몸이 당신은 아니다.

두 번째 더미: 수(受) – 느낌

　즐거움, 괴로움, 중립적 느낌. 지금 당신이 느끼는 감각이다. 하지만 1분 전 느낌과 지금 느낌이 같은가? 5분 후의 느낌은? 느낌은 계속 바뀐다. 행복했다가 슬프고, 슬프다가 화나고, 화났다가 평온해진다. 끊임없이 흐른다. 물결처럼 왔다가 간다. 이것이 "나"인가? 아니면 "나"에게 일어나는 일인가?

세 번째 더미: 상(想) – 지각과 인식

당신이 사물을 알아보는 능력이다. "이것은 컵이다" "저것은 나무다" "저 사람은 친구다." 당신은 감각 정보를 해석하고 의미를 부여한다. 하지만 인식도 변한다. 어렸을 때 무서웠던 것이 지금은 웃긴다. 예전에 멋있어 보였던 사람이 지금은 유치해 보인다. 같은 대상을 보지만 다르게 인식한다. 인식은 고정되지 않는다.

네 번째 더미: 행(行) – 의지와 형성력

당신의 생각, 의도, 습관, 성향. 당신을 행동하게 만드는 힘이다. "나는 이런 사람이야"라고 말할 때의 그 "이런." 하지만 이것도 변한다. 당신의 습관은 바뀌고, 성격은 변하고, 가치관은 진화한다. 20대의 당신과 40대의 당신은 완전히 다른 우선순위를 갖는다. 10년 전에 중요했던 것이 지금은 사소하고, 예전에 사소했던 것이 지금은 절실하다.

다섯 번째 더미: 식(識) – 의식

보고, 듣고, 느끼고, 생각하는 알아차림 자체. "내가 존재한다"는 그 앎. 이것이야말로 진짜 "나" 아닌가? 하지만 의식도 변한다. 깨어 있을 때와 잠들었을 때, 술 마셨을 때와 맑은 정신일 때, 우울할 때와 행복할 때. 의식의 상태는 끊임없이 바뀐다. 명상할 때의 맑은 의식과 분노할 때의 흐린 의식은 같은 것인가? 붓다는 말한다. 이 다섯 가지 중 어느 것도 "나"가 아니다. 왜냐하면 전부 변하기 때문이다(무상). 통제할 수 없기 때문이다. 고정되어 있지 않기 때문이다.

오늘 하루 동안 "나는 ○○다"라고 생각할 때마다 멈춰보라. "나는 화났다" "나는 슬프다" "나는 피곤하다." 그리고 질문하라. "이것이 영원한 나인가? 아니면 지나가는 상태인가?" 대부분이 후자임을 발견할 것이다.

강물에 두 번 발을 담글 수 없다

....

고대 그리스 철학자 헤라클레이토스가 말했다. "같은 강물에 두 번 발을 담글 수 없다." 왜냐하면 두 번째는 이미 다른 물이기 때문이다. 강물은 끊임없이 흐른다. 인간도 마찬가지다. 당신은 강이다. 끊임없이 흐르는 물이다. 고정된 "나"는 없다. 순간순간 변하는 과정만 있을 뿐이다. 아침에 일어난다. 당신은 누구인가? "나는 ○○이다." 화장실에 간다. 당신은 누구인가? 여전히 같은가? 아침을 먹는다. 음식이 몸속으로 들어간다. 소화되고, 흡수되고, 당신의 일부가 된다. 당신은 이제 그 음식 분자를 포함한다. 여전히 같은 당신인가? 생각을 본다. 1분 전에 무엇을 생각했는가? 지금은? 다르다. 생각은 구름처럼 지나간다. 하나가 오고, 머물고, 사라진다. 다른 생각이 온다. 어느 생각이 "진짜 나"의 생각인가? 전부? 아니면 하나도? 감정을 본

다. 아침에 기분이 좋았다. 출근길에 짜증났다. 회사에서 스트레스
받았다. 점심 먹고 나아졌다. 오후에 또 화났다. 퇴근 후 평온해졌다.
어느 감정이 "진짜 나"인가? 불교는 이것을 찰나생멸(刹那生滅)이라
고 부른다. 모든 것은 순간순간 생겼다가 사라진다. 고정된 것은 없
다. 영원한 것은 없다. "나"도 마찬가지다.

조건에 따라 변하는 나

....

당신이 "나는 ○○한 사람이야"라고 말할 때, 그것은 사실이 아니
다. 당신은 특정한 조건 하에서 ○○하게 행동하는 경향이 있을 뿐
이다. 조건이 바뀌면 행동도 바뀐다. "나는 침착한 사람이야." 정말?
극도로 피곤하고, 배고프고, 스트레스받을 때도 침착한가? "나는 친
절한 사람이야." 정말? 누군가 당신을 배신하고, 모욕하고, 위협할 때
도 친절한가? 불교는 말한다. 고정된 성격이란 없다. 단지 인연(因
緣)이 있을 뿐이다. 특정 원인과 조건이 모이면 특정 결과가 나타난
다. 조건이 바뀌면 결과도 바뀐다. 당신은 조건의 교차점이다. 유전
자, 양육 환경, 교육, 경험, 현재 상황. 이 모든 조건이 모여 지금의 행
동을 만든다. 조건이 달랐다면 당신은 완전히 다른 사람이었을 것
이다.

레이블 벗기기 실험

....

명상 수행자에게 질문한다. "당신은 누구입니까?" "저는 김철수입니다." "좋습니다. 하지만 김철수는 이름입니다. 당신의 부모가 붙인 소리일 뿐입니다. 만약 다른 이름이었다면 당신은 다른 사람이 되나요? 이름을 떼어내고, 당신은 누구입니까?"

"저는... 회사원입니다."

"그것은 당신의 직업입니다. 당신이 하는 일입니다. 당신 자체가 아닙니다. 만약 내일 퇴사한다면 당신은 사라지나요? 직업을 떼어내고, 당신은 누구입니까?"

"저는... 아버지입니다."

"그것은 당신의 역할입니다. 자녀와의 관계입니다. 만약 자녀가 없었다면 당신은 존재하지 않나요? 역할을 떼어내고, 당신은 누구입니까?"

"저는... 한국인입니다."

"그것은 당신이 태어난 장소입니다. 우연입니다. 만약 미국에서 태어났다면 당신은 미국인이었겠죠. 국적을 떼어내고, 당신은 누구입니까?"

"저는… 음…"

침묵이 흐른다. 이름을 떼어내고, 직업을 떼어내고, 역할을 떼어내고, 국적을 떼어내고, 학력을 떼어내고, 외모를 떼어내고, 성격을 떼어내고… 무엇이 남는가? 불교는 답한다. 아무것도 남지 않는다. "나"는 이 모든 레이블label의 집합일 뿐이다. 레이블을 전부 떼어내면 아무것도 없다. 왜냐하면 애초에 고정된 "나"는 없었기 때문이다. 이것이 무아anatta다. 자아가 없다. Self가 없다. 영혼이 없다. 본질이 없다. 고정된 정체성이 없다.

서양 철학과의 충돌

....

서양 철학자들은 이것을 받아들이기 힘들어했다. 데카르트는 "나는 생각한다, 고로 존재한다Cogito, ergo sum"고 말했다. 생각하는 주체가 있다는 것이다. 하지만 붓다는 묻는다. "생각은 있다. 하지만 생각하는 '자'는 있는가? 생각 자체만 있고, 생각하는 자는 환상이 아닌가?" 칸트는 통각의 통일transcendental unity of apperception을 말하며 경험을 통합하는 자아의 필요성을 주장했다. 하지만 불교는 이렇게 반박한다. 통합은 일어나지만, 통합하는 '자'는 필요 없다. 마치 구슬이 실에 꿰어지는 것처럼 보이지만, 실제로는 각각의 구슬이 조건에 따라 연결될 뿐이다. 흄David Hume은 불교에 가장 가까이 다가간 서양 철학자다. 그는 『인간 본성에 관한 논고』에서 이렇게 썼다. "내가 내면을 깊이 들여다볼 때, 나는 항상 어떤 특정한 지각(열, 냉, 빛, 그늘, 사랑, 증오 등)과 마주칠 뿐, 지각 없는 '나 자신'을 결코 포착할 수 없다." 이것은 무아론과 놀랍도록 유사하다.

거울 앞에 서라. 5분 동안 자신의 얼굴을 본다. "이 얼굴이 나인가?" 눈을 감는다. "나는 여전히 존재하는가?" 그렇다. 얼굴 없이도 당신은 있다. 이제 몸의 감각을 떼어낸다. 생각을 떼어낸다. 감정을 떼어낸다. 무엇이 남는가? 순수한 알아차림만 남는다. 그것조차 "나"인가?

집착의 메커니즘

....

친구가 당신을 비난한다. "너는 이기적이야." 화가 난다. 왜? 당신이 "나는 이기적이지 않다"는 자아 이미지를 갖고 있기 때문이다. 그 이미지가 공격받았다. 그래서 방어한다. 하지만 무아를 이해하면? "이기적이라는 레이블이 붙었구나. 특정 상황에서 나는 이기적으로 행동했을 수 있지. 하지만 그것이 '나'를 정의하지는 않아." 화가 덜 난다. 승진에 탈락한다. 절망한다. 왜? "나는 능력 있는 사람이다"라는 자아 이미지가 깨졌기 때문이다. 하지만 무아를 이해하면? "이번 평가에서 낮은 점수를 받았구나. 하지만 그것이 '나'의 전부를 정의하지는 않아." 실망하지만 무너지지 않는다. 불교는 말한다. 모든 고통은 집착(執著)에서 온다. 그리고 가장 근본적인 집착은 아집(我執)이다. "나"에 대한 집착. "나는 이런 사람이야"라는 고정된 이미지에 대한 집착.

정체성의 감옥

....

당신은 "나는 성공한 사람이야"라는 이미지를 갖는다. 이제 당신은 그 이미지를 지키기 위해 평생 애쓴다. 실패할까 봐 두렵다. 다른 사람의 성공이 위협적이다. 비교하고, 경쟁하고, 불안해한다. 왜? 그 이미지가 "나"라고 착각하기 때문이다. 하지만 그것은 "나"가 아니다. 단지 일시적으로 당신에게 붙은 레이블일 뿐이다. 성공은 조건에 따라 왔다. 조건이 바뀌면 사라진다. 그것이 사라진다고 해서 "나"가 사라지는 것은 아니다. 왜냐하면 애초에 고정된 "나"는 없었으니까. 다이어트를 생각해보자. "나는 뚱뚱한 사람이야." 이 정체성을 갖는 순간, 당신은 그것에 갇힌다. 살이 조금 빠지면 기쁘다. 하지만 다시 찌면 자아가 무너지는 것처럼 느낀다. 평생 체중계 숫자에 당신의 가치를 의존한다. 하지만 무아를 이해하면? "지금 내 몸은 이런 상태구나. 건강을 위해 체중을 조절하면 좋겠지만, 그것이 '나'를 정의하지는 않아." 노력하되 집착하지 않는다. 결과에 덜 흔들린다.

현대 심리학의 발견

흥미롭게도 현대 심리학은 무아론을 뒷받침한다. 스탠퍼드 대학의 캐롤 드웩Carol Dweck 교수가 발견한 "성장 마인드셋growth mindset" 개념을 보자. 고정 마인드셋을 가진 사람들은 "나는 수학을 못하는 사람이야"라고 생각한다. 이것은 아집이다. 자신을 고정된 실체로 본다. 그래서 실패를 두려워하고, 도전을 회피한다. 성장 마인드셋을 가진 사람들은 "나는 아직 수학을 잘하는 법을 배우지 못했어"라고 생각한다. 이것은 무아에 가깝다. 자신을 변화하는 과정으로 본다. 수천 년 전에 발견한 것을 현대 심리학이 실험으로 확인하고 있다. 정체성의 유연성이 심리적 건강과 성장의 핵심이라는 것을.

INSIGHT

이번 주에 당신을 가장 괴롭게 만든 일을 떠올려라. 그것은 어떤 "나"에 대한 이미지와 연결되어 있는가? "나는 좋은 부모여야 한다" "나는 인정받는 직장인이어야 한다" "나는 사랑받는 사람이어야 한다." 그 "해야 한다"를 "나는 이런 역할을 하고 있다"로 바꿔보라. 압박이 줄어든다.

나는 강이고, 나는 춤이다

그렇다면 "나"가 없다는 것이 무엇을 의미하는가? 우리는 존재하지 않는가? 불교는 허무주의가 아니다. 붓다는 말한다. "나는 없다"

와 "나는 있다" 둘 다 극단이다. 진리는 중도에 있다. 당신은 존재한다. 하지만 고정된 실체로서가 아니라 과정 process 으로서 존재한다. 당신은 명사가 아니라 동사다. 존재하는 것이 아니라 존재하기다. 강을 생각해보자. 한강은 존재하는가? 존재한다. 하지만 "한강"이라는 고정된 물질이 있는가? 없다. 물은 끊임없이 흐른다. 어제의 물과 오늘의 물이 다르다. 그럼에도 우리는 "한강"이라고 부른다. 왜? 그것이 편리하기 때문이다. 당신도 마찬가지다. "나"라는 이름은 편의상의 레이블이다. 끊임없이 변화하는 과정에 붙인 이름이다. 그 이름이 가리키는 고정된 실체는 없다. 하지만 과정 자체는 존재한다. 불꽃을 생각해보자. 촛불의 불꽃은 존재하는가? 존재한다. 하지만 불꽃은 무엇인가? 연소 과정이다. 산소와 밀랍이 만나 화학반응을 일으키는 과정이다. 고정된 "불꽃"이라는 물질이 있는 것이 아니다. 순간순간 새로운 불꽃이 생겼다가 사라진다. 하지만 과정은 계속된다. 그래서 우리는 "촛불이 타고 있다"고 말한다. 당신도 불꽃이다. 춤이다. 교향곡이다. 고정된 것이 아니라 흐르는 것이다. 이것을 이해할 때, 엄청난 자유가 온다.

INSIGHT

자기소개를 다시 써보라. 하지만 이번에는 명사 대신 동사를 사용하라. "나는 직장인이다" 대신 "나는 일하고 있다." "나는 부모다." 대신 "나는 자녀를 돌보고 있다." 느낌이 어떻게 다른가? 고정되지 않고 유연해진다.

변명의 종말

....

"나"가 없다면 책임도 없는 건가? 범죄를 저질러도 "그건 나의 진짜 모습이 아니야"라고 변명할 수 있는가? 불교는 그렇지 않다고 말한다. 오히려 정반대다. 무아를 이해할 때 더 큰 책임감이 생긴다. "나"라는 고정된 실체는 없지만, 행위와 그 결과는 있다. 이것을 업 karma이라고 부른다. 당신이 하는 모든 선택, 모든 행동은 결과를 낳는다. 그 결과는 당신의 삶을 형성한다. 화를 낸다. 화라는 감정이 일어나는 것은 조건 때문이다. 하지만 그 화를 행동으로 옮기는 것은 선택이다. 화를 낸 후, 그 행동의 결과는 남는다. 관계가 상한다. 신뢰가 깨진다. 다음에 또 화내기 쉬워진다. 무아를 이해하면 변명이 사라진다. "나는 원래 화를 잘 내는 사람이야"라는 변명. "그게 내 성격이야"라는 변명. 고정된 "나"는 없으니까. 당신은 매 순간 새롭게 만들어진다. 과거가 미래를 결정하지 않는다.

무한한 가능성의 무게

....

이것은 무서운 자유다. 당신은 지금 이 순간 어떤 사람이든 될 수 있다. 과거에 어떤 사람이었는지는 중요하지 않다. 지금 어떤 선택을 하느냐가 중요하다. 평생 이기적이었던 사람이 자비로워질 수 있다. 평생 화를 잘 냈던 사람이 온화해질 수 있다. 왜? 고정된 "이기적인 나" "화내는 나"는 없으니까. 단지 이기적으로 행동하는 습관이 있었을 뿐이다. 습관은 바꿀 수 있다. 동시에, 평생 선했던 사람도 악해질 수 있다. 평생 온화했던 사람도 잔인해질 수 있다. "나는 원래 좋은 사람이야"라는 생각에 안주하면 위험하다. 매 순간이 선택이다.

> "자신에 의해 악이 행해지고, 자신에 의해 더럽혀진다. 자신에 의해 악이 행해지지 않으면, 자신에 의해 깨끗해진다."
>
> —『법구경』

책임은 완전히 당신에게 있다. 과거가 아니라, 환경이 아니라, 성격이 아니라, 바로 지금 이 순간의 당신의 선택에.

INSIGHT

당신이 바꾸고 싶은 습관을 하나 선택하라. 그리고 이렇게 말하라. "나는 ○○한 사람이 아니라, 과거에 ○○하게 행동하는 경향이 있었다. 하지만 지금부터 다르게 선택할 수 있다." 정체성에서 행동으로 초점을 옮기면 변화가 쉬워진다.

빈 배를 차는 사람

·········

장자가 비유를 들었다. 배를 타고 강을 건너는데 다른 배가 당신의 배를 들이받는다. 화가 난다. 욕을 한다. "조심하지 그래!" 하지만 자세히 보니 그 배는 빈 배다. 아무도 타고 있지 않다. 바람에 떠내려 온 것이다. 갑자기 화가 사라진다. 빈 배에게 화낼 수는 없으니까. 불교는 말한다. 모든 배는 빈 배다. 당신을 화나게 한 그 사람도 빈 배다. 그 안에 고정된 "나쁜 사람"이 있는 것이 아니다. 단지 수많은 조건들이 모여서 그렇게 행동했을 뿐이다. 그 사람의 과거, 교육, 상처, 그날의 기분, 오해, 두려움. 수천 가지 조건이 모여서 당신을 화나게 하는 행동을 만들었다. 그 사람도 그렇게 하고 싶었던 게 아닐 수 있다. 조건들이 그렇게 만든 것이다. 모든 것은 조건에 의존해서 일어난다. 독립적으로 존재하는 것은 없다.

"이것이 있을 때 저것이 있고, 이것이 생겨날 때 저것이 생겨난다."

—『잡아함경』

조건을 이해하는 것이 용서다

....

이것을 이해할 때 용서가 쉬워진다. 당신이 용서하는 것은 고정된 "나쁜 사람"이 아니다. 특정 조건 하에서 일어난 행동을 용서하는 것이다. 그리고 그 조건은 이미 지나갔다. 지금은 다른 조건이다. 그 사람도 이미 변했을 수 있다. 더 나아가, 당신 자신도 빈 배다. 당신이 한 실수, 당신이 저지른 잘못. 그것을 한 "나쁜 나"가 있는 것이 아니다. 그 순간의 조건들이 그런 행동을 만들었다. 후회하고, 배우고, 다음에는 다르게 하면 된다. 하지만 "나는 나쁜 사람이야"라는 정체성에 갇힐 필요는 없다. 하지만 주의하라. 조건을 이해한다는 것이 행동을 정당화하는 것은 아니다. 폭력은 여전히 폭력이고, 상처는 여전히 상처다. 하지만 이해는 분노를 지혜로 바꾸고, 증오를 연민으로 바꾼다.

최근에 당신에게 상처를 준 사람을 떠올려라. 그 사람이 그렇게 행동한 조건들을 상상해보라. 그날 무슨 일이 있었을까? 어떤 두려움이 있었을까? 어떤 오해가 있었을까? 조건을 이해한다고 해서 행동을 정당화하는 것은 아니다. 하지만 이해는 용서로 가는 첫걸음이다.

윤리적 문제: 책임의 기반

....

비판자들은 묻는다. 만약 "나"가 없다면, 누가 책임을 지는가? 범죄자가 "나는 없으니 책임도 없다"고 주장하면? 이것은 무아론에 대한 오해다. 불교는 "나"는 없지만 행위의 결과는 있다고 말한다. 업karma의 법칙은 여전히 작동한다. 오히려 고정된 자아가 없기에 책임이 더 커진다. "원래 그런 사람"이라는 변명이 사라지니까. 하지만 법적, 사회적 시스템은 안정적인 정체성을 전제한다. 10년 전에 범죄를 저지른 사람을 지금 처벌하는 것은 정당한가? 물질적으로 세포가 모두 바뀌었는데? 불교는 이렇게 답한다. 물질은 바뀌었지만 인과의 연속성은 있다. 강물은 흐르지만 강은 계속된다. 촛불의 불꽃은 순간순간 바뀌지만 촛불은 계속 탄다. 마찬가지로 "나"는 고정되지 않았지만 인과의 흐름은 계속된다.

심리학적 문제: 자아 개념의 필요성

....

발달심리학자들은 건강한 자아 개념self-concept이 중요하다고 말한다. 특히 아이들에게. "나는 할 수 있어"라는 자신감, "나는 사랑받을 가치가 있어"라는 자존감. 이것들이 없으면 심리적 문제가 생긴다. 무아론은 이것과 모순되는가? 아니다. 불교는 두 가지 진리를 말한다.

- 세속제: 일상적 진리. "나"가 있다고 말하는 것이 유용하다.
- 승의제: 궁극적 진리. "나"는 고정된 실체가 아니다.

아이에게 "너는 착한 아이야"라고 말하는 것은 유용하다. 하지만 어른이 되면 이해해야 한다. 그것은 레이블일 뿐, 고정된 본질이 아니라는 것을.

그럼에도 여전히 유용한 이유

....

무아론은 완벽한 이론이 아니다. 하지만 실용적으로 엄청나게 유용하다. 고정된 정체성에서 벗어나면:

- 변화가 쉬워진다
- 실패가 덜 무섭다
- 타인을 판단하지 않게 된다
- 과거에 갇히지 않는다
- 매 순간이 새로운 시작이 된다

이것이 무아론의 진정한 가치다. 철학적 정확성이 아니라, 삶을 바꾸는 힘.

10년 후의 나

....

다시 사진 앞에 앉는다. 10년 전의 당신을 본다. 이제 질문이 바뀐다. "저 사람이 나인가?"가 아니라 "저 사람에게서 나로 이어지는 연속성은 무엇인가?" 고정된 "나"는 없다. 하지만 인과관계는 있다. 10년 전의 선택이 지금의 당신을 만들었다. 지금의 선택이 10년 후의 당신을 만들 것이다. 하지만 그 "당신"은 고정되어 있지 않다. 강처럼 흐를 것이다. 이것이 자유이면서 동시에 책임이다. 당신은 과거에 갇히지 않는다. 하지만 과거를 부정할 수도 없다. 과거의 씨앗이 지금의 열매를 맺었다. 지금 뿌리는 씨앗이 미래의 열매가 될 것이다. 무아를 이해한다는 것은 집착에서 벗어나는 것이다. "나는 이런 사람이야"라는 고정된 이미지에서 벗어나는 것이다. 그러면 매 순간이 새로운 시작이 된다. 당신은 과거의 죄수가 아니다. 당신은 미래의 창조자다.

내일 아침, 거울을 본다. 누가 그곳에 있는가? 고정된 "나"는 없다. 하지만 끊임없이 변화하는 과정이 있다. 그 과정을 의식적으로 형성할 수 있다. 당신이 오늘 하는 선택이 내일의 당신을 만든다. 불교는 허무주의가 아니다. 오히려 가장 긍정적인 철학이다. 고정된 자아가 없기 때문에, 당신은 무엇이든 될 수 있다. 과거가 현재를 결정하지 않기 때문에, 당신은 언제든 변할 수 있다. 본질이 없기 때문에, 당신은 자유롭다. "나는 없다"는 것을 이해할 때, 역설적으로 진정한 "나"를 발견한다. 고정된 실체가 아니라 끊임없이 흐르는 과정으로서의 나. 강처럼, 불꽃처럼, 춤처럼. 그리고 그 흐름 속에서 당신은 진정으로 살아있음을 느낀다.

세계석학선집

훔친 철학편

ⓒ 이클립스

초판 1쇄 인쇄 2025년 12월 30일

지은이 이클립스

기　획 조영훈

편　집 조영훈

디자인 김지혜

마케팅 정호윤, 김민지

펴낸곳 모티브

이메일 motive@billionairecorp.com

ISBN 979-11-94600-84-8 (03160)